역사를 바꾼
여성 리더십

역사를 바꾼
여성 리더십

박언휘

　　세계의 성장과 발달은 주로 남성들에 의해 주도되어 왔다. 강력한 카리스마 리더십을 중심으로 조직의 통솔을 통해 기업의 효율성을 높이는 데 중점을 두다 보니 사회는 성장할 수 있었다. 그러나 사회의 변화는 남성들의 카리스마 지도력이 각광받았던 전통산업의 경제구조와는 다르게 현대는 정보의 확산과 기술의 급격한 발전으로 전과 다른 산업구조가 탄생하고 있으며, 사람들의 조직에 대한 가치관에서도 큰 변화를 가져왔다. 따라서 사회를 성장시켜오던 전통적인 지시와 통제 체계는 더 이상 새로운 시대를 이끌지 못하고 있다. 뿐만 아니라 창의적이고 협업을 중시하는 새로운 시대에서 더 이상 일방적인 지시와 통제는 사회발전에 저해하게 되어 새로운 리더십이 필요하게 되었다.

　　조직변화에 비효율적으로 반응하는 남성 리더들 보다는 특유의 유연성과 협상능력으로 사람과 사람, 조직과 조직을 엮어내는데 뛰어난 능력을 발휘하는 여성 리더들이 주목을 받고 있다. 여성리더의 섬세함과 소통능력은 남녀평등 또는 여성 상위시대를 내세우는 시대의 흐름에서 중요한 요소로 작용한다.

　　우리나라는 1970년대 말까지 정치나 경제에 종사하는 여성이 매우 적었는데, 그동안 권위주의적이고 가부장적인 한국의 조직문화가 여성들의 사회진출을 가로막는 장벽의 역할을 해왔기 때문이다. 그러나 현재는 경제활동 여성 인구의 대폭적인 증가와 함께 공무원과 같은 공직에 대한 여성의 합격률이 50%를 넘나드는 현상과 유능한 여성 CEO, 여성 국회의원, 여성 대통령을 어렵지 않게 찾아볼 수 있다. 이는 타인 지향적이고 감성과 개방적 마인드를 기본으로 한 여성 리더십이 떠오르고 있다는 증거이다. 그러나 아직 세계의 절반이 여성인데 비해 지도자들의 반은 여성이 아니다.

경영학자 피터 드러커는 21세기를 '여성의 세기'로 단언했다. 그의 말대로 활발하게 사회활동을 이어 가는 여성들을 세계 곳곳에서 어렵지 않게 발견할 수 있으며, 앞으로 더 많은 여성들이 사회활동에 참여하게 될 것이다. 뿐만 아니라 단순한 사회참여를 넘어서 정치, 경영, 경제, 문화 등의 많은 분야에서 전과는 다르게 뛰어난 여성 리더들의 활약이 눈에 띄게 될 것이다. 그들이 여성 리더로 성장하게 된 배경으로는, 사회 곳곳에서 요구하고 있는 '여성 리더십'을 지니고 있기 때문이다.

'역사를 바꾼 여성 리더십'은 사람들과의 상생을 기본으로, 개인 간의 관계와 상대방에 대한 배려를 중요하게 여긴다는 점에서 남성 리더십과는 비교된다. 특히 조직이 민주적이고 자율적인 환경으로 변하고 있으며 예술성, 감성, 창조성과 같은 여성적 특성이 지식정보화 사회에서 변화에 적극적인 여성의 사회적 참여를 가능하게 하고 있다.

이 책, '역사를 바꾼 여성 리더십' 1장에서는 '미래를 이끌 여성 리더십'에 대한 이해를 높이기 위한 내용이 담겼다. 2장에서는 '정치로 세상을 바꾼 여성'들이 어떤 강점과 약점을 갖고 있었는지를 보여주고, 3장에서는 '사회활동으로 세상을 바꾼 여성', 4장에서는 '예술로 세상을 바꾼 여성'들로 그들의 어떤 부분이 유리한 점과 강점으로 활용됐는지를 보여준다. 마지막으로 '자녀교육으로 세상을 바꾼 여성'을 소개하며 '여성 리더십'이라는 실체에 대해 보다 더 쉽게 접할 수 있도록 하였다.

이 책은 세계 역사를 바꾼 여성 리더십의 개념 정의로부터 여성 리더의 장점과 여성리더가 되는 방법을 다루고 있다. 부디 이 책을 통해서 남들로부터 존경받는 여성 리더가 되기를 바란다.

박연휘

오늘날은 여성들의 리더십이 절실히 필요한 시대가 되었다. 인간은 무한한 능력을 가지고 태어나지만, 그 능력 중에서 평생 5~10% 정도만 사용할 뿐이라는 사실은 이미 많이 알려져 있다.

뇌를 연구하는 사람들에 따르면, 인류 역사상 뇌를 가장 많이 사용한 과학자 중의 한 사람으로 간주되는 아인슈타인도 10%를 넘지 못했다고 한다. 결국 인간은 평생 5~10%의 능력만을 사용하고 나머지 90% 이상은 잠재능력으로 사장된다는 것이다.

모든 사람은 자신의 능력 중에서 빙산의 일각만을 사용한 체 세상을 떠나가기 때문에 이제까지 자신에게 주어진 잠재능력의 한계점까지 도달한 사람은 아무도 없는 것이다. 이처럼 잠재능력은 겉으로 드러나지 않고 속에 숨어 있는 힘을 의미한다.

잠재능력은 평소에는 내재되어 있다가 위급한 상황이 닥치면 나타나기도 한다. 현재 한국은 선진국으로 진입하였으며, K컬쳐가 세계의 문화를 이끌고 있다. 그만큼 여성들의 리더십이 절실히 필요한 시대가 되었다는 것이다.

세계 역사를 바꾼 리더들은 인류 역사에 위대한 발자취를 남긴 사람들로 대부분이 자신의 잠재능력을 발굴하여 노력한 사람들이다. 우리는 여기에서 누구나 잠재능력만 개발한다면 성공할 수 있다는 진리를 발견할 수 있다. 다만 사람들이 그 방법을 몰라서 성공을 맛보지 못할 뿐이다. 이 책은 과거와 현재의 세계 역사를 변화시킨 유명한 여성들의 일생과 리더십을 통하여 우리가 배워야 할 여성 리더십을 말하고 있다.

이 책에 나오는 여성 리더들은 자신이 장점을 개발하여 자신의 잠재능력에 대한 경외감을 고취시켜 항상 창조적인 노력을 강화하고 하나의 현실로 받아들이면서, 또한 이것들로 하여금 욕망이 물리적 또는 구체적인 목표로 전환을 시키는 매개체로써의 가능성을 제공하고자 노력하였기에 역사를 바꾼 여성 리더가 되었다.

리더십을 통한 잠재능력의 개발은 이처럼 본인의 의지에 달려 있으며, 성공에 이르게 하는 힘이 된다. 비록 자발적으로 잠재의식을 발견하였다고 하더라도, 그것을 구체적인 전략으로 전환시키지 못하거나 실천하지 못한다면 자신의 가능성만을 발견하고 성공에는 이르지 못한다는 것을 분명히 깨달아야만 할 것이다.

이 책은 세상을 살아가는데 여성의 잠재능력이 얼마나 중요한지, 자신의 장점을 통해서 성공적인 인생을 살아가는 교훈을 제시하고 있다. 여성들의 사회진출 증가와 함께 여성리더가 증가하는 지금 부디 이 책을 통해 우리나라의 역사를 바꿀 여성 리더가 많이 출현하길 바래 본다.

이기수 고려대학교 (전)총장

목차

Chapter 3 사회활동으로 세상을 바꾼 여성

Chapter 4 예술로 세상을 바꾼 여성

미래를 이끌
여성 리더십

01 여성 리더십이란 무엇인가?

리더십이란 말은 21세기 들어오면서, 화두가 된지 오래이다. 그래서 사회의 각 분야에서 리더십에 대한 관심이 날로 높아져가고 있다. 미국의 한 연구 조사에 의하면 직장인으로서 가장 필요한 부분에 1위를 차지한 분야가 리더십이라고 한다. 우리나라 대학생들에게서도 가장 필요한 것을 리더십이라고 하였다.

리더십이란 원래 우리말로 지도력, 통솔력, 지휘력 등으로 번역되어 사용되고 있다. 이러한 단어적인 개념 정의보다는 일반적으로 리더십은 한 개인이 다른 구성원에게 이미 설정된 목표를 향해 정진하도록 영향력을 행사하는 과정으로 정의하고 있다. 좀 더 자세히 보면 리더십은 리더로서 조직의 목표를 달성하기 위하여 성공에 대한 적극적인 강화(positive reinforcement), 목표설정(goal setting), 조직

관리(managing group relation) 등에 관한 실제적이고 효과적인 활동을 말한다.

따라서 리더십이란 조직원들에게 목표를 제시하고, 이 목표에 대해 구체적으로 설명하고 왜 이 목표를 달성해야 하는가를 의사소통을 통해 설득하고 납득시키며, 리더 자신이 그 목표달성을 위하여 솔선수범하며 열심히 일하는 것을 의미한다. 쉽게 표현한다면 리더십이란 리더로서 조직의 목표를 제시하고 조직원들이 목표에 도달할 수 있도록 솔선수범하는 능력을 말한다. 따라서 리더십은 오늘날 사회라는 조직 속에서 살아가기 위하여 매우 필요한 요소가 될 수밖에 없다. 나아가 조직의 목표를 달성하기 위해서는 조직의 리더들이 구성원들에게 영향력을 발휘하여 그들이 조직 목표달성에 공헌할 수 있도록 사기를 높이고, 그들의 잠재 능력을 활성화시킬 수 있는 리더십 기술의 중요성이 증대되고 있는 것이다.

따라서 리더십은 조직의 목표를 달성하기 위한 지도자로서의 역할이기도 하고 솔선수범하는 리더로서 자신을 발전시키기 위한 행동목표라고 할 수 있다. 이러한 리더십이 지금까지는 남자들의 전유물처럼 리더는 남자라는 생각이 있었으나 지금은 여성들이 사회적으로 리더가 되는 일이 많이 생김으로 여성들에게도 리더십이 절실하게 필요한 덕목이 되어 가고 있다. 여성 리더십은 여성이 중심이 되어 조직의 목표를 세워 조직을 이끌어가는 능력을 말한다.

그런데 문제는 이 리더십의 역량이 모든 사람들에게 공평하게 주어지지 않았다는 것이다. 어떤 여성은 자라난 환경 속에서 자연스럽게 여성 리더십을 습득하지만 어떤 여성은 여성 리더십이 무엇인지도 모르고 여성리더십과 상관없이 살아가기도 한다.

여성들의 사회참여가 점차 증가하고 있는 시점에서 사회는 여성들의 리더로서의 역할을 원하고 있다. 실제로 우리나라의 전대통령도 여자였으며, 기업의 대표나, 기관의 장, 사회단체의 장이 여성으로 채워가는 비율이 점차 증가함에 따라 여성 리더십이 절실히 필요한 실정이다.

여성 리더십은 타고난 재능이나 유전적인 영향을 받는 것이 아니라 후천적인 노력으로 환경의 영향 아래 습득된 능력이라고 해야 할 것이다. 따라서 리더십은 후천적인 동기와 노력의 영향을 더 받으므로 노력 여하에 강력한 리더십을 가질 수 있다는 것을 의미한다. 실제로 우리의 역사 속에서도 바보 온달과 평강공주의 예가 그러한 사실을 증명한다. 사회에서 손가락질 받던 바보 온달이 평강공주라는 여성 리더를 만나 고구려에서 가장 훌륭한 장군이 되었다.

우리는 여기서 평강공주가 가진 여성 리더십을 통해 한 가정을 올바르게 세웠을 뿐만 아니라 바보 온달에게 학문과 무예를 가르쳐 고구려를 지키는 훌륭한 장군으로 만들었다는 점에 주목하여야 한다. 앞으로 여성 리더십은 급변하는 사회 속에서 남성들이 발휘하지 못하는 여성들만이 가지고 있는 장점을 활용할 수 있는 여성 리더십이 절실하게 필요한 사회가 올 것이다.

02 여성 리더십의 필요성

우리나라에 서구관료제의 도입은 미군정 시기의 군대 조직에 의해 처음으로 이루어졌으며 이후 냉전적 분단 상황 하의 병역의무 이행과정에서 대부분의 남성들이 군대조직을 경험하면서 더욱 내면화되고 확산되었다. 그래서 우리나라의 리더십의 특징은 남성들의 군대 조직에서 경험할 수 있는 리더십이 주를 이루었다.

더욱이 이전부터 존재해온 한국의 전통문화인 가부장적 유교문화가 영향을 미치면서 남성 중심의 가부장적인 리더십이 대세를 이루었다. 다시 말해 우리나라의 리더십 문화는 근대화의 과정을 통해 형성된 가부장적 가족주의를 핵심으로 하는 유교문화를 토대로 서구관료제와 군대문화가 융합되면서 형성되었다. 이러한 과정에서 남성 중심의 권위주의와 형식주의, 온정주의, 연고주의와 같은 가치가

자리를 잡게 되어 여성의 역할과 능력을 단순 가사노동 종사자로 무시하는 경향이 있었다.

그러나 점차 사회의 발전은 여성의 교육기회의 증가, 기혼 여성의 취업의 증가, 맞벌이 부부의 증가로 인하여 여성들의 사회진출은 증가할 수밖에 없었다. 실제로 2014년 통계를 보면 대한민국 여성인구는 2,540만 4천명으로 총 인구의 50%를 차지한다. 남성의 경제활동 참가율은 73.2%인 반면에 여성의 경제활동 참가율은 50.2%로 여성 2명 중에 한명은 경제활동에 참여하고 있다. 맞벌이 가구의 비율은 42.9%로 나타났다. 대학 진학률은 남자는 67.4%인 반면에 여성은 74.5%로 2008년도부터 여성의 대학 진학률이 남성의 대학 진학률을 추월하고 있다.

여성들의 사회진출 증가가 결국 여성들이 사회에서 리더가 될 수 있는 기회로 발전하고 있다. 과거에는 남성들의 전유물이었던 남성 중심 사회였던 군대나 법원에서도 여성이 기관의 장이 되어 가는 경우가 점점 증가하고 있다. 그러나 아직까지도 우리 사회에서 대다수의 여성은 남성보다 낮은 사회적, 정치적, 경제적 위치에 있으며 아직도 남성이 경험하지 못한 제약과 불이익을 당하고 있다. 뿐만아니라 여성들이 사회에 진출하는 데는 여러 가지 어려움이 있다. 특히 가사노동, 육아가 여전히 여성들의 사회 진출을 막고 있으며 경력 단절에 원인이 되고 있는 것으로 나타나 좀 더 다양한 해결책이 필요한 실정이다.

세상의 변화와 여성들의 사회진출의 증가는 사람들의 가치관에도 변화를 주어 전통적이고 가부장적인 리더십의 비효율성이 늘어나면서 그에 대한 불만과 대안적 리더십에 대한 욕구가 높아지게 되었다.

20세기에 들어오면서 여성들은 공식적인 정부 권력의 자리에 빈번하게 오르기 시작했고 국회로의 진출이 눈에 띄게 나타나고 있으며, 드디어 여성 대통령까지 탄생하였다. 이렇듯 소위 엘리트라 불리는 자리에 두드러지는 여성들의 정치 참여 확대는 리더십의 변화를 원하고 있다. 이러한 조직문화의 변화에 효율적으로 대응할 수 있는 대안적 리더십으로서 보다 참여적이며 민주적인 인간중심의 리더십에 대한 요구와 더불어 여성 리더십의 필요성이 증가하고 있다.

03 여성 리더십의 유형

리더십이라는 단어 자체가 남성들의 전유물이었다면 이제는 여성들의 사회 진출이 늘어가는 만큼 여성 리더십도 필요한 것이다. 사회의 변화에 따라 사회에 필요한 리더십이 만들어지다 보니 리더십의 유형에는 여러 가지가 나타나고 있다.

지금까지 나타난 리더십을 남성과 여성의 특성을 반영하여 남성형 리더십과 여성형 리더십으로 나누어 볼 수 있다. 남성들의 특징을 살린 리더십 유형에는 카리스마형 리더십, 독재자형 리더십, 파워 리더십, 슈퍼 리더십, 변혁적 리더십, 브랜드 리더십 등이 있다. 이러한 리더십은 전근대적인 사회에서 빠르게 조직을 장악하고 목표를 향해 조직을 이끌어가기 위해서 필요했던 리더십이다.

여성 리더십의 유형은 민주주의형 리더십, 파트너형 리더십, 서번트 리더십, 브랜드 리더십, 비전 리더십, 임파워링 리더십 등이 있다. 여성 리더십이 등장하게 된 이유는 사회가 민주화되어 가면서 세상의 변화속도가 너무 빠르다보니 소통이 중요해짐에 따라 자연스럽게 강하고 빠른 남성 리더십보다는 섬세하고 부드러운 여성 리더십이 점차 각광을 받기 때문이다.

가. 카리스마형 리더십(Charisma Leadership)

카리스마형 리더십은 역사적으로는 프랑스의 나폴레옹 같이 강한 대중호소력과 선동력을 지닌 천재적 리더쉽을 말한다. 조직을 일사불란하게 단결하게 하고, 조직원들이 이성이 아닌 맹목적으로 리더를 추앙하는 경우가 많다.

나. 독재자형 리더십(Dictator Leadership)

독재자형 리더십은 독일의 히틀러와 같이 지배자로 군림하기 위해, 질문을 금지 시키고, 실수를 용납하지 않으며, 핵심 정보는 혼자 가지려고 한다. 또한 권위에 대한 도전이나 반항 없이 순응하도록 요구하면서, 개개인들에게 주어진 업무만을 묵묵히 수행할 것을 기대하는 리더십을 말한다.

다. 파워 리더십(Power Leadership)

파워 리더십은 미국의 트럼프 대통령처럼 탱크주의형 리더로서 확고한 의지를 가지고 있으면서도 강인한 실행력을 바탕으로 한번

결정한 것은 어떤 비판을 받아도 철저하게 실천하는 실행력이 있다. 파워 리더십은 모든 현상을 있는 그대로 받아들이지 않을 뿐더러 역경이나 혼란에 도전한다. 또한 성실과 끈기를 기반으로 하여 솔선수범으로 조직을 이끄는 리더십을 말한다. 말보다는 강력한 행동을 요구하는 리더십으로 최고경영자에게 가장 필요한 리더십이다. 난국에 처할 때 리더의 진가가 발휘된다.

라. 슈퍼 리더십(Super Leadership)

슈퍼리더십은 애플을 만든 스티브 잡스처럼 주변의 조언이나 상급자의 명령에 무조건 따르기 보다는 자신의 냉정함과 차가운 두뇌로 판단하여 조직의 활성화에 도움을 주는 리더십을 말한다. 풍부한 지식을 활용해 경영하는 박식한 리더들에게 어울리는 리더십이다.

마. 변혁적 리더십(Change Leadership)

변혁적 리더십은 유한킴벌리를 성공적으로 경영하였던 문국현 회장처럼 주어진 환경에 순응하지 않고 오히려 올바른 방향으로 변혁시키려고 도전하는 리더십을 말한다. 개개인과 팀이 유지해온 이제까지의 업무수행 상태를 뛰어넘기 위해 변화를 가져오게 하는 추진력과 해박한 지식을 갖추고 자기 확신이 높으며, 조직원들의 존경심과 충성심을 받는 리더십을 말한다. 풍부한 칭찬과 감화를 통해 구성원들로 하여금 할 수 있도록 자극을 주고 도움을 주는, 개인이나 집단과 조직에 있어서 획기적인 변화가 요구될 때 이상적인 리더십이 될 수가 있다.

바. 민주주의형 리더십(Democracy Leadership)

민주주의형 리더십은 제도나 규칙의 중요성을 인식하고 이성적 사고를 가진 조직원들의 의견을 존중하고, 그룹에 정보를 잘 전달하려고 노력하고, 전체 그룹의 구성원 모두를 목표방향 설정에 참여하게 함으로써, 구성원들에게 확신을 심어주려고 노력하는 리더십을 말한다.

사. 파트너형 리더십(Partner Leadership)

파트너형 리더십은 조직을 운영할 때 혼자 운영하는 것이 아니라 파트너와 같이 운영하는 것을 말한다. 이 과정에서 어느 한 사람이 지배적인 위치 즉 리더로서의 역할을 수행하지만 둘 사이에서는 중요한 상호작용이 이루어지고 이 과정에서 구성원의 리더십이 개발된다는 것이다. 이 유형에서는 구성원 중 리더를 구분하는 것이 모호한 경우가 많고 설사 리더라 하더라도 구성원과 동일한 책임과 권한을 갖는다.

아. 서번트 리더십(Servant Leadership)

서번트 리더십(Servant Leadership)은 테레사 수녀처럼 조력자로서의 리더십을 발휘하는 것을 말한다. 서번트 리더십은 끝없는 사랑형 리더로서 조직을 지배하려 하지 않고 신뢰로 이끌어 가는 리더십을 말한다. 기존의 리더십이 조직 구성원의 앞에서 조직 구성원을 이끄는 역할을 하였다면 서번트 리더십은 조직 구성원의 일체화와 공감대 형성을 통하여 조직목표를 달성하는 것이다. 조력자로서의 서번트 리더는 기본적으로 방향 제시자, 파트너, 지원자의 세가지 역할에 중점을 두고 구성원들을 리드해 나가는 특성을 갖고 있다.

사. 브랜드 리더십(Brand Leadership)

브랜드 리더십은 더민주당의 손혜원국회의원처럼 독창적인 아이디어를 가진 창의적인 리더가 창의력으로 승부하는 리더십을 말한다. 브랜드 리더십은 다른 아이디어를 모방하지만 독창적으로 만들어 남들보다 가치있는 조직을 만들어 낸다. 브랜드 리더십은 남이 가지 않은 새로운 길을 만드는 것에 높은 가치를 둔다. 남보다 앞서서 표준을 장악하여 독보적인 경쟁력을 확보하는 것이 주된 목표이기도 하다. 다소 튄다는 비판을 듣더라도 확실한 이미지를 높이는 데 초점을 맞추는 리더십이다.

자. 비전 리더십(Viseon Leadership)

비전 리더십은 영국을 다시 선진국의 반열로 올린 마거릿 대처처럼 눈앞의 작은 이익에 관심을 두지 않고 조직의 미래의 전망을 내다보고 조직원들에게 희망적인 비전을 제시하는 리더를 말한다. 비전 리더십은 리더가 올바른 비전을 제시하고 구성원 모두가 동참하도록 하여 같은 방향으로 나아가는 리더십을 말한다.

차. 임파워링 리더십(Empowering Leadership)

제주 지역에서 어려운 이들을 도왔던 김만덕처럼 조직원에게 권한을 위임하여 주인의식을 심어주는 리더십을 말한다. 임파워링 리더십은 리더 혼자 모든 일을 수행하는 것이 아니라 조직원 들 중에 능력있는 사람에게 권한을 위임하여 역량을 다할 수 있도록 하는 리더십을 말한다.

04 여성 리더십의 장점

일반적으로 리더란 조직의 생존과 성장을 구축하기 위한 구체적인 목표달성을 위해 긍정적인 방향으로 조직과 집단을 앞장서서 이끌어 가는 사람이다.

여성적 리더십(feminine leadership)은 로덴(1985)에 의해 처음 제시된 개념이다. 로덴은 오늘 날의 조직 구성원들은 팀 위주의 참여적 관리구조를 선호하기 때문에 팀 구조와 협동적 의사결정을 특징으로 하는 여성적 리더십이 위계적 구조와 권위적 의사결정에 의존하는 전통적 리더십보다 유용하다고 주장하였다. 여성 리더십이 강조되고 있는 것은 현대 사회의 변화하는 조직에서 여성적 가치가 리더십에 접목될 필요성에 따른 것이라고 볼 수 있다.

다음에서는 이러한 여성 리더의 장점을 보면 다음과 같다.

가. 협동적 성향

여성 리더십의 가장 큰 장점은 협동적 성향이다. 가부장적 리더십이나 전통적 리더십에서는 뚜렷한 위계질서 속에서 경쟁을 강조하여 효율성을 높이는 것을 중요시하였다. 그러나 세상이 민주화되어감에 따라 경쟁이 아닌 협동을 중시하며, 조직 구조는 위계조직 대신 수평으로 된 팀중심으로 전환되었다. 따라서 권위주의적인 남성 중심의 리더십보다는 여성들이 가지고 있는 사람과 협동하려는 리더십이 조직을 이끄는데 합리적이며, 문제 해결을 효과적으로 하는 것으로 나타났다.

실제로 여러 연구를 종합해보면 남성 리더들은 좀 더 권위주의적이고 지배적이라는 결과를 보이는 반면 여성 리더는 남성 리더보다 조직 운영에 조직원들을 참여시키며 좀 더 민주주의적인 것으로 나타났다.

나. 민주적 성향

산업사회에는 위계적이며 통제적인 관리 시스템이 유용했기 때문에 리더는 남성이라는 개념이 팽배해 있으며, 권위적이고 가부장적인 리더십을 높이 샀다. 권위적인 리더십에서는 의사결정과정이 없이 리더의 명령을 바로 수행해야 하는 상위하달식의 명령이 전달되었다.

오늘날에는 급속하게 사회가 변화하기 때문에 창조력과 경험지식이 중시되는 보다 탄력적이고 민주적인 조직운영이 더 효과적이다. 따라서 오늘날에는 의사결정 과정을 매우 중요시하고 있기 때문에 조직 구성원의 의견을 민주적으로 수렴하고 객관적으로 평가하는 리더십이 필요하다. 여성 리더는 남성보다 조직원들의 의견을 존중하고 받아들이는 수용능력이 높은 편이다. 여성 리더십의 특징 중에 하나는 리더의 기능을 한 사람이 모두 수행하는 것이 아니라 조직구성원들 모두가 동등한 정치적 인격체로서 유기적인 관계를 통해 조직목표를 달성해 나가는 것을 의미한다. 이런 측면에서 여성적 리더십은 민주적 리더십이라고 할 수 있다. 이처럼 여성 리더십은 조직을 통제하는 것이 아니라 조직원들의 의견을 존중하여 참여를 높이기 때문에 상호 영향을 끼쳐 더욱 큰 위력을 발휘할 수 있다.

다. 관계적 성향

일반적으로 남성은 여성에 비해 자기 주장적이며 독립적, 지배적, 적극적이라고 믿는 반면, 여성은 이타적이고, 친절하며, 이해심이 많다고 믿는다. 남성은 사회에서 과제 지향적이거나 형식적 관계를 많이 맺기 때문에 과제를 성공적으로 수행하는 것에 많은 관심을 보인다. 반면에 여성 리더는 관계 지향적이거나 정서적 관계를 맺기 때문에 대인 관계의 성공을 추구하는 경향이 있다.

여성 리더는 관계를 중요시하기 때문에 조직원에 대한 배려심이 강하게 나타난다. 이러한 특징으로 여성 리더는 조직원들에게 친절하게 도움을 주려고 하며, 긍정적인 집단 정서를 만들기 위해 노력한다. 또한 여성 리더는 남성 리더에 비해 조직사회에서 얻는 스트레스가 적으며 스트레스 대처 능력이 높다는 것인데, 이것은 여성 리더들이 스트레스를 받으면 사람들과 대화로 해소하기 때문이다.

라. 감성적 성향

전통적으로 리더는 이성적이며 냉철해야 한다는 관념이 강하였다. 그러나 여성은 생물학적 특성 상 남성에 비해 풍부한 감성을 지니고 있으며, 따뜻한 편이다. 여성 리더의 특징인 감성적인 리더는 통합적 사고, 심미적 관심, 감정이입 능력, 민주적인 사고방식 등이 뛰어나기 때문에 조직 구성원의 창의적이고 자발적인 참여를 이끌어낼 수 있는 조화로운 리더십을 발휘할 수 있다. 여성 리더는 외부환경 변화에 빠르게 변화하려고 하며, 조직원들에게 공유하려 한다.

05 여성 리더에게 꼭 필요한 변화와 혁신

우리는 변화하지 않으면 가치를 잃어버리는 것들을 수없이 목격하고 있다. 신곡 하나로 반짝한 가수들이 새로운 곡을 내지 못하면 금방 사람들의 머리 속에서 잊혀지는 것을 쉽게 볼 수 있다. 신제품을 사고 돌아서면 새로운 신제품이 시장에 나오는 시대에 살고 있는 우리에게 과거의 영광은 의미가 없다. 어제의 영광은 이제 더 이상 미래로 연결되지 않는다.

그래서 그런지 요즈음 개인, 기업, 국가는 너나 할 것 없이 변화와 혁신을 강조하고 있다. 국가는 국제사회에서, 개인이나 기업은 사회의 주류로 자리를 잡기 위해서는 사회의 변화에 따라 신속하게 변화하고 준비를 해야만 하는 시대에 살고 있기 때문이다.

행정안전자치부에서는 혁신담당관실을 두고 변화와 혁신을 주도하려고 하고 있으며, 개인은 사회의 변화에 적응하고 성공하기 위해서 스스로에게 변화와 혁신을 주입하고 있다. 많은 기업들의 신년 사업계획에서도 '변화'는 빠지지 않고 등장하는 주요 테마다. 경영자나 지도자들은 자신의 조직을 변화시키기 위하여 사무혁신, 조직혁신, 구조조정, 조직문화 개선 등 다양한 이름의 변화 관리 프로그램을 매년 초 선포하고 보다 나은 조직으로 거듭 날 것을 다짐한다. 하지만 안타깝게도 변화 관리 프로그램을 성공적으로 수행한 기업이나 국가는 전 세계적으로도 극소수에 불과하다.

변화와 혁신에 대한 중요성을 강조한 것은 비단 오늘날의 일은 아니다. 놀랍게도 무려 1백 년 전부터 혁신과 변화의 중요성이 강조되어 왔던 것이다. 슘페터는 자본주의 발전의 원동력은 '창조적 파괴'라는 말로써, 또한 컨베이어 시스템을 도입해서 자동차의 대량생산과 대중화 시대를 연 헨리 포드는 "변화를 거부하는 사람은 이미 죽은 사람이다", "이 나라에서 우리가 아는 유일한 안정성은 변화뿐이다", "만약 목표를 성취하는데 방해가 된다면 모든 시스템을 뜯어고치고, 모든 방법을 폐기하고 모든 이론을 던져버려라" 등의 말로써 변화와 혁신의 중요성을 주장하였다. 100년 전부터 주장한 변화와 혁신은 원하는 만큼 달성되지 않았거나 시대의 변화에 따라 더욱 필요하였기 때문에 강조되고 있는 것이다.

그러나 변화와 혁신은 변화를 거부하는 기존의 세력에게 많은 저항을 받게 되며, 대단위 자원과 노력 투여, 그리고 오랜 시간이 소요되는 특징을 가지고 있다. 따라서 성공적 변화와 혁신을 위해서는 최고경영자의 전폭적인 참여와 지원은 너무도 당연한 전제조건이다. 그러나 최고경영자 한 사람의 힘으로 거대한 조직이 변화할 수 있다는 것은 우스운 이야기이다.

결국 조직 전체의 변화와 혁신을 가져오려면 최고 경영자 한사람의 변화가 중요한 것이 아니라 조직 구성원의 변화가 있어야 한다. 그러나 기존 조직 구성원을 변화와 혁신의 기수로 만드는 것은 고정관념을 깨는 것만큼 어려운 것이 현실이다. 그래서 기업이나 국가는 변화와 혁신을 이끌 인재를 등용하려는 노력을 기울이고 있다. 오래된 조직의 관행을 깨고 변화와 혁신을 몰고 갈 새로운 젊은 피를 수혈하려고 하는 것이다. 우리는 여기서 벤자민 프랭클린의 일화를 한번 음미해 보자.

벤자민 프랭클린은 원하는 것은 무엇이든지 자신의 노력에 의하여 이룰 수 있다고 생각한 사람이다. 남들은 한 가지 분야에서 성공하기도 힘들지만 벤자민 프랭클린은 평생을 살면서 인쇄공, 주간지 발행인, 의용병 대장, 시의원, 유명한 작가이자, 정치가, 애국자, 저명한 과학자로 미국 역사 발전에 지대한 공헌을 하였다. 그는 10살 때부터 학교를 그만두고, 마땅한 정규교육을 제대로 받지는 못했지만 멀티플레이어로서 전문적인 지식을 습득하기 위하여 끊임 없는 노력을 하였다. 그는 미국 건국 초기에 워싱턴 장군을 도와 미국 역사에 중요한 역할을 수행하였다. 그는 독립선언서를 만드는데 기여하였으며, 지도자로서 대통령직 외에는 국가의 중요 요직을 골고루 맡았던 위대한 사람이었다. 벤자민 프랭클린은 다양한 일을 경험한데다 창의성도 매우 뛰어났다. 그의 놀라운 창의성은 피뢰침, 2촛점 안경, 스토브 이외에도 수많은 발명으로 이어졌다. 그는 항상 변화와 혁신을 꿈꿔왔다. 그래서 영국의 식민지에서 독립하기를 원해 직접 의용병 대장이 되었으며, 독립선언서를 작성하게 하였다. 미국이 독립된 후에도 다양한 멀티 플레이어로서의 능력을 가지고 국가의 기틀을 혁신적으로 변화시키는데 앞장섰다. 오늘날 미국이 지금처럼 강대한 제국으로 자리를 잡게 하는데 이 벤자민 프랭클린의 역할이 컸다는 것을 알 수 있다. 이처럼 벤자민 프랭클린은 제대로 교육의 혜택을 받지 못했으면서도 하면 된다는 정신으로 스스로의 학습을 통하여 자신의 인생을 변화시키고 미국의 역사를 변화시켰다.

개인, 기업, 국가가 변화와 혁신을 필요로 하는 시대일수록 변화에 능숙 능란하게 적응할 수 있는 새로운 여성 리더를 원하게 될 것이다. 이들이 사회의 주류가 되는 때, 변화와 혁신을 이끌 신인류가 될지도 모른다. 그래야 개인, 기업, 국가의 미래가 있는 것이다.

06 여성 리더는 수평적이어야 한다

우리나라는 가부장적인 리더십에 익숙해 있기 때문에 수직적 조직문화가 일반화되어 있다. 우리나라가 이처럼 경제적으로 성장하게 된 것은 킹력한 수직적인 조직문화로 인해 우리 기업이 산업화와 정보화에 앞선 외국기업들을 빠르고 효율적으로 따라잡게 했다.

스티브 잡스는 자신이 만든 애플에서 매출 부진으로 인해 쫓겨났다가 애플이 어려워지자 다시 전문경영인으로 돌아왔다. 스티브 잡스는 애플을 다시 일으키기 위해서 자신이 내린 명령은 모든 직원들이 무조건 따르도록 했다. 그는 자신이 가고자 하는 일에 걸림돌이 되는 직원들은 가차없이 해고하는 것으로 유명했다. 잡스는 자신의 명령이 전부인 수직적인 리더십을 가진 사람이었다. 운이 좋게도 성공적인 사례를 많이 남겼다.

잡스의 강력한 수직적 리더십을 잘 나타내는 일화가 있다. 잡스는 수시로 자신이 만나는 직원들에게 질문하는 것을 즐겨하였다. 잡스의 엘리베이터 일화는 매우 유명한데 잡스는 엘리베이터에 함께 탄 직원들에게 "당신은 누구인가?", "어디에서 일하나?", "맡고 있는 업무가 무엇인가?"에 대하여 묻기를 즐겼다. 그 직원이 자신의 업무를 설명하면 잡스는 "그 일이 회사에 꼭 필요한 일이냐"고 되물었다. 만약 그 직원이 잡스를 납득할만한 설명을 하지 못하면 잡스는 엘리베이터에서 내리면서 "당신 해고야"라고 말했다고 한다.

그래서 애플에서 누구도 엘리베이터에서 잡스를 만나고 싶어 하지 않기 때문에 아예 계단으로 다닌다고 한다. 애플에서 잡스는 밀어붙이는 것으로 유명하기 때문에 누구의 반대에도 자신이 정한 길로만 갔다.

한때 컴퓨터를 만들 때 잡스는 단순하게 만들라고 했더니, 엔지니어들은 복잡하게 만들어야 한다고 반대를 했음에도 불구하고 단순한 디자인을 밀어붙여서 애플은 단순한 디자인의 대명사가 되었다. 그리고 아이팟 터치와 아이폰을 만들 때 다른 회사들은 밧데리를 교체하는 모델이었기에 직원들이나 소비자들의 요구도 밧데리를 교체할 수 있도록 제안했지만 잡스는 내장형 배터리 방식을 고수했다. 다들 안될 것 같았지만 시장에서의 반응은 의외로 놀랍게도 불편한 내장형 밧데리를 선택했다는 것이다.

스티브 잡스는 자신의 고집으로 회사를 운영해서 그 결과가 성공적인 것이 많았기 때문에 어느 직원도 잡스의 명령을 거부할 수 없었다.

　그러나 이러한 수직적 리더십이 꼭 성공하는 것은 아니다. 2016년 삼성전자의 갤럭시 노트7의 폭발 사태 이후 우리 기업들의 수직적 조직문화를 비판하는 목소리가 높아졌다. 삼성의 강력한 수직적 조직문화가 사고를 내었다는 것이다. 과거까지는 수직적 리더십이 빠르게 성장하는 데는 매우 유용하였지만, 오늘날처럼 급변하는 산업 패러다임에서는 유연하게 대응하기 힘들다. 따라서 급변하는 변화에 조금 더 유연하고 효과적으로 대응할 수 있는 수평적 리더십이 주목을 받을 수밖에 없게 되었다.

　여성들이 갖고 있는 장점 중에 수평적이고 우호적인 문화는 바로 현대의 급변하는 시대에 필요한 수평적 리더십의 원동력이 된다. 수평적 리더십은 조직원들의 의견이나 제안에 대한 존중을 바탕으로 하기 때문에 조직 구성원의 창의성과 잠재력을 끌어내서 조직을 발전시킬 수 있다.

07 여성 리더는 개방적이어야 한다

개방적이라는 것은 태도나 생각 따위가 거리낌 없고 열려 있는 것을 말한다. 따라서 개방적 리더십이란 나와 다른 것에 대해서 거리낌 없이 받아들이는 리더십을 말한다. 개방적 리더십의 반대는 폐쇄적 리더십이다. 패쇄적 리더십은 다른 말로 남의 말에 귀를 기울이지 않고 자기의 고집과 독선으로 밀고 나가는 것을 말한다.

한국 사회에서는 박근혜 전대통령의 폐쇄적 리더십으로 인해 생긴 국정농단과 여러 가지 사회적으로 혼란을 야기한 것에 대해서 많은 문제성을 지적하고 있다. 이로 인해 국민들이 혼돈에 빠지고 정치 경제적으로 고착상태에 빠져 대한 민국의 미래가 어두운 실정이 되었다. 이처럼 사회가 혼란해질수록 사람들은 개방적 리더십에 대한 기대가 커졌다.

강금실은 대한민국의 법조인으로 첫 여성 법무법인 대표, 첫 여성 법무부 장관 등을 지낸 상징성 있는 여성 리더다.

강금실은 서울대 법학과를 졸업하고 사법시험에 합격하여 판사로 법관생활을 시작하였다. 대학 재학시절에는 교내 탈춤반 활동을 하면서 사회현실에 눈뜨기 시작했고, 사회과학 서적도 꾸준히 읽었다. 서예에 조예가 깊은 부친의 영향으로 붓을 잡기도 했다. 이는 훗날 '인권변호사 강금실'을 만들어낸 토양이 되기도 했다.

전두환 정권 시절 서울 남부지원에 근무하면서 시위를 하다 즉심에 회부된 대학생들을 줄줄이 석방시켰다. 서울 북부지원 형사단독판사 시절에는 화염병 투척 혐의로 구속영장이 청구된 한국외대생을 도주 및 증거인멸의 우려가 없다는 이유로 영장을 기각했다.

노무현의 참여정부 들어서면서 공무원 사회도 변화의 급물살을 타기 시작했다. 남성 위주의 노무현 대통령은 법무부의 비정상을 바로 잡기 위해 검찰총장보다 무려 11기 아래 후배이자 판사 출신의 여성을 법무부장관에 기용하였다.

강금실은 법무부 장관이 되어 검찰 개혁을 단행해 지방에서 한직만 전전해온 숨은 능력있는 검사를 발굴해 서울의 요직에 발탁했고, 주로 서울로만 돌던 귀족 검사들을 지방으로 내쫓았다. 대대적인 양심수 사면을 실시하고 '준법 서약제'를 폐지했으며, 소외된 소수자들의 인권문제를 개선하기 위해 '외국인 지문 날인제도'도 없애버렸다. 그리고 일선 검사들이 소신껏 수사에만 전념할 수 있도록 외부의 압력을 막는 개방적 리더십을 실천하였다.

강금실은 폐쇄적인 문화를 가진 검찰을 개방적인 문화를 가진 검찰로 변화시키기 위해서 노력하였다. 강금실은 장관으로서만 개방적인 리더십을 실천한 것이 아니라 자신의 삶에 대해서도 개방적이어서 판사 신분에서 시위 전력이 있는 사람과의 결혼을 하였으며, 법무부 장관이 되어서는 관용차가 전부 검은색이었는데 흰색을 타고 다니면서 주목을 받았다. 주변에서는 강금실 장관의 이러한 개방적인 생활과 개방적 리더십에 대해서 파격적으로 보기도 한다.

개방적 리더십은 남의 말을 들어 주고, 나와 다르다고 해서 배척하는 것이 아니라 상대방을 이해하는데서 출발한다. 개방적 리더십은 강압적이고 독단적 리더십과는 달리, 상대방의 입장에서 필요한 것과 도움이 될 만한 것을 주는 리더십을 말한다. 개방적 리더십이 성공하기 위해서는 내 입장에서만 생각하는 것이 아니라 내가 상대방의 입장에서 생각해보고 살펴보아야 가능한 것이다. 따라서 개방적 리더십은 여성들의 장점인 남의 말을 잘 들어주고 이해하려는 개방적인 성향을 바탕으로 한다. 결국 개방적 리더십은 여성의 장점을 최대한 살릴 수 있는 리더십인 것이다.

08 여성 리더는 경청할 줄 알아야 한다

경청(傾聽)은 상대의 말을 듣기만 하는 것이 아니라, 상대방이 전달하고자 하는 말의 내용은 물론이며, 내면에 깔려있는 동기(動機)나 정서에 귀를 기울여 듣고 이해하여 반응하는 것을 말한다. 사람의 귀는 외이(外耳), 중이(中耳), 내이(內耳)의 세 부분으로 이루어져 있는데 말을 들을 때는 세 부분을 다 거쳐야 한다. 이처럼 귀가 세 부분으로 이루어 진 것은 남의 말을 들을 때에도 귀가 세 개인 것처럼 세 번은 들어야 한다고 경청의 중요성을 강조하는 것이다.

한 연구보고에 따르면 일반인 중에서 85% 이상이 경청능력이 평균 이하였고, 5%에도 못 미치는 사람들만이 경청능력이 우수한 것으로 나타났다. 그리고 남의 말을 잘 들었어도 자신이 청취한 대화 내용의 25%만을 경청하게 되고 나머지 75%는 그냥 흘려듣는다고 한다.

연구 결과를 보면 85%의 대부분 사람들은 남의 말을 잘 들으려 하지 않는 것으로 나타났으며, 경청을 해도 25%만 기억에 남는다는 것이다. 우리가 경청을 잘못하는 이유는 남의 이야기를 들어주려는 노력보다는 내가 하고 싶은 말을 더하고 싶기 때문이다.

경청을 잘하려면 막연하게 상대방이 하는 말을 잘 들어 주는 것만이 아니라, 상대방이 '말하는 바'를 귀담아 듣고 '하지 않는 심중의 말은 무엇인지'를 신중히 가려내며, '말하고자 하나 차마 말로 옮기지 못하는 바'가 무엇인지를 가려내야 한다.

서울시의사회 100년 역사상 최초로 여성 대표에 선출된 김숙희 회장은 리더에게 필요한 것이 경청이라고 강조한다. 김회장은 서울시 의사회를 성공적으로 이끌기 위해서 강력한 열정과 추진력이 있는 리더로 인정을 받고 있다.

서울은 전국 시도 가운데 가장 많은 의사가 활동하는 곳으로 전체 의사의 32.8%가 밀집해 있다. 의사는 전통적으로 보수 성향이 짙기에 회장을 여성으로 뽑는 것에 대해서 부정적이었다. 그러한 보수적인 직업을 가진 의사들의 모임인 의사회에서 여성이 회장후보로 출마해서 선출된 일은 매우 이례적이라 할 수 있다.

김회장이 서울시 의사회 회장에 선출된 이유에는 여러 가지 중요한 것들이 많지만 그 중에서 경청도 매우 중요한 역할을 했다는 것이다. 김회장은 경청을 함에 있어서 다수의 의견만을 경청하는 것이 아니라 소수인 회원의 의견도 경청해야 한다고 강조했다. 김회장은 최근 일부 회원들의 의협회장 불신임 운동과 관련해 비판의 목소리가 있다는 것을 알고 그들의 목소리를 경청하려고 노력하였다. 김회장은 조직이 화합하고 발전하기 위해서는 리더가 아픈 소리도 들어줄지 알아야 한다고 강조한다.

김회장은 의원급 수가협상에서 전년 대비 3.0% 인상률에 합의하고, 메르스 사태를 계기로 의사회의 사회적 위상을 높인 리더로 인정을 받고 있다.

경청에는 소극적 경청(침묵)과 적극적 경청(반영적 경청)으로 나눌 수 있는데 소극적 경청(침묵)은 아무런 말도 하지 않은 것으로 모든 것을 수용한다는 것을 의미한다. 반면에 적극적 경청(반영적 경청) 단순히 듣기만 하는 것이 아니라 상대방의 속마음을 정확히 이해하고 언어적인 반응을 나타내는 것을 말한다. 적극적 경청이 소극적 경청보다는 상대방이 훨씬 더 많은 말을 하게 하여 상대방의 기분을 좋게 할 수 있다.

리더로서 효과적으로 경청하려면 말하는 사람이 어떤 말을 하든 인내심을 가지고 잘 들어주고, 무엇을 원하는지 핵심을 찾도록 노력해야 한다.

09 여성 리더는 솔선수범해야 한다

조선 후기의 실학자인 정약용은 "부하들을 통솔하는 방법은 위엄과 믿음을 갖추는 것뿐이다. 위엄은 절제정신에서 생겨나고 믿음은 솔선수범에서 나온다"고 하였다. 즉 좋은 관리가 되기 위해서는 몸가짐과 마음가짐을 바로 갖는 것이 중요하다는 것이다.

정약용은 수령의 마음가짐과 몸가짐을 절도 있게 해서 위엄을 갖추어야 백성들이 본을 보고 따라한다고 하면서 수령의 솔선수범을 강조하였다. 위엄이란 사전적 의미로 존경할 만한 위세가 있어 점잖고 엄숙한 태도를 말한다. 엄숙은 아랫사람이나 백성들을 너그럽게 대하는 동시에 원칙을 지키는 것을 통해 자연스럽게 나타난다. 정약용의 이러한 사상은 정조라는 정치적인 거목을 통해서 굳어진 결과라 할 수 있다.

정조는 일생 동안 대의(大義)를 위하여 위엄을 가지고 개혁에 대한 솔선수범을 몸소 실천한 조선의 개혁적인 왕이었다. 정조의 개혁은 조선의 르네상스라고 불리 울 만큼 격동적인 것이었다. 정조의 개혁은 여러 학문적 업적과 새로운 학문적 기풍을 마련하는 단초를 마련했다. 또한 백성을 살피며 생활에 지장을 주지 않으려 노력하는 어버이로써의 왕의 모습을 보여주었다. 그렇지만 정조의 개혁은 노론이라는 거대한 산을 완전히 넘지는 못하였다. 비록 정조 사후에 모든 개혁정책이 정지되긴 했지만 조선이 새롭게 변화할 수 있는 기틀을 마련하는 계기가 되었다는 점에서 중요한 역사적 의의를 지닌다고 할 수 있다.

정조의 개혁정책은 정조 사후에 모두 정지되어 역사의 뒤안길로 사라져 그 의미를 잃어버리고 있었다. 또한 단순히 왕권 강화를 위한 개혁만으로 이야기되고 있었다. 하지만 우리는 정조의 개혁정책을 알아보면서 정조의 개혁 정책이 단순히 왕권 강화만을 위한 개혁이 아니었음을 알 수 있었다.

정조는 이상을 좇는 군주였다. 나라와 백성을 위하는 군주였고 불합리에 맞서려 했고 어떤 벽에 부딪혀도 도망치지 않으려 했다. 역사에 만약이란 단어는 없지만 만약 정조가 요절하지 않았다면 조선은 그렇게까지 급격히 몰락하지 않았을 것이고 조선 후기의 혼란상은 다른 모습으로 나타났을 것이다.

정약용은 정조와 끝까지 조선의 개혁을 이루고 싶었지만 운명은 용납하지 않았다. 그러나 정조의 삶을 통해서 정약용은 한 국가를 이루는 리더의 고뇌를 보면서 리더가 갖추어야할 정신을 배웠다.

정조를 통해서 모름지기 리더가 되기 위해서는 어디까지나 군림자가 아니라 봉사자가 되어야 함을 배웠다. 봉사자로서 리더가 되기 위해서는 백성들을 위하는 일이라면 어떠한 일이든지 해야 한다고 하였다.

관리로서의 리더십에서만 솔선수범이 중요하다고 본 것이 아니라 자녀교육이나 학문을 함에 있어서도 솔선수범이 중요하다는 것을 강조하였다.

정약용은 36세에 황해도 곡산부사로 부임했을 때 두 아들을 위해 두 수레 가득 책을 싣고 와 '서향묵미각(書香墨味閣; 책의 향기와 먹의 맛이 있는 방)'이라고 이름 붙인 공부방을 직접 꾸며주면서 자녀에게 공부할 수 있는 분위기를 만들어 줬다.

스스로 공부하는 모습을 보임으로 자녀들에게 공부가 인생을 결정하는 중요한 요인이 된다는 것을 몸소 보여주었으며 강진으로 유배를 가서도 한양에 두고 온 아들들이 절망적인 상황에서 공부를 하지 않고 방황하고 있는 사실을 알고, 매일 편지를 써서 자녀들에게 공부를 종용했지만 자식들은 따르지 않았다. 이에 정약용은 직접 불러 자식들에게 글을 가르치며 같이 공부를 해나갔다.

10 여성 리더는 사회에 봉사할 줄 알아야 한다

봉사는 국가나 사회 또는 남을 위하여 자신을 돌보지 아니하고 힘을 바쳐 애쓰는 것을 말한다. 리더에게 필요한 정신이 바로 국가, 사회, 남을 위해서 봉사하는 자세라고 할 수 있다. 실제로 존경받는 리더의 특징을 보면 하나 같이 국가, 사회, 남을 위해서 봉사를 하고 있다는 것이다. 봉사는 사회적으로 약자를 대상으로 기부하는 것이기 때문에 봉사활동 자체만으로도 훌륭한 리더가 될 수 있다.

우리에겐 바람의 딸로 유명한 한비야는 국제구호 활동가로 유명하다.

홍익대 영문학과를 졸업하고, 미국 유타대학 대학원에서 국제홍보학 석사 학위를 받았다. 여행을 다니면서 느낀 점을 〈바람의 딸, 지구 세 바퀴 반〉이라는 책으로 출간했다. 한비야의 책은 여성 혼자 육로로 이동하는 장기 배낭여행이라는 점과 현지 주민들의 집에서 민박하는 방식으로 주목 받았다. 이로 인해서 '바람의 딸'이라는 별명이 생겼으며, 이후에도 8권을 책을 내서 베스트셀러 작가로서도 유명세를 가졌다.

한비야가 유명해진 이유는 늦은 나이에 한국 여성으로서 거의 최초로 세계 여행, 그것도 오지 탐험을 한 모험가라는 사실을 높게 평가한다. 많은 여성들, 특히 여대생들에게 자주 최고의 롤모델로 뽑히곤 하는 인물 중 한 명이기도 하다.

한비야를 더욱 명성있는 리더로 만들어 준 것은 6년간 60여 개국을 여행하면서 국제난민을 돕는 사업에 관심을 가지게 되면서부터다. 국제구호활동을 시작한 이후에는 미국 터프츠대학(Tufts University) 플레처스쿨(Fletcher School)에서 인도적 지원학으로 석사학위를 받았다.

한비야는 2001년 10월부터 2009년 6월까지 국제구호개발기구인 월드비전 한국에서 9년간 국제구호팀을 이끌었다. 팔레스타인 및 남아시아 쓰나미 현장을 방문하기도 하였다. 긴급구호팀장으로 현장에서는 식량 분야 실무와 대외 홍보를 맡다가 2012년부터는 '인도적 지원 전문가(Humanitarian Assistant Specialist)'로 일하게 되었다.

2005년 펴낸 《지도 밖으로 행군하라》 이후 한비야가 몸담았던 월드비전의 해외 후원자 수가 급증하였다고 한다. 또한 두 명의 팀원으로 시작했던 월드비전 한국 국제구호팀은 재난대응을 위한 월드비전 아시아태평양 및 아프리카 지역 구호팀원을 배출하고, WFP(세계식량계획)와 협력을 하기도 하였다.

광고 출연료 1억 원을 종잣돈으로 월드비전 세계시민학교를 시작했고 그후 《그건, 사랑이었네》의 인세 1억 원을 기부했다. 이밖에도 서울랜드에 마련된 세계시민교육관에서 오디오 가이드를 실시하고 있으며 2012년, 이 세계시민학교의 초대 교장으로 취임하였다.

한비야가 여성 리더로서 유명세를 타게 된 것은 배낭 여행을 통해서 자신의 경험을 책으로 출간해서 이지만 존경받는 리더로 성장하게 된 것은 여행하면서 본 어려운 사람들을 대상으로 국제구호활동을 했기 때문이다. 따라서 여성이 리더로 성장하기 위해서는 봉사를 생활화해야 한다.

국가적인 리더가 되려면 국가에 대한 봉사를 하고, 사회적인 리더가 되려면 사회에 봉사를 하고, 남들로부터 존경을 받으려면 남들에게 봉사를 해야 한다.

정치로 세상을 바꾼
여성 리더십

이 골다 메이어

"너무 겸손해 하지 말라. 그대가 그 정도로 위대하지는 않으니 말이다."

"나는 시간을 다스리는 사람이지 시간에 쫓기는 사람은 아니다."

"나는 약점 때문에 성공했다. 내 얼굴이 못난 것이 다행이었다. 내가 못났기에 열심히 기도했고 공부했다. 나의 약함은 이 나라에 도움이 되었다."

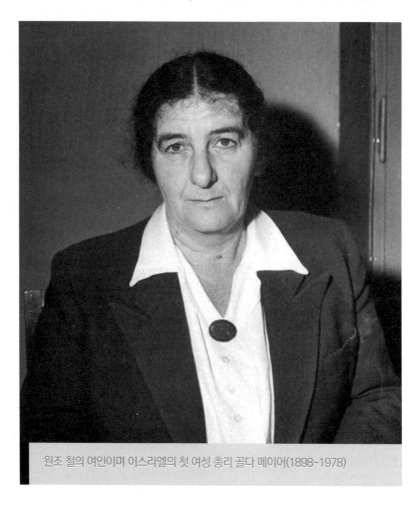

원조 철의 여인이며 이스라엘의 첫 여성 총리 골다 메이어(1898~1978)

가난과 역경 속의 어린 시절

골다 메이어는 1898년 5월3일 러시아의 키예프에서 목수의 딸로 태어났다. 나라를 잃고 전세계로 흩어져 살던 유대인들에게 힘들지 않은 곳이 없었지만, 당시 러시아는 더더욱 심했다. 당시 사회에 대한 불만이 극에 달했던 러시아 농민 폭도의 분노가 유대인들을 겨냥하면서 조직적으로 학살과 약탈을 일삼았다. 키예프 지역은 러시아 내에서도 반유대주의 정서가 가장 강한 곳이었다. 다행히 골다 가족은 목숨은 건졌지만 어린 골다는 자신이 나라를 잃고 어디에서도 환영받지 못하는 유대인이라는 것을 깨달았다. 그녀는 어릴 때부터 유대인으로 살아남기 위해서는 모든 수단과 방법을 가리지 않아야 한다는 강한 신념을 갖게 되었다.

골다가 8세이던 1906년, 신변의 위협을 느끼던 아버지는 미국으로 이민을 갔다. 자유와 기회의 나라인 미국으로 이민 가서 정착한 곳은 밀워키였다. 먹고 살기 위하여 아버지는 목수 일을 했고 어머니는 반찬가게를 운영했으며, 골다는 가게에서 일했지만 가난한 생활을 할 수밖에 없었다. 다행인 것은 미국은 자유국가로 유대인이나 소수민족에 대한 차별이 상대적으로 심하지 않아 골다는 마음껏 공부할 수 있었다. 학교에 다니기 시작하면서 영어를 배웠기 때문에 영어를 구사하는데 어려움이 있었음에도 불구하고 수석으로 졸업했으며, 성실해 선생님들의 귀여움을 독차지했다.

상급학교 진학을 원했지만 골다의 부모는 형편이 어려워져 공부를 포기하고 가게 일이나 도와주기를 바랐다. 그러나 골다는 부모님의 뜻을 거역하고 고등학교에 입학하였으나, 학비를 지원받지 못했기 때문에 토요일마다 백화점에서 일하며 학비를 벌어야 했다. 하지만 어머니의 극렬한 반대로 한 학기 만에 학업을 포기해야 했다. 더이상 학업을 진행하지 못하고 중도 포기를 한 골다는 좌절하였다. 이소식을 들은 덴버에서 일하고 있던 언니 쉐이나가 골다를 덴버로 불렀다. 언니의 제안을 받고 15세의 나이에 가출하여 덴버로 갔다.

애국 운동에 눈을 뜨다

골다는 덴버에 가자마자 바로 고등학교에 입학하여 공부에 대한 열정을 불태웠다. 당시 언니 집에서는 여러 부류의 지식인들로 구성된 혁명가들의 모임이 자주 열렸는데, 언니 집에 살고 있었기에, 열띤 정치토론을 벌이는 것을 자주 목격하게 되었다. 처음에는 이해하지 못했지만 자주 듣게 되면서 유대인들의 존재와 중요성을 인지하고 사회운동에 관심을 가지기 시작했다. 모임에 참여하던 모리스 마이어슨은 16세의 골다에 반하여 청혼을 하였다. 자유로운 사상을 가진 모리스 마이어슨은 골다와는 상반된 성격을 가졌지만, 지식이 넘쳐나고 유머 감각을 가진 모리스를 좋아했다.

골다는 열심히 공부한 덕분에 2년 만에 고등학교를 졸업하고 다시 부모가 있는 밀워키로 가서 어린 시절의 꿈인 교사가 되기 위하여 정규 사범학교

에 입학했다. 제1차 세계대전 직후 광풍처럼 몰아친 반유대주의적 대학살이 여러 곳에서 발생하자 골다는 밀워키 중심가에서 유대인들과 항의 시위를 하면서 동포들과 함께 나라를 세우겠다는 꿈을 갖게 된다.

골다는 모리스와 결혼하고 유대인의 나라 건설에 본격적으로 뛰어들었다. 1917년 11월 영국 정부가 팔레스타인에 유대민족의 조국을 세우는 것을 지지하자 남편과 함께 바로 팔레스타인으로 이민을 갔다.

마침내 텔아비브에 도착하여 키부츠 생활을 시작하며 이스라엘 건국을 위하여 혼신의 노력을 기울였다. 당시 팔레스타[1]인 영토였던 이스라엘은 국토의 대부분이 사막이고 물도 부족해 살아가기에 너무 힘든 곳이었기 때문에 키부츠[2]에서 척박한 땅을 개척하기 시작하였다. 얼마 안 되어 부락의 운영위원회 위원으로 선출되었으며, 1922년에는 키부츠 운동 연차총회에 참석할 키부츠 대표로 선출되기도 했다. 그러나 자유로운 영혼을 가진 남편 모리스는 키부츠가 필요 이상의 엄격한 규칙적인 생활로 사생활이 침해되는 것을 견디기 어려워했다. 더욱이 나쁜 기후와 잦은 말라리아로 키부츠 생활 2년 반 동안 주기적으로 병에 시달렸다. 모리스가 병에 시달리자 골다도 결국 키부츠를 나올 수밖에 없었다.

---

[1] 옛날에 가나안이라 부르던 지역으로 기원전 12세기에 팔레스타인 인이 지배하게 됨에 따라 팔레스타인이라고 부르게 되었다.
[2] 이스라엘 집단농장의 한 형태. 농업뿐만 아니라 식품가공·기계부품제조 등의 경공업을 포함하는 경우도 많다.

골다는 먹고 살기 위해 설립된 지 얼마 안 된 건축사무실의 경리로 취직했고 아들도 얻었다. 그러나 혹독한 가난으로 안정된 생활을 하기엔 쉽지 않았다.

어려움 속에서도 국가에 대한 애정은 계속되었다. 1928년에 유대인들이 국가를 건설하기 전 구성원들의 모임체인 노동공동체 유대노동자 총연맹 히스타드루트에서 여성노동위원회 서기로 나라 건설에 참여하게 되었다.

골다는 미국에 살았기 때문에 영어를 유창하게 구사해서 해외에 파견되는 일이 잦았고, 자연히 집을 비우는 날이 많아졌다. 하지만 이일로 인해 성격이 맞지 않았던 남편과의 별거를 가져왔다. 그러나 훗날 이스라엘 건국의 핵심 지도자가 된 벤 구리온[3]의 눈에 들게 되었다. 당시 벤 구리온은 골다가 팔레스타인 노동자대표로서 국제사회의 지원을 열렬히 호소하던 모습에 깊은 감명을 받았다.

1932년부터 골다는 여성노동위원회에서 히스타드루트 집행위원회로 자리를 옮기며, 팔레스타인 자치령의 주요 정치인으로서 입지를 다져나갔다.

유럽 전역에 히틀러가 독일군 재무장을 독려함으로 인해서 전쟁의 그림자가 드리워졌다. 이런 상황에서 1939년 5월 팔레스타인 자치령의 위임통치를 맡고 있는 영국 정부가 이 지역 유대인 이주를 제

---

(3) 시오니즘 지도자. 팔레스타인노동당의 활동분자가 되었고 제1차 세계대전 당시 미국에서 유대 군단을 결성하여 영국군과 함께 팔레스타인전쟁에 종군했다. 1948년 5월 이스라엘공화국 성립과 함께 총리가 되었다.

한하고 유대인 국가를 창설하는 기존 정책을 포기할 것임을 공식 선언하였다. 마침내 제2차 세계대전이 터지면서 유대인들은 영국을 지원하면서 팔레스타인 이주를 제한하는 영국 정책에 저항하였다. 골다는 전쟁경제자문위원회 위원을 맡아 영국과 접촉하면서 유대인 지원병 모집 운동도 진행하였다.

제2차 세계대전이 끝나자 유럽 각지의 유대인 집단수용소 실상이 적나라하게 공개됐다. 골다는 전쟁이 일어나기 전에 국가를 만들었다면 수많은 유대인 들이 구출됐을지 모른다는 생각에 절망했다.

1947년 11월 29일 유엔은 팔레스타인에 대해 유대인 국가와 아랍 국가를 각각 창설하고 예루살렘을 국제도시화한다는 분할 결정을 내린다. 유대인들은 환호했다. 마침내 2000년 동안 세계 각지를 유랑하며 겪었던 박해와 수모가 끝나는 순간이 오는 것 같았다. 그러나 분노한 아랍인들이 예루살렘과 텔아비브에서 테러를 일으켜 유대인을 살해하기 시작했다. 테러는 팔레스타인 전역으로 퍼졌다.

골다는 미국 뉴욕으로 날아가 유대인 복지기금연맹총회에 참석해 미국에 거주하는 유대인들에게 호소했다. 감동한 유대인들은 엄청난 액수를 기부하였다. 모금한 돈은 유대인 국가 수립을 가능하게 할 정도였다.

생애 최고의 순간

1948년 5월 14일 텔아비브 유대인 지도자들은 이스라엘 건국을 선포했다. 골다는 건국 선포문에 서명한 24명 중 한 명이 되었다.

골다는 자신의 꿈이 실현되는 것을 보고 감격의 눈물을 흘렸다. 바로 이튿날, 아랍군들이 사방에서 이스라엘을 침공하면서 제1차 중동전쟁[4]이 일어났다. 북쪽에서는 레바논과 시리아가, 동쪽에서는 요르단과 이라크가, 남쪽에서는 이집트가 공격해왔다. 이스라엘은 말 그대로 결사 항전했다. 벤 구리온은 골다에게 예루살렘의 방어를 맡겼다. 이를 위해서는 그녀는 무기를 구하고, 식량을 배급해야 했다.

병력과 화력의 절대적인 열세에도 불구하고 모든 전선에서 승리하는 기적 같은 성과를 올렸다. 마침내 1948년 7월 18일 이집트와 평화협정이 체결되었다.

벤 구리온과 함께

이스라엘은 1949년 1월 첫 총선에서 내각을 구성하고 초대 총리로 벤 구리온을 임명했다. 건국의 일등 공신 골다는 노동장관에 임명됐다. 그녀가 맡은 일은 새로 이주해 온 사람들에게 직업훈련을 시키고, 직장을 배정하고, 도로를 놓고, 주택시설을 제공하는 것이었다. 이주민이 엄청나게 늘어 국가 창설 1년 반 만에 30만의 인구가 불어났다. 골다는 이 시절이 가장 행복했다고 말했다.

---

(4) 1948년 이스라엘 성립 이후, 1948년~1973년까지 4차례에 걸쳐 이스라엘과 아랍 국가 간에 벌어진 전쟁을 말한다. 4차례에 걸친 중동전쟁은 모두 이스라엘의 승리로 끝났고, 이로 인해 이스라엘의 영토는 전쟁 전보다 확장되었다.

하지만 1951년 골다가 뉴욕에 머물 동안 남편 모리스의 사망 소식을 들었다. 오랜 별거 생활을 했지만 자녀들에게는 여전히 다정하고 헌신적인 아빠였기 때문에 마음이 아팠다. 그러나 슬픔에 빠져 있기보다는 오로지 국가에 헌신하였다. 성인이 된 두 자녀들이 결혼을 하여 손자 손녀를 낳아도 제대로 보지도 못하고 오직 국가 발전에 혼신을 다했다.

1956년 외무장관으로 취임했다. 이집트의 나세르 대통령은 수에즈 운하를 국유화해 국제적으로 긴장을 불러일으켰고 시리아, 요르단과 함께 단일 군사체제를 공식 선언했다. 이스라엘은 선제공격으로 제2차 중동전쟁을 일으켰다. 이스라엘군은 불과 100여 시간 만에 시나이 반도 전체를 점령하고, 수에즈 운하에 이르렀지만 평화를 깨뜨린 주범으로 몰려 국제여론의 빗발치는 항의를 받아야만 했다.

총리가 되다

1963년 벤 구리온이 임기를 2년 남겨두고 사퇴하자 그녀 역시 공직을 떠났다. 손자들과 함께 시간을 보내며 그동안 누적된 수십 년간의 긴장과 피로를 풀고 있었다.

1967년 '6일 전쟁'으로 알려진 제3차 중동전쟁이 벌어졌다. 이스라엘은 이집트, 시리아, 요르단, 이라크 비행기에 무차별 폭격을 가해 불과 3일 만에 이집트군을 격파하고 시나이반도와 가자지구를 점령했다. 이런 상황에서 이스라엘 레비 에쉬콜 총리가 급사하자 골다는 국민의 열화와 같은 성원에 힘입어 71세에 후임 총리로 취임하였다.

1972년 뮌헨올림픽(5) 당시 팔레스타인 테러단이 이스라엘 선수단을 습격해 10여 명의 선수를 살상하자, 골다는 특수 수사팀을 만들어 조건 없이 테러리스트를 사살하라고 명령하여, 실행에 옮겨졌다.

1973년 10월 6일 새벽, 이집트와 시리아군이 남과 북 2개 전선에서 물밀 듯 침략하면서 제4차 중동전쟁이 일어났다. 전쟁 시작 3일만에 이스라엘 요새는 대부분 이집트군에게 점령당했고 북부의 골란고원은 시리아군에게 점령당했다. 이스라엘군은 약 2500명의 사망자와 7500명의 부상자 등 1만여 명의 사상자를 내 이스라엘로서는 감당하기 어려운 손실을 입었다. 그러나 미국의 적극적인 지원 덕분에 소련의 대아랍권 원조를 막아내고 전세를 역전시켜 이집트를 몰아냈다.

말년

전쟁이 끝난 이듬해 이스라엘 국민은 골다를 다시 총리로 선출함으로써 그녀에 대한 존경이 변치 않음을 입증했다. 그러나 선거에서 승리한 지 불과 몇 개월 후 골다 메이어는 전쟁의 비극을 자신의 탓으로 돌리며 끝내 총리를 사임하였다.

사임 후 은거 생활을 하다가 1978년 12월 8일에 예루살렘에서 지병인 림프종이 악화되어 80세를 끝으로 생을 마감하였다. 사람들

---

(5) 뮌헨 올림픽 개막을 하루 앞둔 이른 아침, '검은 9월 단' 소속 게릴라가 올림픽 선수촌 내의 이스라엘 선수단 숙소를 공격했다. 숙소 난입 과정에서 총기를 난사, 이스라엘 2명의 선수가 현장에서 피살되었고 9명이 인질로 잡혔다.

은 골다가 세상을 뜬 후에야 그녀가 12년 동안
백혈병을 앓아오면서도 아픈 몸을 이끌고 나라
발전을 위해 살아온 것을 알고 만감이 교차했
다. 이스라엘 국민들은 시간이 흘러도 여전히
그녀를 존경했고, 그녀의 이름을 딴 도로와 공
공건물을 만들며, 그녀의 얼굴이 새겨진 지폐를 발행하면서 기리고
있다.

평가

골다 메이어의 삶은 이스라엘 건국 역사 그 자체라고 할 수 있다. 어렸을 때
부터 유대인이라는 민족주의 의식을 가지고, 나라를 사랑하는 신념을 가지
게 되었다. 결국 성인이 되어서는 자신의 모든 것을 버리고 오직 국가를 위
해서 헌신한 그녀는 이스라엘의 3대 총리로서 4차례의 중동전쟁을 성공리
에 수행하였으며, 이스라엘이 지금처럼 부강한 나라로 만드는데 큰 기여를
하였다. 그러나 백인종 유대인만이 진정한 유대인으로 여겨 흑인종 유대인
과 황인종 유대인을 무척 싫어하였으며, 페미니즘에 대하여 무척 혐오스럽
게 여겨 비난했다. 그리고 테러에 대하여 잔인한 응징을 하였다는 비난을
받고 있다.

Tip

골다와 같은 리더십을 갖기 위해서는 어려움을 참는 인내심과 계획한 것을
끝까지 관철시키는 의지, 어려운 환경에서도 용기를 잃지 않는 정신이 필요
하다. 그리고 목표를 성취하기 위해서는 어떤 위험도 감수하는 강인함을 가
져야 한다. 그리고 어떤 순간에서도 리더로서 비전을 계획하고 목표 수립과
명확한 방향을 제시해 변화를 뚫고 나아가는 모습, 책임을 지는 지도자의
리더십을 배울 수 있다.

01 마거릿 대처

"생각을 조심해라 말이 된다. 말을 조심해라 행동이 된다. 행동을 조심해라 습관이 된다. 습관을 조심해라 성격이 된다. 성격을 조심해라 운명이 된다. 우리는 생각하는 대로 된다."

영국의 52대 총리로 철의 여인으로 불려진 마거릿 대처(1925년~2013년)

마거릿은 1925년 10월 13일 링컨셔주 그랜섬에서 식료품 가게를 운영하는 중산층의 둘째 딸로 태어났다. 결혼 전 성은 로버츠 (Roberts)이다. 아버지가 2개의 식료품점을 운영하고 있었다.

대처의 가족은 대대로 감리교의 독실한 신자로 감리교도의 가르침인 '남에게 기대지 말고 뭐든 자기 힘으로, 늘 반듯하게 모범적으로'라는 신념이 대처의 생애에 큰 영향을 주었다. 더욱이 가훈도 '검소 검약, 자기 책임, 자조 노력'으로 정해 온 가족이 실천하고 있었기 때문에, 이런 가훈이 대처의 습관을 만들고 가치관을 형성하게 되어, 총리가 되어서도 생활이 되었다.

대처는 아버지 알프레드를 매우 존경했고, "인간으로서 필요한 것은 모두 아버지에게서 배웠다."는 말을 자주 입에 담았다.

전형적인 미들 잉글랜드 출신인 아버지는 나중에 시장을 했다. 당시 영국은 지역에서 평판 좋은 유지들에게 시장을 맡겼기 때문에 정치적인 자리로 보기보다는 봉사직에 가깝다.

정치에 입문하다

1943년 19세에 옥스퍼드 대학의 서머빌 칼리지의 화학과에 입학하였다. 대처는 이공계 여학생답지 않게 정치와 경제학에도 심취해 있었다.

특히 보수당에 큰 관심을 가졌으며, 보

수당 청년위원회의 옥스퍼드 대학 지부를 이끌면서 정치적인 역량을 높였다.

1947년 옥스퍼드 대학교 화학과를 졸업하고, 1950년 24세에 처음으로 하원의원[6] 선거에 출마했으나 낙선했다. 이듬해인 1951년 25세에 10세 연상의 부유한 집안의 아들인 데니스 대처와 결혼한 후에는 본격적으로 정치에 집중할 수 있게 되었다. 1953년 27세에 독학으로 법률을 공부해, 29세 때 변호사 시험에 합격했다. 변호사가 된 대처는 여성의 권리 확대를 강하게 호소했다.

1959년 33세에 당의 눈에 띄어 보수당 공천을 받아 보수당 성향이 강한 런던 북부의 핀칠리 지역구에서 영국 하원 의원에 당선되어 정계에 뛰어 들었다. 1970년 44세에는 당시의 에드워드 히스[7] 총리에 의해 교육부 장관에 임명되었다. 장관이 되어 교육 관련 예산을 삭감하기 위해 우유 무상급식 폐지를 결정하여 우유 강탈자로 비난을 받으며, 맹렬한 항의가 일어났다. 그러나 대처는 관철했다.

1975년 49세에는 영국에서는 처음으로 보수당 여성 당수로 당선되었다. 같은 해 영국을 포함한 전 35개국에서 체결하여 채택된 인간을 대상으로 한 의학연구의 남용을 규제하고 피험자의 불이익을 구제하고 권리를 보호하려는 목적으로 제정된 〈헬싱키 선언〉을 통렬하게 비판했다.

---

(6) 양원 제도에서 상원과 더불어 국회를 구성하는 의원. 국민이 직접 뽑는다.
(7) 영국의 정치가로 유럽경제공동체(EEC) 가입 교섭의 수석대표를 지내고, 영국보수당 당수로 선출되었다. 1970년 총선거에서 영국노동당을 이기고 수상에 취임했다.

영국 최초의 여성 총리가 되다

1979년 53세에 선거에 압승하면서 영국 최초의 여성 총리가 되었다. 당시 국제통화기금의 지원을 받을 정도로 영국 경제가 붕괴된 상황에서 긴축재정을 실시하여 물가 인상을 억제하였다. 이후 대처는 직후 소득세 감면, 정부조직 규모를 축소하여 세금 낭비를 줄였고, 근무기간에 따른 연공서열제도를 폐지하고 실력 성과제도를 도입하였으며, 무능력자 및 부패혐의자는 무조건 해임, 파면 등의 정책을 실시하고, 전산화와 기계 생산 설비의 보급 등 민간 기업의 업무 간소화 등을 추진하였다. 이처럼 영국 경제를 회복하기 위한 대처리즘을 내세웠다. 대처의 정책으로 인해 세금과 각종 비용의 감소 효과를 불러와 영국의 전체적 경제 성장률을 마이너스에서 플러스로 회복시키고, 인플레이션을 잡게 되었다. 또한 영국의 산업 구조를 개편하면서 비효율적이라는 비판을 듣던 석탄산업을 구조 조정했고, 이에 반발해 노조는 파업에 들어갔다. 이 당시 노조는 이전의 총리를 갈아치울 정도의 큰 영향력을 행사했지만 강경 진압하였다.

딸과 남편

경제분야에서는 자유주의를 지향하였고 공산주의나 사회주의에는 강하게 적대적이었다. 그러므로 소련에서 대처를 '철의 여인'이라고 비난했다. 그러나 대처는 '철의 여인'이라는 평가를 마음 들어 했으며, 모든 미디어에서 다루어졌기 때문에 대처의 대명사로 자리 잡았다.

외교적으로는 미국과 우호관계를 심화하면서 유럽 공동체(European Community)[8]의 경제 공동체 이상의 발전에 반대하였고, 예산 및 재배분 구조가 영국에 불리하자 "우리 돈 내놔"라며 강력히 항의해 영국 특별 배분 기금을 얻어냈다.

1982년 아르헨티나의 침공으로 발발한 포클랜드 전쟁[9]을 승리로 이끌었다.

그녀의 정책은 토니 블레어 총리 시절 영국의 경제 호황의 밑바탕이 됐다고 인정받고 있으나, 반대 측에서는 빈부 및 지역 격차, 영국 제조업의 붕괴를 초래했다고 비판한다. 또한 대처의 경제 개혁 정책은 당시 영국의 경제 문제를 뿌리부터 해소하지 못했다는 비판 역시 받고 있다. 한편, 1982년 아들 마크가 파리 다카르 랠리에서 실종된 뒤 구조됐는데, 이로 인해 철의 여인으로 불리던 대처가 눈물을 보이는 모습을 보이기도 하였다.

정계 은퇴하다

집권 말기에 유럽 통합에 관련된 논쟁으로 당내에서 지도력이 흔들리기 시작했으며, 소득의 유무와 상관없이 무조건 개인에게 일정

---

(8) 1967년 7월 1일 출범해 유럽 통합을 이끈 기구
(9) 아르헨티나의 대륙부에서 약 500km 떨어진 남대서양의 소도인 포클랜드의 영유권을 둘러싼 영국 · 아르헨티나 간의 분쟁

액의 세금을 물리는 인두세 도입에 이르러서는 여론이 강력하게 반발했다.

1990년 유럽 통합 여론이 나오자 마거릿 대처는 반대 입장을 고수하던 중 보수당 지도부의 반발을 사게 되었다. 결국 보수당 당수 경선에 나섰다가 1차 투표에서 당선에 실패하자, 1991년 5월 보수당 당수직 및 총리직에서 사퇴하고 정계를 은퇴하였다.

1992년 남작 작위를 받고 귀족 회의인 상원의원으로 활동을 재개하면서 한동안 막후에서 영향을 발휘하기도 했다. 이후 필립모리스[10]의 고문이 되었고, 1993년 미국 버지니아주의 윌리엄 앤 메리 대학교 총장으로 초빙되어 2000년까지 재직하였다.

말년

대처는 2002년 76세 경미한 뇌졸중을 겪은 이후 대외 활동을 자제하고 자택에 칩거하였다. 2003년에는 남편 데니스가 사망하였다. 2012년 방광에 생긴 종양을 제거하는 수술을 받았고, 2013년 4월 8일 향년 87세로 사망했다.

대처의 장례식은 평소에 대처가 국장으로 치러지길 원치 않았으며, 행사 비용으로 "돈을 낭비하지 말라"고 한 고인의 뜻에 따라 국장에 준하는 장례 의식으로 세인트 폴 대성당에서 거행되었으며, 전세계 170개국에서 2,300명의 조문단이 참석했다.

---

(10) 미국의 담배 제조회사. 필립모리스 지주회사로 1985년 설립되었다.

대처는 여성 정치인이라고 하면 가장 먼저 떠올리는 대표적인 여성 정치 지도자다. 대처는 평범한 집안에서 자력으로 영국에서 3차례나 총선을 승리로 이끈 정치인이자, 영국 최초의 여성 총리이다.

대처는 워낙 명확한 소신을 가지고 총리직을 수행하였기 때문에 영국의 반응은 극명하게 갈렸는데, 결단력이 강한 리더십을 가진 긍정론과 독선적인 리더십으로 나라를 어지럽게 했다는 부정론이 있다.

하지만 영국 사람들은 대처를 윈스턴 처칠 이후 영국에서 가장 강한 영향력을 구가한 총리로 인정하고 있으며, 고질적인 영국병을 제거하고 영국을 강력한 국가로 변화시켜 오늘날 영국의 설계자라는 평을 받고 있다. 그러나 민영화 남발과 각종 정책의 실책, 그리고 아들인 마크 대처의 범죄행위와 칠레의 독재자인 아우구스토 피노체트 옹호 등으로 많은 비판을 받기도 하다.

Tip

대처의 리더십을 배우려면 명확한 소신을 가지고 결단력이 강해야 한다.

03 쑹자매

돈을 사랑한 여자 쑹아이링(宋靄齡), 중국을 사랑한 여자 쑹칭링(宋慶齡),
권력을 사랑한 여자 쑹메이링(宋美齡)

쑹메이링/ 쑹아이링/ 쑹칭링

아버지 송가수

송가수는 해남도(海南島)에서 농부의 아들로 태어났다. 원래 이름은 한교준(韓教準)이다. 집이 너무 가난하여, 11살 때, 형과 함께 외삼촌이 있는 인도네시아 자바로 떠난다. 외삼촌의 성씨로 이름을 바꿔 송가수(宋嘉樹)라고 부르게 되었다. 3년 후, 외삼촌을 따라 다시 미국으로 건너가게 되고 기독교 학교에 다니게 된다.

송가수

귀국한 송가수는 상해에서 전도사로 일을 하였지만, 15달러의 월급으로는 생활하기 어려웠다. 그래서 교회 학교에서 교사로도 부업을 하였다. 송가수의 강의가 인기를 얻으면서 학생 수가 2배로 증가해서 돈을 벌기 시작하였다.

송가수는 예계진(倪桂珍)과 결혼하고, 1888년, 첫째 쑹아이링(宋靄齡)을 낳았다. 목사가 되어 목회 활동을 하면서 출판업에 착수하여, 점점 성공을 거두고 번창하였다, 이때부터 자신의 호를 요여(耀如)라고 짓고 송요여(宋耀如)라는 이름을 쓰기 시작한다.

1892년에는 목사직을 사직하고 본격적으로 경제와 사회활동에 뛰어들었다. 미국의 신식 기계들을 도입하고 담배, 면화 등 사업에도 진출하여 큰돈을 벌게 되었다. 1894년에는 상해에서 모르는 사람이 없을 정도의 부자가 되었으며, 그의 저택은 상해의 저명인사들이 자주 방문하는 사교의 전당이 된다.

송가수는 자녀들을 미래의 인재로 키우고자 했으며, 3남 3녀 전부 유학을 보냈다. 장남 송자문(宋子文)은 하버드 대학 석사, 컬럼비아대학 박사로 국민정부의 재무장관, 외무장관을 역임했으며, 2남 송자량(宋子良)은 밴더빌트 대학에 유학하고 중국국화은행 총경리를 역임한 후 미국에서 사업가로 활약한다. 하버드 대학을 졸업한 3남 송자안(宋子安)은 여러 금융 기관을 거쳐 홍콩 광동은행(廣東銀行) 총재를 지냈다.

자녀들에게 어릴 적부터 신세계에 눈을 뜨게 해준, 당시로서는 결코 쉽지 않았을 송가수의 자녀 교육은, 그의 자녀들뿐만 아니라, 근대 중국 사회가 만들어지는 데 엄청난 영향을 끼쳤고, 그로 인하여 송가수의 집안은 송가황조(宋家皇朝)로까지 불리고 있다.

쑨원과의 인연

쑨원

1894년 송가수는 상해의 어느 교회에서 쑨원(孫文: 1866~1925)을 만나게 된다. 쑨원은 집이 가난하여 13살의 나이에 하와이로 건너가, 형의 도움으로 미국을 배우고 의학원을 졸업한 의사였다. 서구 열강의 침입으로 나라가 어지러워지는 것을 보면서, 혁명의 뜻을 품고 활동을 하고 있었다. 비슷한 나이에 뜻이 통했던 두 사람은 중국의 미래에 관하여 열띤 토론을 벌였고, 두 사람은 친구이자 혁명 동지가 된다. 이후 송가수는 자신의 출판사에서 혁명에 대한 논설을 쓴 쑨원의 글을 실어주는 등 쑨원의 후원자로서 혁명 활동을 돕기 시작했다.

1894년말, 쑨원이 흥중회(興中會: 국민당의 전신인 정치 단체)를 설립하면서부터, 그는 거액의 기부금을 내고 경비를 모으는 일을 담당하며 재정을 책임지는 등 국민 혁명에 모든 것을 바친다.

1911년 신해혁명(辛亥革命)[11]을 통하여 쑨원이 중화민국의 초대 임시대총통 자리에 오르는데, 송가수의 후원과 재정적 지원이 있었기에 가능한 일이었다.

송가수는 쑨원이 자신의 첫째 딸인 쑹아이링과 결혼하려고 한 일로 인하여 두 사람의 관계가 좋지 않았지만, 둘째 딸인 쑹칭링이 비서로 일하는 것은 반대하지 않았다. 그러나 쑨원이 쑹칭링과 결혼하면서 송가수는 쑨원에게 저주를 퍼붓고 딸과는 의절하게 된다. 결국 쑹칭링의 결혼으로 충격을 받아 사망하게 된다.

쑹아이링(宋靄齡: 1889~1973)

1888년 아버지가 인쇄업을 시작하면서 돈을 벌 때 장녀로 태어났다. 아버지는 첫 딸이 태어났을 때, 미국 링컨대통령[12]을 존경하여 사랑할 애(愛)와 링컨(琳肯)의 림(琳)을 합쳐 송애림(宋愛琳)이라고 지

---

(11) 1911년에 일어난 중국의 민주주의 혁명으로 쑨원을 대총통으로 하는 중화민국이 탄생하였다.
(12) 미국의 제16대 대통령(재임 1861~1865). 남북 전쟁에서 북군을 지도하여 점진적인 노예 해방을 이루었다. 대통령에 재선되었으나 이듬해 암살당하였다.

었다가 나중에 쑹아이링(宋靄齡)으로 바꾸었다.

1904년 15세에 중국 여성으로서는 처음으로 미국 웨슬리안대학[13]에 유학을 가게 된다. 1909년 19세에 중국으로 돌아왔고, 1912년부터는 신해혁명(辛亥革命)을 통하여 쑨이 중화민국의 초대 임시 대총통 자리에 오른 쑨원의 영문 비서로 혁명 사업을 도왔다. 쑨원은 쑹아이링의 매력에 푹 빠져 23살의 쑹아이링에게 결혼을 청한다. 그러나 당시 46살의 쑨원에게는 아내는 물론 첩과 수많은 자식들까지 있었기에 아버지 송가수는 절대 허락할 수 없다며 단호히 반대하게 된다.

1913년 쑹아이링은 부유한 은행가인 쿵샹시(孔祥熙)를 만났고, 이듬해 일본 요코하마에서 결혼했다. 결혼 후 영어를 가르치는 일과 아동복지 사업에 관여하였다.

쿵샹시

쿵샹시는 처음에는 쑨원의 지지자였고 후에는 장제스를 도와주었다. 그는 중화민국의 상무장관, 재무장관 및 중앙은행 총재를 역임하였다. 또한 2년간 중화민국 수상직도 겸임하였다. 중국 국민당이 공산당과의 내전에서 패하여 타이완으로 퇴각하였을 때 그는 아내와 미국으로 건너갔다.

쑹아이링은 1940년대 미국으로 건너갔고 계속 미국에서 살다가

---

[13] 약 200년된 미국 동부의 명문 소규모 대학을 대표하는 학교

1973년 84세의 나이에 뉴욕에서 죽었다.

쑹칭링(宋慶齡: 1893~1981)

1892년 아버지가 상해에서 돈을 많이 벌 때 둘째로 태어났다. 1905년 나이 12세에 언니와 동생과 함께 미국 웨슬리안대학에 유학을 가게 된다. 1912년 20세에 중국으로 돌아와 언니인 쑹아이링이 결혼을 하면서 쑨원의 비서 업무를 이어받아 난징(南京)임시정부[14] 대총통 쑨원의 비서가 되었다.

1913년 제2혁명 실패 후 쑨원과 함께 일본으로 망명하여, 1915년 쑨원은 쑹칭링에게 결혼을 청하였으며, 송가수의 강력한 반대에도 불구하고, 두 사람은 일본에서 결혼식을 올린다.

당시 송가수는 쑹칭링을 방에 가두어 결혼을 막으려 했는데, 쑹칭링은 창문을 넘어 쑨원이 있는 일본으로 달아났으며, 송가수가 뒤를 쫓아 일본으로 갔지만, 이미 결혼식을 올린 뒤였다.

결혼 당시 쑨원은 49살, 쑹칭링은 23살이었으며, 쑨원에게는 25살의 아들도 있었다. 아버지는 쑨원에게 저주를 퍼부었으며, 결혼은 무효라고 선언하였고, 이로 인해 결국 쑹칭링과 의절 한다. 이 일로 쇼크를 받은 아버지는 건강이 급격하게 나빠졌고, 1918년에는 신장질환으로 병석에 눕게 된다. 죽기 전에 딸을 용서하고 55세의 나이로 세상을 떠난다.

---

[14] 중화민국(中華民國) 시대 중국 난징(南京)에 네 차례 세워진 정부의 명칭

1925년 33세 되던 해에 쑨원이 죽은 뒤 쑹링칭은 국공합작(國共合作)에 노력하다가 국·공이 분열하자, 1927년 모스크바·베를린 등에 가서 머물렀다. 1929년 37세에 중국으로 귀국 후 국민당 중앙 집행위원으로서 국민당 좌파에 속하여 장제스와 대립하면서 국민당 정권의 부패를 공공연히 비판하고, 민권 옹호와 항일 민족 통일전선의 결성에 노력하였다.

1931년 39세에 항일전쟁 중에는 홍콩과 충칭 등에서 활약하면서 내외의 반(反)파시스트 운동을 지원하였고, 1946년에는 지속적으로 자금을 모금하여 공산당원들을 후원하였다. 국공 내전이 일어나는 동안에 쑹칭링은 영구히 자신의 가족으로부터 헤어지고 나서 공산당을 지지하였다. 국민당 정부는 그녀의 체포를 위한 명령을 내렸으나, 국민당은 곧 중국 본토로부터 타이완으로 쫓겨갔다.

1949년 57세에는 중화인민공화국 성립 후 국가 부주석 등의 요직을 역임하는 등 최고지도자의 한 사람으로 활약하였다. 1950년 스탈린평화상을 받았고, 1952년 이후 소련·인도·미얀마·파키스탄·인도네시아 등에 친선 방문 여행을 하였다.

문화대혁명이 일어나는 동안에 쑹칭링은 홍위병들에 의하여 비난을 받았고, 부모의 무덤이 파헤쳐지고 시신들이 꺼내는 사건이 발생했다.

1975년 4차 전국인민대표대회에서 쑹칭링은 다시 부주석으로서 물러나게 되고, 이후 전국인민대표대회의 상임 위원회의 부의장으로 임명되었다.

1981년 88세의 나이에 사망하였다.

쑹메이링(宋美齡: 1897~2003)

1897년 셋째 쑹메이링(宋美齡)이 태어난다. 1905년 8세에 언니들과 미국 웨슬리안대학에 유학을 갔다가 1917년 20세에 대학을 졸업하고 중국으로 돌와 왔다. 쑹메이링은 대학 시절부터 유창한 영어 실력 외에 6개 언어를 구사할 정도로 어학의 달인이었다. 외모도 출중했지만 그림과 피아노 실력 역시 수준급이었을 정도로 다방면에서 뛰어났다. 장제스와는 광저우 국민정부 시절 왕징웨이[15]의 소개로 만나게 된다. 당시 장제스는 3명의 처를 둔 유부남이었지만 쑹메이링을 보고 반해서 청혼을 하였다. 그녀는 3명의 부인과 이혼하는 조건으로 결혼을 승낙하였다.

장제스

1927년 30세에 중국 국민당을 이끌던 40세의 장제스는 3명의 부인과 이혼을 하고 쑹메이랑과 결혼했다. 결혼 이후 장제스의 비서이자 외교 고문으로, 로비스트로서 자신의 탁월한 재능을 십분 발휘하였다.

1936년 장제스가 시안(西安)사건 당시 국·공 합작을 통한 항일전쟁을

---

[15] 중국의 정치가. 신해혁명과 국민혁명 중일전쟁에 걸쳐 정치가로 활동을 했으며 친일정부를 조직하여 주석으로 취임하였다. 이때문에 중화민족을 배반한 친일파로 오명을 남겼다.

요구하는 장쉐량(張學良)[16]에 의해 구금되자 직접 나서서 저우언라이(周恩來)[17]와의 담판을 벌여 장제스를 석방시키는 역량을 과시하였다.

1942년 국민당이 국공내전에서 점점 불리해지자 쑹메이링은 미국 의회를 방문하여 유창한 영어 실력으로 국민당에 대한 미국의 지원과 원조를 호소했다.

1943년 카이로 회담[18]에도 장제스의 통역으로 참가하였다.

1949년 중화민국 정부가 대만으로 옮겨간 뒤에는 뛰어난 영어 구사 능력, 재력 등을 동원해 미국의 정·관·재계에 타이완을 돕는 인맥을 구축하는 데 앞장섰다.

1950년 타이완으로 건너간 후에는 국민당 정부의 입법위원·항공위원회 위원·비서장·부녀협회 실생활운동 이사장을 역임하는 등 폭넓게 활약하였다.

1970년대 전후에는 쑹칭링이 중국 국가 부주석으로 재임 중이던 대만 해협을 사이에 두고 자매 대결을 벌여 화제를 모으기도 했다.

---

[16] 중국 군인이자 정치가. 일본의 중국 침략에 대항하기 위해 장제스를 구금하는 시안사변을 일으켰다. :공산당과 내전을 종식하고 일본과 싸우기를 요구했고 이것으로 중국 공산당과 국민당 사이에 제2차 국공합작이 이루어졌다.

[17] 중국 정치가. 항일전이 발발한 후에는 공산당의 대표로서 국민 정부의 국방 위원회등 요직에 있으면서 국공관계의 처리를 맡아 탁월한 정치적·외교적 수완을 발휘했다.

[18] 제2차 세계 대전 때 카이로에서 개최된 두 차례의 회담을 카이로 회담이라 한다. 1943년 11월 22일부터 같은 달 26일까지 열린 제1차 회담에서 연합국 지도자 윈스턴 처칠과 루스벨트는 노르망디 상륙 작전을 논의하였다.

1975년 78세에 장제스가 사망하고는 10년간 미국에서 살면서 타이완과 미국과의 유대강화에 힘썼다. 1986년 장제스 탄생 100주년 기념행사에 참석하기 위하여 귀국, 이후 타이베이(臺北)에서 살았다.

1991년 94세에 장기요양을 위하여 다시 미국에서 살다가 2003년 106세의 나이로 뉴욕에서 사망하였다. 1966년 대한민국의 독립을 지원한 공으로 건국훈장 대한민국장을 받았다.

평가

송가수는 3남 3녀를 모두 잘 키웠지만, 특히 3명의 딸은 황후에 못지않은 대단한 인물로 키워내 그의 집안은 송가황조(宋家皇朝)로도 부른다. 큰딸 쑹아이링은 당시 중국 최고의 부자였던 공상희(孔祥熙)의 부인으로, 송가 황조를 장악한 수렴청정의 여인이었으며, 둘째 쑹칭링은 현대 중국의 국부(國父)로 불리는 쑨원의 부인으로 국모가 되었고, 셋째 딸 쑹메이링은 중화민국 총통 장제스의 부인으로 퍼스트레이디가 된다. 이들 자매는 자신들의 신념에 따라 같이 일하기도 하다, 서로 적이 되어 대립을 하기도 한다. 만약 이들이 뜻을 같이 하고 힘을 합쳤다면 오늘날 중국은 매우 달라졌을 것이다.

04 아웅 산 수치

"부패한 권력은 권력이 아니라 공포이다. 권력을 잃을지 모른다는 공포는 권력을 휘두르는 자를 부패시키고, 권력의 채찍에 대한 공포는 거기에 복종하는 사람을 타락시킨다."

비폭력 민주화 운동으로 미얀마의 군부독재를 종식시킨 아웅 산 수치(1945년~현재)

독립영웅의 딸로 태어나다

아웅 산 수치는 1945년 6월 19일 버마
의 수도 랑군(현 양곤)에서 버마[19]의 독립 투
사였던 아웅 산과 그의 아내인 인도 대사의
딸 킨 치 사이에서 세 번째 아이이자 고명딸
로 태어났다. 그녀의 이름은 아버지 아웅 산
의 '아웅'과 할머니 '수' 그리고 어머니 '치'의
이름을 골고루 따서 지었다.

아웅 산 장군

수치의 아버지 아웅 산 장군은 버마 국민들에게는 국부와 같은
존재이다. 아웅 산은 버마의 독립투사로 영국과 일본에 무력 항쟁하
여 버마의 독립을 이끌어낸 사람이다. 그는 일본에서 군사 훈련을 받
고, 일본과 손잡고 일단 영국 세력을 버마에서 몰아낸 다음 다시 연합
군과 손잡고 버마에 세력을 뻗친 일본을 몰아내고 독립을 이뤄냈다.
그는 60여 년에 걸친 버마의 식민지 역사를 끝낸 버마 건국의 아버지
였다.

1947년 수치가 2살이 되던 해 버마의 독립을 이룬 아웅 산은 정
부가 구성되기 전에 정적에 의해 암살당하고 만다. 32년이라는 짧은
인생 동안 오로지 버마를 위해 살았던 아웅 산은 그 투명한 삶과 업
적으로 인해 버마의 국민 영웅이 되었다. 아웅 산의 유족들은 영웅의

---

[19] 1948년 1월 4일 영국에서 독립하며 국호를 버마연방이라 하였다. 1989년 국호를 미
얀마연방으로 개칭하였고, 2010년 11월 미얀마연방공화국(Republic of the Union of
Myanmar)으로 다시 개칭하였다.

유족으로 추앙받았고 영웅의 유족답게 살아야만 했다.

1960년 15세 가 된 수치는 인도 대사로 부임하게 된 어머니를 따라 인도로 건너갔다. 이때 시작한 외국 생활은 그녀가 1988년 어머니의 병간호를 위해 버마로 돌아오기 전까지 계속되었다.

1962년 17세가 되던 해 아버지 아웅 산과 함께 독립 운동을 했고 독립 후 군부의 수뇌가 된 네 윈[20]은 군사 쿠데타를 일으키고 조국은 버마식 군부사회주의 독재정권으로 바뀌었다. 네 윈은 군부정권의 최고 권좌에 앉아서 젊은 날의 순수한 의기를 잃어버리고 탐욕스러운 독재자로 변했으며, 식민지 기억에 대한 지나친 강박증으로 대외적으로 쇄국정책을 폈다. 자연스럽게 외국에 나와 있던 수치는 망명 아닌 망명상태로 외국을 떠돌 수밖에 없었다.

수치와 남편 마이클 에어리스

그녀는 델리 대학교 정치학 학사를 하고, 영국 옥스퍼드 대학교 세인트 휴스 칼리지 정치철학 경제학대학원에서 석사 학위, 런던 대학교 동양 아프리카 연구 학원에서 박사 학위를 했고 뉴욕에 있는 유엔 본부에서 일했다.

---

[20] 미얀마의 군인·정치가. 미얀마의 반영(反英)독립운동에 참가했고 아웅산 사후 미얀마군 건설의 중심으로 활약했다. 무혈혁명으로 잠정내각의 총리 겸 국방장관, 혁명평의회 의장 겸 국방장관 등에 취임했으나 건강악화와 국민의 평화적 정권교체에 대한 열망으로 사임했다.

옥스퍼드대에서 만났던 영국인 아시아 연구자인 마이클 에어리스의 청혼을 받고 결혼하여 아들 둘을 낳는다. 수치는 조국 버마에 대한 아웅 산의 딸로서의 부채의식을 완전히 벗어버린 듯 했다. 그녀는 남편을 따라 부탄과 영국에서 살았다. 아버지 아웅 산에 대한 책을 쓰려고 자료 조사차 일본 교토에 머문 1년 외에 평범하고 행복한 일상을 가꾸어 나갔다.

8888항쟁[21]

1962년 버마에 쿠데타로 사회주의를 표방하는 군정이 들어선 이후 1988년 미얀마의 군사 독재자였던 네윈 장군이 물러났다. 당시 버마는 26년간 계속된 군부독재와 이에 따른 경제 파탄과 인권유린으로 신음하고 있었다. 수치는 마침 그 해, 병든 어머니를 돌보기 위해 미얀마에 돌아와 있었다.

1988년 8월 8일 오전 8시 랑군(현 양곤)항 항만 노동자들의 파업을 신호로 민주화를 요구하는 시위가 전국에서 일어

---

[21] 1988년 8월 8일에 랑군(양곤)의 대학생이 주축이 되어 일어난 반군부 민중항쟁이다. 평화적인 시위로 시작됐으나, 국가평화발전위원회를 통해 정권을 장악한 새로운 군부의 진압으로 시민, 대학생, 승려 등을 포함 수천 명이 희생됐다.

났다. 이를 8888항쟁이라고 불리며 1962년 네 윈 장군의 쿠데타 이래 26년 만에 벌어진 최대 규모의 반정부 시위였다. 양곤의 대학생들을 중심으로 하여 불교 승려와 시민들이 대거 참여하였고 군부는 유혈진압을 하였지만 시위대의 규모는 커져갔다.

정치에는 관심을 가지지 않았던 수치는 8888항쟁을 지켜보면서 더 이상 자신이 버마의 현실을 외면할 수 없었다. 민중들은 국민영웅 아웅 산의 딸이 나서 군부에 대항하기 위해 나서주기를 간절히 소망했다. 8월 15일 수치는 정부에 국민들의 요구에 응할 것을 촉구하는 '화평안'을 제안했다. 그리고 8월 26일 희생당한 시민 시위대의 시신이 안치된 양곤의 종합병원 앞에서 몇 십만의 남녀노소 버마 국민들이 운집한 가운데 민주화를 위한 연설을 하였다. 이로써 버마민주화의 상징, 수치의 새로운 인생이 시작되었다. 수치는 군부정권에 맞서 민주지사들과 함께 민주민족동맹(NLD)를 창설하고 사무총장직을 맡았다. 그녀는 전국을 돌며 새로운 버마에 대한 희망을 연설하고 군부 독재의 종식을 촉구하였다. 수치가 가는 곳이면 어디든 수 많은 사람들이 모였다.

결국 군부는 지도부를 교체하며 정치 전면에서 물러났다. 그러나 실각 위기를 기회로 삼아 1988년 9월 18일 소 마웅 장군의 신군부가 다시 쿠데타를 일으켰다. 무자비한 학살로 신군부는 정권을 재장악했다.

군부는 국민들과 격리시키면 시위는 사라지고 군사 독재가 가능할 것이라고 여겨 1989년 7월 수치를 가택 연금하였다. 그녀는 해외로 떠난다면 자유를 주겠다는 군부의 제안을 받았지만 거절했다. 결국 군사 정권은 8888항쟁 때의 약속을 지킨다는 명목 하에 1990년 5월 총선거를 실시하였다. 결과는 수치가 결성한 민주민족동맹(NLD)이 82%의 지지를 받아 압승하였으며 수치는 총리가 되어야 했지만, 군사 정부는 선거 무효를 선언했다. 오히려 민주 인사 수 백 명을 투옥시키고 1년 기한으로 연금한 수치의 가택연금을 무기한으로 연장하였다.

그녀는 단식도 하였고 국제적인 청원도 하였지만 군부는 철저히 무시하였다. 그 사이 수치는 1991년 노벨평화상을 받았다. 그러나 버마 정부는 수치의 가택 연금을 풀어주지 않았다. 결국 이 시상식에는 그녀의 남편과 아들이 수치의 사진을 들고 대신 참석하였다.

1995년에는 국제적 압력에 못이긴 버마 정부가 수치를 잠깐 가택연금에서 풀어주기도 하였다. 그녀는 이 시기 동안 여전히 버마의 민주화를 위해 운동을 계속하였다. 1999년에는 남편 마이클 에어리스가 사망하였지만 그의 장례식에 참석하지도 못했다. 외국으로 나가면 군부가 그녀를 버마 땅으로 다시는 들어오지 못하게 할 것이었기 때문이다.

2000년 군사정권은 수치를 다시 가택연금하고 양곤 밖으로 나가는 것을 금지하였다. 2002년 국제 연합특사가 버마에 대한 경제 제재를 일부 풀어주는 조건으로 수치를 가택연금에서 풀려나게 했지만 이듬해인 2003년 군사정권은 그녀를 또 집에 가두어 버렸다.

2005년 군부 개혁파이던 킨 눈 총리가 개혁개방에 따라 2010년 총선이 실시되었다. 하지만 총선은 야당이 철저히 배제된 상태에서 실시되었고 결국 여당의 압승으로 끝났다. 총선 승리라는 정치적 목적을 달성한 미얀마 군사 정권은 2010년 11월 13일 수치의 가택 연금을 해제했다.

2012년 65세에 보궐선거에 출마하여 압도적인 득표율로 국회의원에 당선됨으로써 제도권 정치 생활을 재개하였다.

군부독재를 종식시키다

2015년 68세에 총선에서 수치가 이끄는 민족민주연합(NLD)이 압승을 거둠으로써 미얀마의 군부독재를 종식시킬 수 있었다. 그러나 외국인을 배우자로 둔 경우 대통령이 될 수 없다는 미얀마 법 조항으로 인해 수치의 운전사 출신이자 측근인 틴 초[22]가 대통령으로 취임하였다.

2016년 3월 30일 수치는 외교부장관과 대통령 자문역을 맡으면서 실질적인 대통령직을 수행하고 있다.

2017년 70세에는 미얀마 서부에 거주하는 무슬림 계열 소수 민족인 로힝야족[23]의 반군이 미얀마 군인을 공격했다는 이유로 로힝야 거주 구역을 군사작전 구역으로 선포하고 아예 군대를 주둔시켜 반군과 전투를 벌이고 있다. 그런데 이들은 반군만 건드리는 게 아니라

---

[22] 미얀마 민주주의민족동맹(National League for Democracy) 소속의 정치인이자 작가 겸 학자이다.
[23] 미얀마에 주로 거주하는 소수민족. 무슬림으로서 불교도가 대다수인 미얀마에서 무국적자로 차별을 받고 있다. 미얀마 서부의 라카인 주(州)에 주로 거주하는 소수민족을 가리킨다.

조직적으로 민간인 거주지를 불태우고 로힝야족을 추방하고 했으며, 이로 인해 1차로 30만 명, 이후 30만 명이 추가되어 미얀마 내의 로힝야족의 70%가 집을 잃어버리고 방글라데시로 탈출하여 미얀마 군부의 살해와 박해를 방관했다는 점 때문에 거센 비판을 받고 있다.

미국 재무부도 로힝야 학살에 대한 책임을 물어 미얀마군 최고사령관 등 군 수뇌부 4명에 대해 미국 내 자산 동결 등의 제재를 부과했다.

평가

미얀마의 독립운동 영웅인 아웅 산의 딸로 태어나 나름 행복한 어린 시절을 보내다 군부독재가 들어서면서 자연스럽게 망명생활을 시작하였다. 여러 나라를 다니며 학업을 하여 박사학위를 받고 영국인 남편을 만나 평범한 여성으로 행복한 가정을 꾸리며 살았다. 그러나 어머니의 병간호를 위해 미얀마에 들어왔다 국민들이 이끄는 반독재 시위에 참가하였고, 국민들의 요구에 부응하여 민족민주연합(NLD)을 결성하여 민주화 운동을 주도하였다.

이로 인해 16년간을 가택 연금을 당했지만 군부와의 투쟁을 계속하여 민족민주연합(NLD)이 압승을 거둠으로써 미얀마의 군부독재를 종식시킬 수 있었다. 미얀마 민주화에 앞장서 평화적 투쟁의 본보기가 되고 비폭력 저항의 리더십을 보여준 아웅산 수치는 '철의 난초'(Iron Orchid)로 불린다.

현재는 외국인을 배우자로 둔 경우 대통령이 될 수 없다는 이유로 외교부장관과 대통령 자문역을 맡으면서 실질적인 대통령직을 수행하고 있다. 1991년 노벨평화상을 수상하였으나, 미얀마 군부의 로힝야족에 대한 살해와 박해를 방관했다는 점 때문에 거센 비판을 받고 있다.

Tip

수치의 리더십을 배우려면 오랫동안 죽음의 위협을 두려워하지 말고 나라를 사랑하는 애국심을 가져야 한다.

05 안나 엘리너 루스벨트

"미래는 자신이 가진 꿈의 아름다움을 믿는 자의 것이다."
"내일을 기다리기 전에 내일을 오늘로 앞당겨야 한다."

세계에서 가장 존경받는 영부인 안나 엘리너 루스벨트(1884년~1962년)

고아가 된 어린 시절

1884년 10월 11일 뉴욕에서 미국 26대 대통령 시어도어 루스벨트의 친척이자 부유한 집안에서 태어났다. 아버지는 알콜 중독자였지만 딸을 무척 사랑했고 아낌없이 지원하였다. 그러나 어머니는 뻐드렁니가 보기 싫다고 구박하여 어릴 때부터 소극적이면서도 열등감을 가지고 자랐다.

1892년 8세에 어머니가 사망하고, 다음 해는 남동생이 사망하고, 1894년 10세에 아버지마저 사망하여, 집안이 몰락했다. 갑자기 고아가 되어 외할머니의 손에 길러지게 되었다.

11세부터는 끼니를 위해 중노동을 하며 빈곤을 경험했고, 돈을 벌기 위해서 악착같이 살아야 했다. 자연스럽게 의존적이고 소극적이었던 성격은 사라지고 꿋꿋하고 용기 있는 여성으로 자라날 수밖에 없었다. 이때의 경험은 사회적 약자에 대한 이해와 공감의 리더십을 다지는 초석이 되었다.

엘리너는 어려운 형편에도 가까스로 영국의 앨런스우드 기숙학교에 입학하게 되었다. 일찍이 유모에게 배웠던 프랑스어로 선생님과 학생들에게 난생 처음으로 인정을 받게 되었고, 특히 수베스트르 교장선생님의 따뜻한 관심과 격려로 더욱 자신감을 갖게 되었다. 외모에 대한 열등감과 애정 결핍으로 친구도 사귀지 못했던 엘리너는 다양한 친구들과 사귀면서 애정을 받으며 학교생활을 할 수 있어 인생에서 가장 행복한 시절을 보냈다.

남편을 대통령으로 만들다

1905년에 21세에 큰아버지 시어도어의 소개로 13촌 친척인 프랭클린 루스벨트를 소개받았다. 당시 프랭클린 루스벨트는 하버드대학교를 졸업하고, 컬럼비아 법학대학원에서 법률을 공부하면서 변호사 시험을 준비 중이었다. 둘은 결혼해 안나, 제임스, 프랭클린(유아 때 사망), 엘리엇, 프랭클린 주니어와 존 등 다섯 아이를 낳았다.

1907년 남편은 변호사 자격을 취득하였으며, 1910년에는 뉴욕 주의 민주당 상원의원으로 당선되어 정계에 진출, 우드로 윌슨의 대통령 선거를 지원해주었다. 제1차 세계대전에서는 해군 차관보로 활약하였으며 엘리너는 미국 적십자사를 위하여 일하였다.

1918년에 남편이 비서인 루시 머서와 불륜을 저지른 것을 알았지만 다섯 아이의 미래와 남편의 정치 생명을 고려하여 결혼생활을 유지하였다. 그러나 그때부터 착한 아내의 역할을 과감히 버리고, 시어머니 사라의 간섭에서도 벗어났다.

1920년 남편이 민주당 부통령 후보로 지명되었으나 선거에서 패배하여 다시 변호사로 일하며 보험회사에도 관여하였다.

1921년 남편이 39세에 여름 뱃놀이 도중 입은 사고로 소아마비에 걸려 두 다리가 불구가 되었다. 그녀는 절망하지 않았고 오히려 남편을 끝없이 독려하고 현명하게 내조하여 1924년 정계로 복귀시켰다. 앨리너는 남편 대신 정치적 활동을 시작하고 선거운동을 도왔다. 1928년 남편은 뉴욕 주지사에 당선되었다.

퍼스트레이디가 되다

1933년 51세에 남편이 대통령 선거에 승리하여 미국의 32대 대통령에 임명되었다. 12년간 대통령의 퍼스트레이디로 백악관에서 지내면서 대공황과 제2차 세계대전의 위기에서 조국을 구하고 부흥시켰다.

엘리너는 남편과 독립적 위치에서 국정에 참여했고 미국이 처한 대공황으로 인한 불안정한 시대 속에서 미국을 부흥시키기 위하여 노력했다.

재임 12년 1개월 6일 동안 월요일 아침마다 여기자들만 초청하여 기자회견을 했으며, 1936년 54세에 퍼스트레이디로서 '나의 하루'(My Day)라는 칼럼을 매일 집필했다. 그녀의 칼럼은 135개 신문에 동시 연재될 정도로 인기를 끌었다.

1940년 58세에 민주당 전당대회에서 3회 연임 대통령 후보 지명을 원하는 프랭클린을 대신해서 미국 최초로 연설한 퍼스트레이디가 되었다.

1945년 63세에 남편이 사망하자 새롭게 대통령에 당선된 해리 트루먼 대통령은 엘리너를 유엔 총회의 사절단으로 임명하였다. 사절단이 된 엘리너는 유엔인권이사회의 의장이 되어 세계 인권 선언을 기초하고 채택하는 데 매우 중요한 역할을 하였다.

1961년 77세에는 여성 최초로 여성 지위 위원회의 회장으로 선출되었고, 존 F. 케네디 대통령은 1961년 그녀를 유엔의 미국 사절단으로 재임명하였고, 후에 미국 평화 봉사단의 국가 안보 위원회와 대통령 여성 지위 자문회의 의장으로 임명하였다.

말년

1962년 11월 7일 78세의 나이에 뉴욕에서 재생불량성빈혈, 결핵과 심근 경색으로 사망하였다. 사후 그는 하이드파크에 있는 가족 사유지에 안장되었다.

1997년 미국 수도 워싱턴DC에 개관한 프랭클린 루스벨트 대통령 기념관에는 퍼스트레이디로서는 처음으로 엘리너관이 자리잡고 있다.

평가

안나 엘리너 루스벨트는 갤럽 조사에서 13년간 지속적으로 세계에서 가장 존경 받는 여성으로 꼽혔으며, 미국에서도 가장 성공한 퍼스트레이디로 알려졌다.

불행을 기회로 만드는 행복의 연금술사라고 불린다. 적극적인 내조로 장애인이 된 남편 프랭클린 루스벨트를 대통령으로 만들었는가 하면, 무려 4번이나 연임에 성공시켰다. 뿐만 아니라 미국 역사에서 가장 활동적인 영부인들 중의 하나로 알려졌다.

대통령의 아내로서 정부 정책에 지지를 호소하는 선에서 머물지 않고 뛰어난 사회운동가로서 독자적 행보를 걸었고, 아프리카계 미국인들의 인종차별을 철폐하는 데도 앞장서며 항상 약자들 편에서 활동하는 참된 영부인상이라는 평가를 받았다. 자신의 인도주의적인 활동으로 명성을 얻었고, 정치와 공동 분야에서 여성들이 닮고 싶은 모델이 되었다.

Tip
안나 엘리너 루스벨트의 리더십은 적극적인 내조로 장애인이 된 남편 프랭클린 루스벨트를 대통령으로 만들었다.

06 앙겔라 메르켈

"자신이 속한 곳에서 최고가 되어라."
"빨리 가고자 하면 혼자 가라. 그러나 멀리 가고자 하면 함께 가라."

독일 최초의 여성 총리로 독일을 강하게 만든 앙겔라 메르켈(1954~현재)

어릴 때 동독에서 자라다

앙겔라는 1954년 7월 17일 독일 함부르크에서 태어났다. 목사인 아버지 호르스트 카스너와 어머니 헤어린트 카스너 사이에서 장녀로 태어났다. 이름은 '앙겔라 도로테아 카스너'였다.

아버지는 하이델베르크 대학에서 신학 공부를 시작해, 함부르크 대학에서 학업을 마쳤다. 라틴어와 영어 교사인 어머니는 사민당 당원이었다. 앙겔라가 태어나고 아버지가 동독에 있는 브란덴부르크주 지방의 개신교회로 발령을 받아 가족 전체가 이사를 갔다.

당시는 동독과 서독으로 나누어져 있었기에 그당시 대부분의 사람들은 서독으로 이주를 하는데 앙겔라의 가족은 아버지의 발령으로 인해서 동독으로 가게 되었다. 가족은 목사관에서 살았으며, 앙겔라 카스너는 동독에서 성장하고 경력을 쌓게 된다. 동독은 종교에 냉담한 공산국가인 정치적 상황 때문에 목회 활동에 어려움을 겪었다. 할아버지가 동독의 공산당원이었으나, 별로 도움이 되지 않았다.

베를린 장벽이 세워지기 전까지 앙겔라 카스너는 종종 함부르크로 가서 시간을 보내기도 했고 외가 친척들이 동독을 방문하기도 했다. 목사의 아내라는 이유로 교사 출신인 그녀의 어머니는 동독의 학교(모두 국립)에서 일할 수도 없어서 당시 대다수 동독 여성들과 달리 직업 없이 가정주부로 있었다.

박사학위를 받다

1971년 17세가 된 앙겔라는 기술고등학교에 입학했으며, 수학과 어학 과목에서 뛰어난 재능을 보였다. 특히 러시아어 경시 대회에서 수상한 경력이 있을 정도로 러시아어에 뛰어난 재능을 보였다. 고등학교를 졸업한 후 1973년 19세에 공부를 워낙 잘해서 명문 라이프치히 대학에서 물리학을 공부하여 디플롬학위(석사학위에 해당)를 받는다. 1977년 23세에 같은 과 친구인 울리히 메르켈과 결혼하면서 남편의 성을 따라 앙겔라 메르켈이 되었다.

1978년 24세에 베를린 과학 아카데미 물리화학 연구소에서 양자 화학분야의 연구원으로 일하면서 자유 독일청년회 과학 아카데미에서 선전부 의장을 지냈다. 동독 국가보안부에서 일자리를 제안받지만 거절하였다. 그리고 독일 사회주의 통일당의 입당 요구를 거절하고, 다른 이들을 감시해 보고하라는 슈타지의 협력 요구도 거절했다.

자신만의 신념과 의연함을 보여준 앙겔라 메르켈은 동독 출신이라는 커리어가 전혀 문제 되지 않았고 통일 독일의 정계에 성공적으로 데뷔할 수 있었다. 통일 이후 동독에 협조하여 매장당한 사람이 많았지만 앙겔라는 여기에서 자유로울 수 있었다.

메르켈 부부는 동베를린의 연구소에서 함께 일하였으나, 둘 사이 관계가 틀어져 1982년 28세에 이혼하였다.

1986년 32세에 양자화학 분야에서 박사 학위를 받았고 박사학위 논문을 지도했던 요하임 자우어 박사와 재혼을 했다.

정치에 입문하다

1989년 35세에 베를린 장벽이 무너지자 동독인들은 정치에 관심을 갖게 되었고 이전까지 연구원으로 살던 메르켈은 통일 독일에 관심을 가지게 되어 민주화운동단체

헬무트 콜과 함께

인 민주개혁에 가입하면서 정치 활동을 시작한다. 메르켈은 국민들이 살기 좋은 나라를 만들겠다는 신념으로 정치에 최선을 다하게 되었다.

동독 민주화운동단체인 민주개혁에 가입하면서 정치 활동을 시작한다. 1991년 37세에 헬무트 콜(Helmut Kohl)[24] 총리의 발탁으로 최연소 여성 청소년부 장관이 되었다. 이 때부터 콜의 전폭적인 지원을 받아 일명 '콜의 정치적 양녀(養女)'로 불리기도 하였다. 그러나 헬무트 콜 총리가 불법자금 스캔들에 휘말리게 되자 그간의 인연에 얽매이지 않고 단

---

[24] 독일의 정치가로 1973년 기민당 총재를 거쳐 1982년 서독의 제6대 총리가 되어 통일 이후까지 총 16년간 재임하였다. 1990년 10월 동독과의 통일을 달성하였으며, 유럽 통합에도 크게 기여하였다.

호하게 진상규명과 사퇴를 요구하여, 냉철하면서 진실된 리더십을 보여주어 인기를 얻었다.

1994년에는 환경, 자연보호, 원자력부 장관을 지내면서 유엔기후정상회의에서 온실가스 배출량 축소를 내용으로 하는 '베를린 협약'을 성공적으로 이루어 낸다.

2000년에는 기민당 최초로 여성 의장을 지냈고, 2005년 총선에서 원내 제2당인 사민당과 내각 구성을 협력하는 좌우 대연정을 구성하여 2005년 11월 22일부터 독일의 제8대 총리에 임명되어 지금까지 4번의 총리직을 수행하고 있다.

총리가 되다

제1기(2005년~2009년)

정치적 성향이 다른 사회민주당과 대연정을 해서 총리가 되었다. 메르켈이 총리로 재직하기 시작한 첫 2년간, 독일의 실업률은 3%나 줄고 성장률은 2.7%를 기록했다. 또한 수출 1위라는 영예도 얻을 수 있었다.

메르켈 총리는 진정한 사회보장은 일자리 확대에 있다고 믿고, 첨단 제품, 기술을 적극적으로 지원해 기업의 부담을 줄임으로써 수많은 일자리를 창출했다. 메르켈 총리 덕분에 독일은 품질 좋은 제품을 만드는 인재들이 가득한 제조 강국으로서의 명성을 더욱 확고히 굳힐 수 있었다.

제2기(2009년~2013년)

독일 하원 선거에서 보수 세력이 승리하여 성향이 유사한 자유민주당과 연정을 해서 총리가 되었다

2010년대 초반 이탈리아, 그리스, 아일랜드, 스페인, 포르투갈 등 유로존 위기가 터지자, 유럽연합(EU)의 사실상 지도자인 메르켈 총리는 프랑스 대통령 니콜라 사르코지와 EU국가들에게 긴축정책을 요구하였으며, 특히 국가부도 직전까지 몰려서 유로존 위기의 근원점이 된 그리스에 대하여 강도 높은 긴축재정을 직접적으로 요구해 유로존 부채 문제를 해결하였다.

제2차 세계대전을 일으킨 전범 국가로서 독일의 잘못을 공개적으로 들춰내 사과했고, 그 책임에 대해 수차례 강조했다. 원자력 발전 정책을 주장했던 그였지만 2011년 후쿠시마에서 원전 사고가 발생하자 "후쿠시마가 내 생각을 바꿔놓았다. 우리에겐 안전이 무엇보다 소중한 가치다."라고 말하며 온 국민 앞에서 과감히 정책 포기를 선언하기도 했다.

제3기(2013년~2017년)

기민당은 사민당과 대연정을 해서 총리가 되었다. 2014년 러시아가 크림을 강제 병합하자, 이에 대응하기 위하여 NATO가 발트 3국에 군사를 배치시키고 무역 제제를 연장하도록 하였다.

메르켈 총리는 2015년 난민은 국제 사회의 보호를 받을 권리가 있다는 이유로 유럽으로 들어오려는 난민들에게 문을 열어 약 100만

명의 망명 신청자를 받아들인다. 이로 인해 일부 독일 국민들에게 반발을 사기도 했지만 세계적으로는 독일의 우수한 시민의식과 함께 메르켈의 리더십을 높이 샀다.

제4기(2017년~2021년)

사회민주당 당원투표에서 대연정 안건이 66%의 찬성률로 통과됨에 따라 제4차 내각 출범이 확정되었다.

2018년 메르켈 총리는 기독 민주연합 대표 전당대회에 출마하지 않겠다는 선언을 하면서 사실상 정계 은퇴를 선언하였고, 다만 총리직은 2021년 총선 전까지 유지한다고 하였다.

2019년 1월 24일에는 2019년 베네수엘라 정치 위기가 발생하자, 메르켈은 재빨리 니콜라스 마두로[25]에 대한 승인을 취소하고 후안 과이도[26]를 적법한 대통령이라고 인정했다.

2019년 9월 6일 메르켈 독일 연방수상이 베이징에 방문하여 리커창 중화인민공화국 국무원 총리와 정상회담 차원으로 만났다. 그런데 메르켈 수상은 베이징 한복판에서 홍콩 범죄인 인도법 반대 시위와 관련하여 홍콩 시민들의 자유로운 권리가 보장되어야 한다고 중국 공산당을 정면으로 비판했다.

---

[25] 차베스 전 베네수엘라 좌파 정부의 정책을 계승해 2013년에 집권한 니콜라스 마두로 베네수엘라 대통령
[26] 베네수엘라 국회의장으로, 니콜라스 마두로 현 베네수엘라 대통령의 퇴진을 요구하는 반정부 시위를 이끌고 있는 정치가이다.

평가

'유럽의 리더'로 지칭되는 메르켈 총리는 동독 출신의 가난했던 물리학자로 정치에 입문하여 독일 최초의 여성 총리가 되어 4선을 하였다. 메르켈은 죽어가는 독일 경제를 부드러운 리더십으로 회생시키면서 새로운 독일을 만들어냈으며, 독일을 EU에서 가장 영향력이 높은 나라로 만들어 세계적으로 주목받고 있는 여성 리더다.

메르켈은 지금까지 단 한 차례의 스캔들이나 부패 사건에 연루된 적이 없다. 친인척 비리도 없다. 그는 부끄러운 과거를 숨기지 않았고, 자신의 실수를 인정했다. 또한 잘못되었다고 판단되면 과감하게 정책을 포기했고, 반대 진영의 목소리에 귀를 기울였다. 지금도 총리 관저 대신 평범한 개인 아파트에서 월세를 내며 살고 있다. 늘 수수하고 친근한 모습으로 국민들과 함께 한다. 진정성, 그리고 바른 일에는 소신을 굽히지 않는 단호함을 가지고 봉사와 헌신의 자세로 국민들의 삶 속에 함께했기 때문에 독일 국민들의 열광적인 지지를 받고 있다.

Tip

메르켈은 따뜻하게 감싸 주는 포근한 엄마의 품을 연상시키는 외모와 이미지를 가지고 소통과 경청, 겸손함의 리더십을 가지고 있다. 독일 사람들은 메르켈 총리를 흔히 엄마라는 뜻의 '무티'라고 부른다. 엄마처럼 상대의 이야기를 경청해주고 부드럽게 소통해서 붙여진 별명이다.

07 앨런 존슨 설리프

"두려움이 내 판단력을 흐렸고, 이로 인한 실수들은 나의 책임이다."

굳은 의지와 결단력을 보인 라이베리아의 최초 여성 대통령이 된 앨런 존슨 설리프(1938~현재)

앨런의 출생

1938년 10월 29일 엘런 존슨 설리프는 라이베리아의 수도 몬로비아에서 태어났다. 엘런의 아버지 자말 카니 존슨은 가난한 시골의 골라족 족장의 아들이었으며, 나중에 하원의원으로 정치에 입문하였다.

라이베리아는 아프리카에서 유럽 국가들의 식민 통치를 경험하지 않은 유일한 국가로 19세기 유럽 국가들이 아프리카를 식민지로 두기 이전에 이미 설립된 국가다. 라이베리아(Liberia)라는 나라 이름은 Liberty(자유)라는 어원에서 유래되었으며, 수도 몬로비아는 라이베리아를 건국한 해인 1847년에 당시 제임스 몬로 미국 대통령의 이름에서 차용한 것이다.

미국의 성조기와 아주 비슷하게 생긴 라이베리아의 국기는 별이 한 개인 것 빼놓고는 미국의 국기와 같다. 국기도 그렇듯이 이 나라는 미국과 역사적으로 연관이 아주 깊다.

1780년 미국에서 노예해방법을 통과시킨 펜실베니아주를 시작으로 비노예주가 생겨나기 시작했다. 비노예주에 사는 북부 흑인들이 대부분 가난하였고, 다양한 사회문제를 야기함에 따라 원래 그들 조상의 땅인 아프리카 대륙으로의 회귀 정책을 실시했다.

1820년부터 미국에서 해방된 노예들은 모국으로 돌아가지 않고 라이베리아에 정착하게 되었다. 이들 미국 흑인들은 아메리코-라이베리안이라 불렸다. 초기의 그들은 그 당시 그 지역의 토착 부족의 왕으로부터 땅을 구입하였고 그 곳을 미국의 대통령인 제임스 몬로의 이름을 따서 몬로비아(Monrovia)[27]라고 명명하였다. 점차 미국의 흑인들이 많아짐으로 5개의 지역이 연방을 만들고 1841년에는 조셉 젠킨스 로버츠가 최초 흑인 총독이 된다.

아메리코-라이베리안은 전체 인구 중에 5%를 넘지 않았으며 95%의 현지 토착 원주민들을 지배하였다. 그들은 백인과 흑인들의 혼혈 후손들이 많았고 기독교를 믿는다는 종교적 선민의식, 미국을 경험했던 문명적 자부심, 피부색이 혼혈이기에 덜 검다는 인종적인 우월감을 가지고, 95%의 현지 토착 부족민들을 야만인으로 보았다.

이러한 상황 속에서 1980년 사무엘 도(Samuel Doe)가 쿠데타로 정권을 잡을 때까지 130여 년은 피지배 계층의 원주민들은 아메리코-라이베리안들에게 피비린내 나는 저항의 역사가 계속 되었다. 사무엘 도 정권도 부패와 정치적 억압을 일삼아 결국 또 다른 쿠데타를 불러왔고 이어 또 다른 반란이 일어나면서 라이베리아는 민주주의가 정착되지 못하고 20여 년간 내전에 휩싸였다. 이 기간에 20만 명이 죽었고 수백만 명이 주변 국가로 피란하는 참극이 지속됐다.

고난의 여정

1948년 10세부터 서아프리카대학에서 회계와 경제학을 공부하였으며, 1955년 17세에 결혼을 하고 대학을 졸업하였다.

---

[27] 미국의 정치가로 두 차례 대통령을 역임하였다. 미주리협정을 맺었고 캐나다와의 국경을 확정하였으며 외교의 기본정책으로 먼로주의를 선포하였다.

 1961년 23세에 남편과 미국으로 유학하여 1964년 위스콘신주의 매디슨 비즈니스칼리지에서 회계학 학위를 받은 뒤, 1970년 콜로라도대학교 경제학과를 졸업하였고, 1971년 하버드대학교에서 행정학 석사학위를 취득하였다.

1972년 32세에 유학을 마치고 귀국한 뒤 당시 대통령 톨버트의 제안으로 재무차관을 지냈으나, 대통령의 경제정책에 반대하여 공직을 떠났다.

1980년 40세에 원주민 중 한 부족인 크란족 출신의 하사관이었던 새뮤얼 도가 쿠데타를 일으키고 당시 대통령이었던 톨버트를 살해하고 정권을 차지했다. 집권한 새뮤얼 도는 정치를 바로 잡기 위해 내각을 구성할 때 앨런에게 재무장관을 권해 재무장관을 지내기도 하였으나, 무지한 정권과 갈등을 빚어 2차례 투옥되기도 하였다.

1985년에 47세에 상원의원에 출마하여 군사정권을 비난하였다가 체포되어 10년형을 선고받고 얼마 후 풀려난 뒤 케냐로 망명하였다. 이후 케냐와 미국에서 망명 생활을 하면서 시티은행과 적도은행 등에서 근무하였다. 유엔여성개발기금(UNIFEM)과 아프리카 통합기구 등에서 활동하며 평화 구축을 위한 여성의 역할을 강조했다.

1992년 54세에 국제연합개발계획의 아프리카 국장을 지냈다.

대통령에 당선되다

라이베리아 1차 내전(1989~1996)이 끝난 뒤인 1997년 59세에 귀국하여 통일당 대선 후보로 나섰으나 찰스 테일러에 이어 2위에 그쳤다. 비록 앨런은 대통령에 당선되지는 못했지만 라이베리아 국민에게 자신을 알릴 수 있었다. 그러나 테일러 정권의 박해를 피하여 아프리카의 코트디부아르[28]의 아비장으로 망명하였다.

라이베리아 2차 내전(1999~2003)이 끝나고 테일러 정권이 물러난 뒤 귀국하여 민주 선거를 준비하는 참정 부위원회 의장을 지냈다. 이어서 다시 국가는 내전에 빠졌고 2003년 임시정부는 반란 그룹과 평화협정을 체결하고 정국을 안정시키는 방편으로 엘런에게 과도정부를 맡아줄 것을 부탁했다.

앨런은 차기 선거를 준비하면서 과도정부를 차분히 이끌었고 이어서 대통령에 출마했다. 그녀는 국내의 군벌들과는 거리를 둔 중립적 인물이라는 점과 당시 드물게 미국에서 하버드를 졸업한 엘리트라는 것과 국제기구에 잘 알려진 인물이면서 경제전문가라는 점이 강점으로 작용했다.

2005년 67세에 다시 대통령 선거에 출마하여 축구선수 출신인 조지 웨아 후보를 물리치고 아프리카 지역의 첫 여성 대통령으로 당선되었다.

당시 라이베리아는 극심한 외채에 시달리고 있었기 때문에 정부

---

[28] 아프리카 서부 기니아만 연안에 있는 나라

의 제1과제는 외채 탕감이었다. 앨런은 주요 8개국(G8)으로부터 3억2000만 달러를 제공받아 국제통화기금(IMF)의 빚을 갚았다. 이어서 국제개발원조를 통해 상당한 외채를 삭감받아 개발도상국 중 가장 많은 탕감을 받았다. 또한 세계은행과 국제통화기금으로부터 많은 외자를 유치해 라이베리아 발전을 위한 인프라를 구축하기 위한 노력을 했다.

그리고 자신이 국내 군벌로부터 중립적 인물이라는 위치를 활용해 진실화해위원회를 만들어 20년간의 내전을 조사하고 죄를 범한 50명의 인물을 처벌했다. 이러한 과정을 통해 라이베리아 내전의 상처를 완전히 아물게는 하지 못했지만 국민을 위로하고 소통하는 리더십을 발휘하였다.

2011년 73세에는 여성의 안전과 인권 향상을 위한 비폭력 투쟁으로 평화추구에 앞장선 공로로 노벨평화상을 공동 수상하였으며, 같은 해에 대통령에 재선되었다.

2018년 1월 80세의 나이로 대통령 임기를 끝내고 총 12년의 재임기간 동안 내전 후 국가 재건과 국민 화해에 힘썼다는 평가를 받았다. 그런 공로를 인정받아 아프리카의 탁월한 지도자가 받는 모이브라힘상을 수상하였다.

평가

앨런은 라이베리아의 어지러운 정치 상황 속에서 죽음을 무릅쓰고 군사정권에 반대하다가 여러 번의 옥살이와 망명 생활을 하였다. 앨런은 지치지 않고 망명 생활을 하는 도중에도 유엔여성개발기금과 아프리카 통합기구 등에서 활동하며 평화 구축을 위한 여성의 역할을 강조했다. 다시 라이베리아에 돌아와 대통령에 당선되어 라이베리아의 경제를 부흥시켰으며, 민주화에 이바지하였고 무엇보다 재임기간 동안 내전 후 국가 재건과 국민 화해에 힘썼다는 평가를 받았다. 앨런은 일생 동안 어떠한 권력 앞에서도 자신의 굳은 의지와 결단력을 보여 '철의 여인(Iron Lady)'이라는 별명을 얻었고 '아프리카의 힐러리'라고도 불린다.

앨런은 아프리카에 사는 사람들의 행복을 위해서 희생정신을 행동으로 옮기고 고난을 묵묵히 이겨냈다. 또한 라이베리아에서 여성의 행복과 인권을 보호하기 위해 군사정권에 맞서면서 정치적인 박해를 받고 감옥에 구금되어도 약자를 위한 포용력을 굽히지 않았다.

Tip

엘런 존슨 설리프의 리더십을 배우려면 남을 너그럽게 감싸 주거나 받아들이는 포용력을 갖추고 있어야 한다. 그리고 사람들의 행복을 위해서 자신을 희생시키려는 희생정신을 가져야 한다.

08 에바 페론

"아무리 어려운 상황이라도 우리에겐 꿈을 꿀 자유가 있는 한 우리는 마침
내 성공할 것입니다."
"돈은 사랑보다 더 인간을 바보로 만든다."

빈민층의 딸로 퍼스트레이디가 된 에바 페론(1919년~1952년)

불우한 어린 시절

에바는 1919년 아르헨티나의 드넓은 초원지대 팜파스[29]에 속한 작은 시골 마을 로스 톨도스에서 태어났다. 아버지 후안 두아르테는 농장 주인이었으며, 어머니 후아나 이바르구엔은 농장의 요리사로서 아버지의 정부였다. 아버지와 어머니 사이에 태어난 5명의 아이 중 4번째 사생아였으며, 아버지의 성을 따라 에바 두아르테가 되었다. 에바의 아버지는 자신의 정부에게 낳은 자식들을 법적인 딸로 인정하지 않고, 경제적인 지원도 하지 않았다. 결국 아버지에게서 버림받은 에바는 모친과 다른 자매들과 함께 후닌으로 생활 터전을 옮겨 그 곳에서 가난한 생활을 하며 지냈다.

아버지에게서 버림받은 에바는 출생부터 불우했고 어린 시절은 가난과 불행의 연속이었다. 현실을 벗어나 더 나은 삶을 원한 어린 에바 페론은 대중잡지의 기사를 읽으며 도시로 나가 화려한 배우가 되는 것을 꿈꾸었다. 그리고 학교에서 주최하는 연극과 연주회 등에서 자신이 가진 재능을 발휘하며 주목을 받기 시작했고 배우의 꿈을 이루기 위해 노력했다. 그러나 에바 페론의 원대한 꿈을 실현하기에 후닌은 너무 좁은 곳이었다.

결국 1934년 15살 때 과감히 아르헨티나의 수도 부에노스아이레스로 무작정 가출을 하였다.

---

[29] 아르헨티나를 중심으로 하는 대초원. 인디오 말로 평원(平原)을 뜻한다.

자신의 꿈을 위해 물불을 가리지 않다

부에노스아이레스로 옷 가방 하나만 들고 상경한 가난한 시골 소녀였던 에바는 할 수 있는 일이 별로 없었다. 배고픔과 가난을 벗어나기 위하여 자신의 미모를 이용할 수밖에 없었다. 그래서 에바 자신을 이끌어줄 것 같아 보이는 남자라고 생각되면 철저히 이용하고 조금이라도 이득이 없다고 생각되면 가차없이 떠났다.

에바는 배우가 되고 싶은 꿈을 이루기 위해 여러 명의 남자 품을 전전하며, 드디어 삼류극단의 무명 배우로의 삶을 시작할 수 있었다. 생존하기 위해 여러 남자의 품을 떠도는 비애 속에서도 그녀는 자신을 귀엽고 순진하게 보이고 싶어 스스로를 '꼬마 에바'라는 뜻의 '에비타'라고 불렀다.

성공을 위해 물불을 가리지 않은 노력 덕분에, 그녀는 무명 연극 배우부터 시작해 영화배우, 라디오 성우 등으로 차츰 영역을 확장해 갔다. 결국 부에노스아이레스로 온 에바는 1940년 21세에 마침내 나름대로 유명한 연예인으로 그 이름을 알릴 수 있게 되었었고, 라디오 방송국을 소유하는 등 꿈을 이루는데 성공한다.

후안 페론과의 운명적 만남

1944년 25세 때 아르헨티나 서부의 칠레 접경지역인 산후안에서 지진이 발생하여 6천 명 이상이 사망하는 참사가 일어났다. 이때 에바는 큰 행운을 잡았다고 생각했다. 그것은 바로 에바가 육군 대령 출신의 '통일 장교단'의 리더이자 군부의 실세였던 자신보다 배로 나이가 많은 50세의 후안 페론을 만난 것이다. 당시 정부의 노동부 장관이던 후안 페론은 이재민 구호를 위한 기금을 마련하려고 했으며, 구호기금 운동에 연예인 자격으로 에바가 동참하였다. 이때 에바를 처음 만난 후안 페론은 서로의 이용가치를 본능적으로 감지하였다.

후안 페론은 첫 번째 부인을 잃고 독신으로 살던 중 에바의 젊음과 미모에 빠져들었으며, 에바는 후안 페론을 이용해서 자신이 원하던 부와 명예를 얻을 수 있었기에 두 사람은 바로 비밀스런 만남을 갖다가 동거를 시작하였다. 기금 마련으로 하층민들에게 인기를 얻은 후안 페론은 곧 부통령 자리에 오르며 군부와 대중의 지지를 동시에 얻게 된다. 그러나 반 페론주의자들이 정권을 장악한 후 강경파인 후안 페론을 구금해 버렸다.

타고난 미모와 달변가였던 에바를 비롯해 페론의 추종 세력들은 노동자들을 동원하여 페론 석방 운동을 벌였다. 팜파스의 가난한 딸이라는 그녀의 출생과 비루한 인생 역정이 빈민과 노동자들에게 동질감을 안겨주었다. 에바 페론의 열정적이고 헌신적인 연설은 민중의 마음을 움직였

후안 페론과 함께

다. 에바 페론은 구금된 후안 페론을 석방하기위해 노동자들을 종용하여 총파업을 일으켰다. 파업 10일 만에 후안 페론은 노동자들의 환호를 받으며 전격 석방되었다. 자신을 위해 목숨을 걸고 나서준 정부 에바에게 새삼 사랑과 신뢰를 느낀 후안 페론은 죽는 날까지 에바와 함께 하기를 맹세하고 1945년에 결혼한다.

후안 페론을 대통령으로 만들다

후안 페론은 이듬해에 있을 대통령 선거에 출마했다. 에바는 남편의 선거 유세 자리에 동행하며, 아름다운 외모와 확신에 찬 연설로 아르헨티나 국민의 마음을 사로잡았으며 폭발적인 인기를 얻었다. 에비타라는 애칭이 국민적으로 불린 것도 이 무렵부터이다. 후안 페론은 1946년 2월 실시된 대통령 선거에서 54%의 지지를 얻으며 대통령에 당선되었다. 에바 페론은 남편을 설득하여 히틀러의 국가사회주의를 그대로 본뜬 '페론주의'를 내걸었다.

대통령이 된 후안 페론은 대중이 좋아할 만한 획기적인 복지정책을 내세우며 인기를 얻어 갔다. 에바는 정부 내에서 공식적인 직책에 오른 적은 없으나, 노동자 및 하층민들에게 후한 정책을 펼칠 수 있는 사실상의 보건부 장관 자리에 있었다.

1947년에는 유럽 여러 나라를 방문하였으며, 대통령인 남편보다 더 많은 관심을 받았다. 스페인에서는 가난한 아동들을 위해 구호 활동을 펼쳤고, 프랑스에서는 샤를 드골을 만나 식량 지원을 약속했다. 그리고 여성 페론당을 결성하여 대표로 활동했으며, 이를 통하여 여성 참정권 도입 등의 여성 운동에 기여하였다. 그리고 노동단체, 기업 등의 헌금으로 운영되는 에바 페론 재단을 설립하여 그 대표를 겸했다. 학교, 병원, 고아원을 단기간에 전국에 건립했고, 그녀의 이름을 딴 병원 기차가 의료장비를 싣고 전국을 누비면서 무료 진료를 실시하며 민중의 지지를 받았다.

후안 페론과 에바의 수많은 개혁 중에서 일부는 좋은 평가를 받기도 했다. 하지만 대부분의 정책들이 약자를 위한 정책들이라 여겨졌지만 실제 혜택을 받는 사람은 거의 없었고 나라의 경제 사정은 전혀 고려하지 않은 정책들이 많았다. 더욱이 아르헨티나의 경제는 하향곡선을 긋기 시작했음에도 불구하고, 나랏돈을 마음대로 사용했다. 특히 에바의 사치는 극에 달했고 횡령한 많은 돈이 스위스 은행의 비밀계좌에 입금되었다.

페론 부부의 실정을 비판하는 세력이 증가함에 따라, 비판세력을 제거하면서 아르헨티나는 정치적으로 경직되었고, 후안 페론과 군부를 중심으로 하는 독재 속에서 부정부패가 만연해졌다. 그러나 이로 인하여 상류층 및 군부와의 관계는 악화되기 시작하였다.

여론이 나빠지면서 에바는 대중적 인기를 더욱 더 이끌어내기 위해 후안 페론과 자신의 우상화 작업을 시작했다. 초등학교에서는 매주 페론 부부를 찬양하고 기리는 글짓기를 하도록 하였으며, 스페인어 수업 시간에는 에바 페론 본인의 자서전 《내 인생의 사명》을 교재로 채택하도록 하기도 하였다.

말년

점차 에바의 실정과 문제점이 드러나는 가운데, 1950년 자궁암 진단을 받았다. 건강이 차츰 악화되어 가는데도 1951년 부통령 후보로 지명되었지만 군부의 지명 철회 요구로 물러날 수밖에 없었다. 11월 대선에서 남편은 재선에 성공했으나, 에바의 건강은 더욱 악화되어 갔고 국민들에게는 숨겼다.

에바 페론은 1952년 34세의 젊은 나이로 9년 동안 아르헨티나의 퍼스트레이디로 지내다 척수 백혈병과 자궁암이 악화되어 세상을 떠났다. 아르헨티나 역사상 가장 큰 국장으로 한달 간의 장례식 동안 대중들은 에바 페론의 죽음을 광적으로 애도했다. 그러나 에바 사후 그간에 숨겨왔던 페론 정권의 문제점들이 드러나기 시작했다. 무리한 경제정책은 실패했으며, 끊임없는 인플레이션과 실업으로 노동자의 동요가 일어났다. 이러한 상태에서도 가톨릭 교회를 탄압하자 군부마저도 후안 페론에게 등을 돌리며 1955년에 쿠테타를 일으켰다. 결국 후안 페론은 해외로 망명하였으며, 권력을 장악한 군부는 페론주의의 부활을 염려하여 방부 처리된 에바 페론의 시신을 탈취하여 이탈리아에 숨기기도 하였다.

1956년 파나마로 망명한 후안 페론은 에바와 같이 젊고 예쁜 이사벨의 젊음과 미모에 빠져들었고, 자신의 개인 비서로 채용했다가 이듬해 두 사람은 정식으로 결혼했다.

에바가 실제적으로 남긴 혜택은 아무것도 없었지만, 그녀를 좋아했던 수많은 노동자, 여성, 빈민들은 여전히 그녀를 그리워했다. 에바의 후광을 등에 업고 후안 페론은 아르헨티나로 돌아와 1973년 다시금 대통령에 당선되었다. 이때 에바의 시신도 아르헨티나로 다시 돌아왔다.

에바의 후광은 후안 페론이 재혼한 이사벨 페론에게까지 미쳐 이사벨 페론은 남편 후안 페론이 대통령이 된 지 10개월 만에 사망하자 그 뒤를 이어 대통령 자리까지 오르게 되었다. 그러나 이사벨 페론은 대통령이 된 지 21개월 만에 쿠데타로 물러나고 말았다. 새 정부가 들어선 뒤에, 에바 페론의 시신은 레콜레타 공동묘지의 가족 묘역으로 옮겨졌다. 죽은 지 24년 만의 일이었다.

평가

에바는 시골 빈민층의 사생아로 태어나 자신의 꿈을 이루기 위해 모든 것을 바쳐 남편을 대통령으로 만들고 자신은 퍼스트레이디가 되었다. 선동가로 노동자들의 마음을 사로잡기도 하고 뛰어난 미모와 달변가로서 정치에 참여하여, 약자와 가난한 사람들에게 복지 혜택을 주면서 아르헨티나 국민들로부터 '성녀'라 불리며 최고의 인기를 누렸다. 하지만 34세의 나이로 짧은 생애를 마감하고 말았다.

사후에는 아르헨티나 경제를 망친 장본인이며, 후안 페론의 독재를 위한 방패막이었다는 비판도 많다. 그러나 에바 페론에 대해서는 아직도 존경과 비판 의견이 갈리고 있지만 그녀가 세상을 떠난 지 70년이 넘은 현재까지도 추모 열기는 계속되고 있다.

Tip

에바의 리더십을 배우려면 자신의 어려운 상황을 한탄하지 말고 꿈을 크게 세우고 꿈을 실현하기 위해서 노력해야 한다.

09 엘리자베스 1세

"한 시대를 통치했던 여왕이 평생 처녀로 살다 생을 마감했다는 비석을 세울 수만 있다면 그것으로 만족한다."

평생 독신으로 지냈던 역사상 가장 위대한 지도자
엘리자베스 1세(1533~1603)

불안한 어린 시절을 보내다

엘리자베스 1세는 1533년 9월 7일 영국의 그리니치에서 헨리 8세와 그의 제1계비 앤 불린의 딸로 태어났다.

아버지 헨리 8세는 복잡한 여성 편력과 여섯 번의 결혼으로 유명하다. 헨리 8세는 재위 기간 중 종교 개혁, 영국 국교회 수립, 정치적 중앙집권화 등의 성과를 거두었다. 그러나 늘어나는 왕실의 비용과 과도한 화폐 발행 등으로 심각한 인플레이션 현상을 겪었고, 공유지의 사유재산화로 농민에 대한 수탈이 극심하였으며, 런던 인구가 크게 증가하여 여러 가지 사회문제가 발생하였다.

어머니 앤 불린은 원래 헨리 8세의 첫 번째 왕비인 캐서린의 시녀였는데, 왕비가 아들을 낳지 못하자 앤 불린과 비밀 결혼을 했다. 앤블린도 아들을 낳지 못하고 딸을 낳자, 실망하여 말다툼이 잦아지면서 마음도 멀어졌다. 그 후로 왕은 앤 불린의 시녀 제인 시무어에게 눈길을 주기 시작한다.

헨리 8세는 1536년 앤 불린이 간통과 근친상간, 마법으로 왕을 유혹했다는 혐의로 런던 탑에 감금하고 재판을 거쳐 3주 만에 타워 그린에서 참수하였다.

3살이 된 엘리자베스는 사생아로 남아 공주의 칭호가 박탈되었고 왕위 계승에서도 제외되었다. 어머니가 억울하게 누명을 쓰고 참수형을 당한 뒤 엘리자베스는 궁중에서 늘 불안하고 초조한 어린 시절을 보냈다.

더욱이 헨리 8세와 캐서린 왕비 사이에서 태어난 유일한 언니 메리 공주가 항상 그녀를 감시하고 견제하였으며, 부왕인 헨리 8세마저 그녀를 아들이 아닌 딸이라는 이유만으로 홀대했다. 하지만 천성이 밝고 유쾌해서 이 같은 난관 속에서도 좌절하지는 않았다.

엘리자베스는 공주였기에 여섯 살 때부터 군주로서의 자질을 개발하기 위해 당대 최고의 학자들로부터 교육을 받았으며, 불안한 환경을 극복하기 위해 학문에 정진하였다. 그 결과 그녀는 라틴어, 프랑스어, 그리스어, 에스파냐어, 이탈리아어, 웨일스어를 자유롭게 쓰고 읽고 대화할 수 있게 되었다. 특히 철학과 역사에 관심이 많아서 매일 세 시간씩 역사책을 읽었다.

헨리 8세의 뒤를 이어 이복 언니 메리가 여왕이 된다. 메리는 신앙심에 극도로 의존한 결과 신교도를 마구 탄압해 '블러디 메리(피의 메리)'라 불렸다. 메리는 엘리자베스가 신교를 믿는 게 아닌가 의심해 석 달간 런던탑에 가두기도 하였다. 엘리자베스는 런던탑에서 우여곡절 끝에 풀려나는데, 정쟁에 휘말려들지 않으려 시골에 콕 박혀 지냈다.

여왕이 되다

메리 1세 여왕은 우울증과 건강 악화에 시달리다가 치세 6년 만에 사망하였다. 메리 여왕의 잔인한 신교 탄압으로 국민이 받은 충격이 너무 컸기 때문에, 개신교적 교육을 받은 온화한 성품의 엘리자베스 1세(1558~1603년)가 여왕으로 등극하였다.

1558년 25세의 엘리자베스는 웨스터 민스터 홀에서 성대하게 즉위식을 가졌다. 즉위식 날 한 시대를 통치했던 여왕이 평생 처녀로 살다 생을 마감했다는 비석을 세울 수만 있다면 그것으로 만족한다." 며 평생 처녀로 살겠다고 알렸다. 여왕은 이것을 최대한 활용했으며 이런 이유 때문에 숭배의 대상이 되었다.

엘리자베스 1세는 아름다운 여성으로서 성적 매력과 자신감을 가지고 있어, 남성들의 가슴을 뛰게 했다. 자신의 미모를 유지하기 위하여 항상 화장하는데 많은 시간을 사용하고, 화려한 보석을 달고 다녔다. 그녀는 궁중에서 가장 아름다운 여인이란 말을 듣는 것을 즐거워했다. 이러한 자신의 장점을 활용하여 사람들을 설득하고, 자기 생각에 따르도록 만드는데 탁월한 능력을 가지고 있었다.

여왕은 성공회가 가톨릭의 방식을 유지하면서 교리만 개신교로 바꾼 중도적 교회로 만들려는 종교 정책을 제안하였다. 그리고 메리가 제정한 가톨릭 법령들을 모조리 철회했고, 로마 가톨릭이 영국의 정치에 발붙이지 못하도록 '왕위지상권'을 발표했고, 개신교회나 가톨릭 어느 쪽도 편들지 않으면서 실용적인 중도 노선을 표방하여 가톨릭이나 청교도들까지도 대부분 이를 받아들일 수 있게 했다.

물가문제를 해결하기 위해 화폐개혁을 단행하였다. 화폐에 대한 신뢰를 회복하기 위해 은의 순도가 낮거나 가장자리를 깎아내어 무게가 줄어든 불량 주화를 회수하고, 액면가가 실제 함유된 은의 가치와 일치하는 동전을 발행하여 안정된 통화 거래가 이루어지도록 하였다.

재정정책 면에서는 정부의 재정지출을 크게 억제함으로써 평시에는 국가재정을 건실하게 운영하였고, 목장을 농경지로 전환하는 인클로저 운동을 규제하고 모직물 산업을 공업화하는 데 노력을 기울였다. 한편으로는 농작물 생산을 늘리기 위하여 영농을 장려했으며, 사치품 수입을 금지했다. 또한 식료품 시장의 안정을 위해 곡물과 가축의 거래를 허가제로 하고, 어업을 증진하기 위해 수요일과 금요일에 생선을 먹게 하는 등의 법률을 제정하였다.

1590년대에 극심한 기근이 들자 의회는 구빈법을 제정했다. 구빈법은 각 교구에 빈민 감독관을 두고, 이들로 하여금 확실한 생계수단이 없는 사람에게 주거지와 일자리를 마련해 주도록 권한을 부여했다. 그리고 이를 위해 교구 단위로 빈민구제를 위한 구빈세 납부를 의무화했다.

외국으로 진출하다

1579년 북동부 독일로 직물을 수출했을 뿐만 아니라 지중해 무역도 재개했으며, 남대서양으로의 진출도 도모하였다. 그리고 탐험대를 아시아 쪽으로 보내 1600년에 동인도회사[30]를 설립하였으며, 이후 영국 역사상 최대의 무역회사가 되었다.

---

[30] 17세기 초 영국 · 프랑스 · 네덜란드 등이 자국에서 동양에 대한 무역권을 부여받아 동인도에 설립한 무역회사의 통칭

아메리카의 식민지 개척을 위해 험프리 길버트[31]와 월터 롤리[32], 그리고 리처드 그렌빌[33]이 앞장서도록 했다. 길버트는 1583년 대서양을 횡단하여 뉴펀들랜드에 상륙해 이를 영국령으로 선포했다. 아메리카 식민지 개척은 길버트의 동생인 월터 롤리가 수행했다. 1584년 롤리는 식민지로 삼을 땅을 찾기 위해 두 척의 배를 파견했는데, 이 배는 노스캐롤라이나의 로어노우크섬에 도착했다. 롤리는 이 땅을 처녀 여왕을 기념하여 버지니아라 이름을 짓고, 영국인들을 파견했다.

엘리자베스 시대의 영국인들은 평화적인 교역과 항로의 개척에만 그치는 것이 아니라 은밀히 해적들을 지원하여 에스파냐를 견제했다. 해적들은 선박을 대여받아 아프리카 해안에서 흑인 노예를 사들여 카리브해 일대의 에스파냐 식민지에 팔고, 그 지방 산물인 가죽, 설탕, 진주 등을 실어와 큰돈을 벌었다.

에스파냐의 무적함대를 무찌르다

해상권 장악을 놓고 오랫동안 관계가 악화됐던 영국과 스페인은 결국 1588년 전쟁을 벌였다. 영국의 식민지 침입과 해적들의 약탈

---

[31] 영국의 군인·항해가. 아일랜드 종군 중 남부의 먼스터 지방을 프로테스탄트 식민지화계획으로 구체화하였다.
[32] 영국의 군인, 탐험가, 시인, 산문작가. 위그노전쟁에 참가하고 아일랜드 반란을 진압한 공으로 기사 작위를 서임 받았다.
[33] 영국의 해군제독. 버지니아 식민을 위하여 파견한 함대의 지휘와 잉글랜드 서해안의 방비에 활약이 컸다.

행위는 에스파냐를 불편하게 했다. 더 큰 문제는 에스파냐로부터 네덜란드의 독립을 영국이 지지하고 지원한 것에 대해 에스파냐는 큰 충격을 받았다.

스페인의 펠리페 2세는 대형 대포 등으로 중무장한 127척의 무적함대[34]에 공격 명령을 내려 영국과 전쟁을 벌였다.

에스파냐의 무적함대는 영국을 향해 떠났지만, 무적함대는 악천후와 질병에 시달리며 가까스로 영국 해협으로 접근하는데 성공했으나 준비된 영국군에게 대패를 당했다. 결국 에스파냐 함대는 심각한 타격을 입고 에스파냐로 되돌아갈 때 함대의 수는 출발 당시의 절반 남짓에 불과했다.

영국은 당대 유럽 최강의 무적함대를 상대로 승리를 거두고, 위기에 처한 유럽의 개신교를 구출했다는 점에서 개신교 중심 국가로서의 지위를 확고히 다지는 동시에 국가의 위상이 국제적으로 크게 올라갔다. 영국인들은 이를 계기로 자국의 힘과 운명에 대한 자신감을 갖게 되었고, 대양 진출과 더불어 펼쳐질 위대한 미래에 대한 기대를 키워나가게 되었다.

말년

노년에도 목이 깊게 팬 드레스를 입었고 아침에 몸치장을 하는

---

[34] 펠리페 2세는 네덜란드 독립을 지원한 영국을 응징하기 위해 전함 127척, 육군 1만 9천명으로 구성된 함대

데 두 시간씩을 바쳤다. 가늘고 호리호리한 몸에 위엄과 수줍음이 적절히 조화된 감탄할 만한 미모의 소유자임을 인정받았다.

엘리자베스 여왕의 말년에는 신흥 사업에 대한 독점권 및 물가폭등과 경기침체, 흉작 등이 겹치면서 권력누수 현상이 발생했다.

우울증과 노인성 질환으로 고생하다 1603년 3월 24일 70세의 나이로 생을 마감했다. 엘리자베스 여왕은 45년 동안 여왕으로 살았으며, 결혼을 하지 않았기 때문에 후손을 남기지 않고 숨을 거뒀다.

평가

엘리자베스여왕은 45년간 영국이 가지고 있던 문제점을 해결하고, 영국 역사상 영국을 가장 많이 번영시킨 왕 중의 한 명으로 기억되고 있다. 불행한 유년 시절을 보냈지만 오히려 그 시간들이 그녀를 더 자주적이고 열정적인 삶을 살게 하는 동력이 되었다.

엘리자베스는 학문적인 조예를 높였고 자신보다 책을 많이 독파한 학자는 없을 것이라는 자부심을 가지며 역사책 번역도 꾸준히 했다. 여왕이 되어서는 선대 왕들의 훌륭한 업적들을 반영해 생각을 정책으로 변화시키는 정치적 역량을 발휘하며, 특히 의회에 대해서는 강경책과 온건책을 유연하게 활용하면서 의회를 다루었다. 엘리자베스 여왕은 결혼할 기회가 여러 번 있었으나 정치적·종교적 이유 때문에 끝까지 독신으로 지냈다.

엘리자베스 1세 여왕의 수많은 정책들은 항상 영국 국민들의 소리를 귀담아 듣는 소통의 리더십으로 국민의 행복 증진을 가져왔고, 영국을 유럽에서 가장 강력한 국가로 만드는데 기여하여 영국 역사의 황금시대를 만들었다.

엘리자베스 1세가 역사상 가장 위대한 지도자로 선정된 것은 어쩌면 당연한 평가일지도 모른다.

10 인디라 간디

"주먹을 쥔 채로 악수를 할 수는 없다."
"용서는 용감한 사람들의 덕이다."

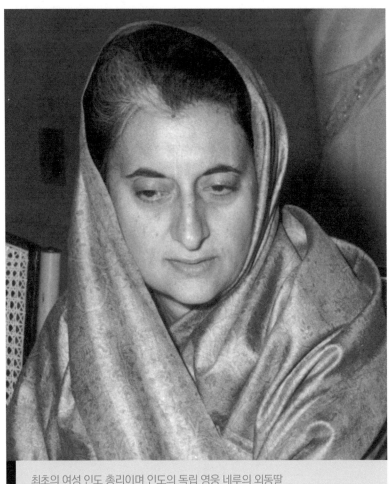

최초의 여성 인도 총리이며 인도의 독립 영웅 네루의 외동딸
인디라 간디(1917~1984)

어린 시절 독립운동에 참여하다

인디라 네루는 1917년 11월 19일 인도의 알라하바드에서 변호사인 아버지 자와할랄 네루와 정치 지도층 가문 출신 어머니 카밀라 사이에서 무남독녀로 태어났다.

인디라의 할아버지는 인도의 브라만 계층의 부유한 변호사로서 부와 명성을 쌓았다. 국민회의를 만들어 독립운동에서 중추적 역할을 수행하면서, 인도가 영국으로 부터 독립하기 오래 전부터 독립 후 인도 정부의 체제를 기획한 온건파 독립운동가다.

아버지 네루는 할아버지의 영향을 받아 영국에서 유학 후 변호사 자격을 취득하고 인도로 돌아왔다. 인디라가 2살이 되었을 때 그녀의 부모는 마하트마 간디와 함께 영국으로부터 독립하기 위한 독립 운동을 시작하였다. 자연적으로 할아버지와 아버지는 영국으로부터 감시를 당했고, 일상생활이 어려울 정도로 탄압을 받았다.

독립 운동을 하던 아버지가 수시로 체포되어 10여년 간을 감옥을 들어갔다 나왔다 하는 바람에 어린 시절을 고통스럽고도 외롭게 지냈지만 옥중에 있는 아버지는 힘들어 하고 있을 딸을 위해 196통의 역사 편지를 보냈다. 인디라는 아버지의 편지를 읽으며 세상을 보는 깊고 넓은 안목을 가지게 되었고 어떤 상황 속에서도 자신이 강해져야 한다는 신념을 가지게 되었다.

어린 시절 간디와 함께

1926년 인디라가 10살이 되던 해 아버지 네루는 자신의 감옥생활로 힘들어하던 부인이 결핵에 걸려 요양 겸 휴가를 위해 아내와 딸을 데리고 유럽으로 떠났고 외국에서도 독립운동을 하다 2년 만에 귀국하였다.

　　1928년 인디라는 12세 때 아버지의 독립운동에 도움을 주기 위해서 소년과 소녀들을 모아 원숭이 여단(Monkey Brigade)이라는 소년단을 조직하여 어른들의 독립운동을 도왔다. 원숭이 여단(Monkey Brigade)은 인도 독립운동에서 작지만 두드러진 역할을 하였고, 비록 어린 소년 소녀들이었지만 독립운동가들에게 비밀문서를 전달하고 연락하는 가교 역할을 했다.

　　1934년 인디라가 17세 되던 해 모친 카말라는 오랫동안 결핵으로 고생하다 사망하였다.

　　인디라는 독립운동을 하는 와중에도 아시아 최초로 노벨문학상을 받은 타고르가 세운 대학교에 입학해서 공부하다, 영국으로 건너가 옥스퍼드 대학교에서 역사학을 전공하였다.

　　1942년 인디라가 26세 때 대학 재학 중에 페로제 간디(1912~1960)와 만나 결혼했다. 페로제 간디(Ghandy)는 마하트마 간디 밑에서 독립운동을 하면서 간디에게 감명받아 자신의 성을 마하트마와 같은 간디로 바꾼 독립운동가다. 이때부터 남편의 성을 따라 인디라 간디가 되었다. 결혼 후 인디라는 남편과 인도로 귀국해 바로 독립 운동을 하다가 함께 영국 경찰에 적발되어 13개월 동안 구속되었다.

　　1944년 첫 아들 라지브 간디를 낳았고, 2년 후 둘째 아들 산제이 간디를 낳았다.

1946년 9월에 아버지 네루는 과도정부의 총리로 선출되었고, 1947년 8월 14일 밤 자정, 초대 총리 네루는 인도의 독립을 선언했다. 인디라는 아버지가 총리를 지내는 동안 부친의 측근이자 가문의 여주인으로서 아버지의 옆을 지켰다. 그녀는 아버지를 보좌하며 정치 지도자로서 역량을 쌓으면서, 국가를 위해 헌신했다.

1947년 인도 힌두교와 무슬림 사이의 종파 간 갈등이 심해지면서 파키스탄이 분리되었다. 이때 인디라는 난민 수용소를 만들고, 파키스탄에서 온 수백만 명의 난민들을 위하여 의료소를 마련하는 도움을 주었다. 남편 페로제는 인도 국민회의를 위하여 신문사와 보험회사를 운영하였다.

1952년 인도의 첫 총선이 다가오자 총리선거에 재출마한 자신의 부친 네루와 국회의원 선거에 출마한 자신의 남편 페로제의 선거 운동들을 관리하였다. 아버지와 남편

아버지 네루와 함께

이 선거에 당선되자 먼거리 지역구를 둔 남편과는 자연스럽게 멀어져 별거에 들어 갔다. 그 후 남편인 페로제가 국영화된 보험업에서 주

요 스캔들을 폭로하면서 네루 총리의 부패에 대항하는 입장을 취했고, 네루의 측근인 재무장관을 사임시키는 결과를 가져왔다. 스캔들의 파장으로 인디라와의 결혼 생활은 파국에 이르렀고 1957년 결국 이혼을 하게 된다. 이로 인해 페로제는 심근 경색으로 극심한 고통을 겪다가 1960년 9월 8일 사망하였다.

1959년 인디라는 인도 국민회의의 총재에 선거로 선출되었으며, 부친의 수석 보좌관으로 활동하였다. 아버지 네루는 독립 이후 17년 동안 총리직을 수행하고 1964년 5월 27일에 75세 일기로 사망했다. 말년에 후계자 문제에 관한 질문에 "나는 왕조를 시작하려는 게 아니다."라고 잘라 말했지만, 네루의 사후에 딸 인디라 간디와 외손자 라지브 간디는 연이어 총리가 되었다.

인도 여성 총리가 되다

아버지가 사망한 후 새 총리 랄 바하두르 샤스트리가 당선되었으며, 인디라는 국민회의 당 대표가 되어 국회의원으로 당선되었다. 새 총리는 내각을 구성할 때 인디라를 인도에서 4번째로 높은 정보·방송부 장관으로 임명하였다. 그 당시 많은 인도인들이 문맹자들이었기에 라디오를 통해 모든 국민에게 알 권리와 용기를 주었으며, 가족계획 프로그램을 실시하였다.

1966년 샤스트리 총리가 갑자기 사망하자 그 후계자 자리를 두고 당내 치열한 권력 암투가 벌어졌는데, 결국 인디라 간디가 최종 승리하여 총리에 오르게 되었다.

총리가 된 후 첫 선거인 1967년 총선에서 국민회의는 개헌선을 훌쩍 넘겼던 1961년 총선에 비해 의석수가 크게 떨어진 283석에 그치는 사실상의 패배를 당한다.

인디라 간디는 인도를 강력한 국가로 만들기 위하여 과학과 기술의 발전을 통하여 핵무기 보유국이 되도록 하였다. 이웃 중화인민공화국과 소련과 관계를 향상시켰다. 그녀의 지도력으로 인도의 경제 성장을 이끌어 빈곤을 퇴치하기 위한 다양한 정책을 실시하며, 인구 감소를 위해 노력하였다.

1971년 동파키스탄(현재 방글라데시)이 서파키스탄(파키스탄)에 불만을 품고 독립하려 하자 인도가 동파키스탄 편에 서면서 인도와 서파키스탄 간 전쟁이 발발했다. 9개월간 지속된 전쟁에서 약 300만 명의 동파키스탄 시민들이 학살당하였고, 20만 명의 여성들이 강간 후 학살을 당하였다. 결국 인도의 지원을 받은 동파키스탄은 전쟁에 승리하여, 서파키스탄이 항복 문서에 서명함에 따라 '벵골[35]의 나라'를 뜻하는 방글라데시로 명명하고 독립하였다. 그 후 2008년 인도의 뭄바이[36]에서 테러가 발생했는데 이슬람 세력인 파키스탄의 무장 단체의 소행임이 밝혀졌다.

1960년대에 발표된 특별 농업 혁신 프로그램은 인도의 장기간에 걸친 식량 부족을 해결했으며, 차, 밀, 쌀, 면화, 우유의 대량 생산

---

[35] 남아시아의 동북부 지방을 부르는 이름이다.
[36] 2008년 11월 26일 밤, 해상으로 침투한 테러범 10명이 인도 뭄바이시를 무차별로 공격했다.

으로 식량 수출국이 되었다. 동시에 어린이들의 영양 부족을 해결하기 위해 우유 생산을 확대하여 보급하는 백색 혁명 프로그램을 실시하였다.

1975년 6월에는 부정선거 때문에 6년간 피선거권이 박탈되자 비상 사태를 선포해 강압적인 통치를 펼치게 된다. 특히 언론, 집회, 결사의 자유를 억압하고 지역 정당들을 심하게 탄압하여 정치적 경쟁자들을 정치범으로 몰아세워 대거 구속하는 등 독재적 정치를 한다. 그리고 인구 조절을 위하여 산아제한 정책을 무리하게 시행하다가 여론의 반발을 불러와 1977년 선거에서 패배하고 말았다. 하지만 새로 집권한 야당도 분열이 심각해져 특별한 정책을 내지 못해 결국 1980년 선거에서 어부지리격으로 재집권하게 된다. 그러나 그 해 둘째 아들인 산자이 간디(1946~1980)가 비행기 사고로 사망하여 한동안 슬픔에 젖어야 했다.

1984년 시크교도들이 자신들의 성지인 암리차르 황금사원[37]에서 분리 독립을 원하는 시위를 하자, 탱크와 박격포까지 동원하여 수백명의 사상자를 내는 강경 진압을 한다. 평화적으로 해결할 수도 있었지만, 무리한 강경 진압은 시크교도[38]들을 분노하게 만들었다. 인

---

(37) 인도군이 펀자브 주 암리차르에 위치한 시크교 최고 성전인 황금 사원을 급습해 이곳에 은신 중이던 담다미 탁살 무장 분리독립주의자들과 그들의 지도자 자르나일 싱 빈드란왈레 체포에 나섰다.

(38) 머리에 큰 역삼각형에 가까운 터번을 두른 사람들로 인도 내에 약 2,000만 명 정도로 인도 전 인구에서는 겨우 2%밖에 안 된다. 하지만 남한 인구의 3/5을 넘으니 수적으로도 무시할 수는 없고 인도에서의 경제적 영향력은 인도에서 1, 2위를 다투는 그룹이다.

디라 간디는 극렬하게 시크교도들을 탄압했지만 시크교도 경호원인 사트완드 싱과 베안트 싱에겐 예외였는데 그것이 불행의 시초가 되었다.

암살당하다

결국 인디라 간디는 1984년 10월 31일 평소 신뢰하던 시크교도 경호원인 사트완트 싱과 베안트 싱의 총격으로 숨지고 만다. 이로 인해 인디라의 죽음에 분노한 힌두교도들이 폭동을 일으켜 수도 뉴델리에서만 시크교도들이 2,000명이나 학살당했다. 하지만 인도 정부는 폭동을 진압만 하고 학살자들을 처벌하는데 지지부진하고 미온적인 자세를 취했던 것이다.

결국 더욱 분노한 시크교도들은 인도항공 182편 폭파 사건을 비롯한 테러로 맞대응하게 되었고 그 결과 인도 정부는 국제적인 부정적 시선과 평가 때문에, 그때서야 부랴부랴 학살에 대한 책임 소재를 따지는 등 뒤늦게 수습하기 시작했다.

아들 라지브 간디

인디라의 아들 라지브 간디는 원래 정치에 별 뜻이 없어 인도 여객기 조종사 생활을 하였으나, 정치 활동을 하던 동생 산자이 간디가 비행기 사고로 1980년 요절하자 정계에 입문하였다. 이후 의원으로 1982 뉴델리 아시안 게임 개최 과정에서 상당한 활약을 보이는 등의 성과를 남겼다.

1984년 총리였던 모친이 암살당한 뒤엔 당내 인디라파의 지지를 얻어 할아버지, 어머니에 이어 3대째 총리가 되었다. 추모 열기에 힘입어 직후 선거에서도 압승했고, 이후 개혁 정책을 펼쳤다. 경제적으론 과학기술산업육성과 친도시, 친시장 정책을 펼쳤다고 알려져 있고, 대외적으론 적대 중이던 파키스탄과 대화에 나섰고, 스리랑카 내전시엔 분리주의에 반대하며 분쟁에 직접 참여하기도 했다.

평가

인디라 간디는 인도의 제3대 총리로 초대 총리인 자와할랄 네루 총리의 딸이기도 하다. 독립운동가의 딸로 본인도 어릴 때부터 독립운동을 하다 구속되는 등 고초도 겪었지만 인도 독립을 위해 온 가족이 노력을 했다.

총리가 된 이후에는 핵무기 개발과 방글라데시아를 독립시키는 큰 업적을 남긴 정치가였다. 그러나 자신에 반대하는 언론을 억압하고 반대파를 탄압하는 등 비민주적인 통치를 펼쳐 반대파들에겐 독재자로 군림하여 비판 받고 지지율이 떨어지기도 했다. 시크교도나 무슬림에 대한 탄압정책으로 암살당하는 다이내믹한 삶을 살다 갔다. 비록 비운의 결말을 맞았지만, 델리 공항 이름을 그녀의 이름을 따서 '인디라 간디 국제공항'이라고 명명한 것을 보면 인도인들의 인디라에 대한 존경이 매우 높은 것을 알 수 있다.

인디라 간디가 죽고 그의 아들 라지브 간디가 총리가 되었으며, 라지브 간디의 아내인 소니아 간디와 딸인 프리앙카 간디, 아들인 라훌 간디가 인도 국민 회의의 지도부로 활동하고 있어 인도 정계의 명실상부한 실력자들로 인정받고 있다. 손자녀들이 총리가 된다면 무려 4대에 이르는 총리가 탄생하기 때문에 네루-간디 가문은 인도 정계 최고의 명문 가문으로 인정받고 있다.

11 장칭

"나는 마오쩌둥의 개였다. 그가 물라고 하면 나는 물었다."

가난을 딛고 마오쩌둥과 결혼한 중국의 퍼스트레이디 장칭(1914~1991)

불행한 어린 시절

장칭은 1914년 산둥성(山東省) 주청에서 목공 가게를 운영하는 목수인 아버지가 50세에 맞아들인 첩 사이에서 사생아로 태어났다. 오른쪽 발가락이 태어날 때부터 6개였다고 한다. 장칭의 아버지는 아들을 원했기 때문에 임신했을 때 이름을 리진하이(李进孩)로 지었으나, 딸이 태어나자 리슈멍(李淑蒙)으로 바뀌었다. 그녀는 좀 더 품위 있는 이름인 리윈허(李云鹤)로 학교에 등록했고, 편의상 간단하게 리허(李鹤)로 바꾸었다. 연극배우일 때는 란핑(蓝苹)으로 바꾸고, 공산주의 사상에 심취하면서 옌안으로 가기 전에 장칭으로 바꾸었다. 장칭이란 뜻은 험난했고 기구했던 자신의 삶을 청산하고 새롭고 밝고 맑은 삶을 염원하는 뜻이다. 장칭의 이름이 자주 바뀐 것은 당시의 어지러운 사회환경을 반영하는 것이고, 예술인으로서 가명을 다양하게 활용한 것이다.

장칭이 어렸을 때는 극심한 가난 속에서 살았는데 아버지는 알코올 의존증에 어린 장칭과 그녀의 어머니에게 욕설을 퍼붓고 폭행을 일삼았다.

장칭은 성장하면서 어머니를 폭행하는 아버지에게 맞서 반항했고, 아버지의 팔을 물기도 했다. 이 때 분노한 아버지가 장칭의 얼굴을 삽으로 때려 장칭은 앞니 일부를 잃었다고 한다.

결국 부모는 이혼하고, 어머니가 가정부 일을 하면서 살아가게 된다. 그 후 장칭은 초등학교에 입학했지만 사생아라는 이유로 아이들의 무시와 따돌림을 받게 되고, 그곳에서도 아이들과 싸우면서 지내게 된다. 결국 학교도 중도 자퇴를 하고, 담배 공장에서 어린이 노동자로 일하기도 했다. 그녀는 유년시절의 불우하고 아픈 경험때문인지 사회에 대한 적개심과 반항심을 가지게 되었다.

15세 때 산동성 연극학교에 입학하여 연극공부를 시작하였으나, 학교가 폐교되었고 바로 지난(濟南)의 실험 극원에 들어가 연극단원이 되었다.

공산주의를 접하다

장칭은 연극 단장의 소개로 칭다오(靑島)대학 도서관에서 관리인으로 일하게 되면서 청강생으로 수업을 들으며 지식을 쌓았고 신여성으로 성장했다. 칭다오 대학생들로부터 영향을 받아 공산주의 사상을 접하게 되었으며, 만민이 평등하다는 공산당 사상에 매력을 느끼게 되었다. 특히 황경(黃敬)이라는 중국 좌익계 정치가와 동거를 하였는데 그에게 많은 영향을 받았다. 1933년 중국 공산당에 입당하여 일본 제국주의를 반대하여 항일운동을 전개하고 전통적인 중국의 봉건질서를 비판했다.

상하이로 이주하여 결혼하려 했지만 황경 부모의 반대로 결혼을 못하게 되고 연극과 영화 활동에만 전념하였다. 상하이에서 연극 예술인으로 많은 인기를 받았으며 연극평론가인 당납(唐納)과 결혼하였다. 하지만 그녀의 결혼 생활은 오래가지 못해 이혼하고 예술이론가인 장민(章泯)이라는 남성과 동거하였다. 이후 국민당의 공산당 색출 과정에 체포되어 감옥에 있을 때 간수들에게 자신의 형을 낮춰주는 대가로 매춘을 하거나 마약에까지 손에 대었다는 의혹도 있었다. 국민당에 협조한다는 사법 거래를 통해 풀려났다는 소문도 있다.

이러한 이유로 인해 기자들의 가십성 기사 소재가 되었고, 그녀에 대한 루머는 계속 생산되었다. 그러자 장칭은 심각한 우울증에 시달렸고 자살을 기도하기도 했다.

마오쩌둥과 결혼하다

1937년 연극배우 활동을 접고 공산당 중앙의 소재지로 있던 옌안(延安)으로 갔다. 1938년 4월 옌안에 루신(魯迅) 예술 학원이 세워지자 장칭은 희극과에서 강사로서 여러 편의 연극을 공연하면서 연극과

마오쩌둥과 함께

예술에 관심이 많았던 마오쩌둥의 눈에 들게 된다. 장칭은 24세 미모의 여성으로 45세 마오쩌둥의 마음을 사로잡았다. 당시 3번째 부인 허쯔전과 별거 중이던 마오쩌둥은 장칭과 만나면서 결국 허쯔전과 이혼하고 장칭과 결혼하게 된다.

마오쩌둥의 결혼은 옌안(延安)[39]시절 공산당에게 있어서 가장 큰 스캔들이었다. 마오쩌둥이 대장정을 함께 한 허쯔전과의 이혼도 심

---

[39] 마오쩌둥의 거주지이기도 하고, 중국의 공산당 혁명지

각한 논쟁을 일으켰지만, 무엇보다 장칭의 매춘과 사상 전향 서약서를 쓰고 석방된 여자와 공산당 지도자 마오쩌둥과 결혼한다는 것은 당 전체의 이미지에 치명적인 타격이 되기 때문에 당내에서는 결혼을 적극적으로 반대했다. 그러나 마오쩌둥은 반대에도 불구하고 중일전쟁이 한창이던 1939년에 결혼을 강행했고 1940년에는 첫째 딸인 리나(李訥)[40]가 태어났다. 결국 공산당의 간부들은 장칭의 정치진출을 막는 조건으로 재혼을 인정했다. 이때의 약속은 중화인민공화국 설립 이후 문화대혁명까지 장칭의 정치적 족쇄가 되어 정치적 활동을 할 수 없었다.

자신을 반대하는 사람이 많다는 사실을 알고 있었기 때문에 마오쩌둥을 내조하면서, 루신예술학원 연극예술과 교수로 자신의 일에 집중하고 품위를 지키며 외부에 모습을 드러내지 않았다.

1949년에는 국공 내전을 승리하고 마오쩌둥이 국가주석으로 중화인민공화국의 최고지도자가 되자 장칭은 사실상 퍼스트 레이디가 되었다. 마오쩌둥은 얼마 안 가서 장칭을 대신해 다른 여자를 계속해서 찾기 시작하면서 결혼생활은 지속하기가 어려웠다. 마오쩌둥에 대한 배신감으로 생긴 우울증으로 성격이 난폭해져 갔으며 훗날 그녀가 문화대혁명에서 지독한 잔인성을 보이는 원인 중 하나가 되었다. 결국 마오쩌둥과 장칭은 사실상 별거상태가 되었으며, 이 때문에

---

[40] 마오쩌둥은 리나를 무척 사랑했는데, 리나는 베이징대학에서 역사학을 공부했다. 리나는 지금도 정치협상회의에 한 자리를 차지하고 있지만 대중 앞에는 별로 나서지 않고 있다.

마오쩌둥은 장칭을 달래기 위해 그녀의 당 간부 및 정치활동을 허락했다. 마오쩌둥이 자신을 버릴지도 모른다는 불안과 히스테리 증상으로 철저히 마오쩌둥이 시키고 원하는대로 했다.

문화대혁명으로 권력을 쥐다

마오쩌둥은 자신의 주도하에 1958년부터 1960년 초에 일어난 노동력 집중화를 통한 경제성장 운동인 대약진 운동이 실패로 돌아가자 수천만 명이 굶주리는 사태가 발생했고 정치적 위기에 몰리게 되었다. 중국공산당 내부의 정치적 입지를 회복하고 반대파들을 제거하기 위하여 문화대혁명을 일으켰다. 전국 각지마다 청소년으로 구성된 홍위병이 조직되었고 마오쩌둥의 지시에 따라 전국을 휩쓸어 중국은 순식간에 경직된 사회로 전락하게 되었다.

1966년 8월에 중앙문화소조 제1부 조장으로 취임한 장칭은 혁명적인 현대발레를 발전시키는데 주력하는 동시에 경극 같은 중국전통예술을 배척해 많은 전통배우들이 자리를 잃었고, 음악, 미술, 영화, 체육, 소설, 만화 등 거의 모든 분야에서 비현실적이고 세태와 맞지 않는 정책과 숙청이 벌어졌다. 이것은 그녀가 배우였을 당시 자신을 제대로 평가해주지 않았던 연예계에 대한 개인적인 원한 때문이었다.

1973년 전국대회에서 중앙정치국 위원으로 선출된 장칭은 4인 방을 결성하여 문화혁명을 주도하기 시작했다. 이들은 마오쩌둥을 지키고 보필한다는 구실로 여러 가지 악행을 일삼았는데, 숙청과정에서 그녀가 했던 개별적인 행동은 자신의 지위를 이용하여 개인적인 복수를 자행하였다.

중국 국가 주석이었던 류사오치(劉少奇)[40]의 부인인 왕광메이는 자신보다 예쁘고 잘났다는 이유로 그녀를 규탄하고 고문하고 핍박했다. 또 왕광메이의 자식을 옥사시켰으며 저우언라이(周恩來)의 양녀였던 미모의 여배우 쑨유스(孫維世)도 마오쩌둥을 유혹했다는 이유로 스파이로 몰아 투옥한 후 부하들을 시켜 윤간해 고문한 후 머리에 대못을 박아 죽이기도 했다. 그리고 자신의 스캔들과 국민당 형무소에서 간수들과의 부적절한 관계가 들통날까봐 장칭은 자신의 동료와 친구, 애인과 그 애인의 친구들 심지어 하녀들까지 투옥시켰다. 또한 자신의 마음에 들지 않는 사람이나 자신을 비판한 사람들 또한 마구잡이로 투옥시켰고 대부분 고문 끝에 사망했다. 뿐만 아니라 장칭의 사치 생활이 극에 달하면서 국민들의 원성을 사기도 했다.

장칭을 처벌할 수 있는 유일한 존재는 마오쩌둥이었지만, 장칭이 자신의 어떠한 잔혹한 명령이라도 군말없이 무조건 따랐기 때문에

---

(40) 중국의 정치가. 중국공산당 중앙위원회 부주석, 중앙정치국 상무위원 등을 지내고 제2기 전국인민대표대회에서 마오쩌둥에 이어 국가주석이 되었다. 그러나 문화대혁명 과정에서 '반마오쩌둥 실권파의 수령'으로 격렬한 비판을 받고 제9기 전국인민대표대회에서는 모든 공직이 박탈되었다.

실각시키지 않았다.

몰락하다

1976년 9월 마오쩌둥이 사망하자 장칭은 상하이의 군사력과 언론을 장악하여 마오쩌둥의 후계자 자리를 계승하려 했다. 그러나 군부와 결탁한 화궈펑(華國鋒)[42]의 선제공격으로 장칭은 긴급체포되어 중난하이에 감금되었다. 이로써 마오쩌둥의 추종자인 4인방 세력이 축출됨으로써 문화대혁명은 실질적으로 종결되었다.

장칭이 죄를 끝까지 뉘우치지 않자 다른 4인방과 함께 공개재판을 받게 되었는데, 장칭은 자신을 변호하며 재판관들에게 항의하고 욕을 퍼부었다. 결국 1981년 장칭은 사형선고를 받았다가 무기징역으로 감형되어 교도소에 수감되었으며, 감옥에서 수차례 자살을 시도하였다.

1989년의 가택 연금으로 풀려났다가, 덩샤오핑에게 그가 세상에서 가장 큰 거짓말쟁이이며 마오 주석을 포함한 모든 사람을 기만했고 진정한 피고이며 결코 편히 죽지 못할 것이라는 저주의 편지를 보내 덩샤오핑을 격노하게 했다.

1991년 5월 14일 장칭은 화장실에서 손수건을 묶어 목을 매어 77세의 나이에 생을 마감하였다.

---

[42] 중국의 정치가. 마오쩌둥에게 발탁되어 후난성 위원회 서기로 승진, 대규모 수리관개용 수로공사를 지휘 완공시켜 농업분야에서 능력을 과시하였다.

평가

장칭은 가난하고 어려운 어린 시절을 겪었지만 연극에 희망을 품고 열정으로 모진 세상을 인내하였다. 평범한 연극 배우였던 장칭은 공산당의 극심한 반대에도 불구하고 마우쩌둥과 결혼하여 중국의 퍼스트레이디가 되었다. 장칭은 가난한 환경을 딛고 중국 최고의 권력을 가진 여성이 되어 20세기 중국 역사상의 전설적인 여성으로 등극하였다. 일본제국주의를 반대하고 전통적인 봉건질서를 비판하면서 일평생 공산주의에 대한 매력을 느꼈다.

그녀는 태어날 때부터 고집이 세고 타당하다고 인정되지 않는 한 절대 굽히지 않는 성격을 가지고 있어 그녀의 일생은 투쟁과 도전이라고 해도 과언이 아니다. 장칭은 무산 계급 문화의 위대한 선구자로 인정받았지만, 문화대혁명 시기에 개인적인 복수를 잔인하게 자행하거나 기행을 일삼아 국민들의 원성을 사서 희대의 악녀 또는 당대의 여황제로 불리었다. 서양에서는 장칭을 중국의 에바 페론이라고 이르기도 한다.

Tip

장칭의 리더십을 배우려면 목표를 이루기 위해 열정으로 모진 세상을 인내해 나가야 한다.

12 잔다르크

"행동하라, 그러면 신은 내 편이 되어줄 것이다."
"강한 신념은 불가능을 가능케 한다."

백년 전쟁 속에서 프랑스를 구한 성녀 잔다르크(1412~1431)

평범한 농부의 딸로 태어나다

1412년 프랑스의 동레미에서 독실한 가톨릭 신자인 소작농 아버지 자크 다르크와 어머니 이사벨 로메의 5남매 중 막내로 태어났다. 부모는 자녀들에게 가톨릭 교리와 신앙을 열심히 가르쳐 잔 다르크는 어릴 때부터 독실한 카톨릭 신자가 되었다. 그리고 부모의 농사일과 가축 돌보기, 바느질과 요리 등의 집안일을 돕는 평범한 소녀였다.

동레미는 프랑스 북동부지역의 작은 마을로 신성로마제국과 프랑스의 접경지역이고 백년전쟁 시기 잉글랜드 편을 들던 부르고뉴 공국과도 경계를 맞대고 있어 국가 간 분쟁 시기에 환란이 심했던 지역이었다.

당시 프랑스의 발루아 왕가는 백년전쟁[43] 기간 동안 가장 불리한 상황에 놓여 있었다. 프랑스의 샤를 6세의 아들 샤를 왕세자(뒷날의 샤를 7세)는 프랑스 북부 지역을 잃고, 대관식도 치르지 못한 채, 잉글랜드와 부르고뉴 동맹군에 밀려 프랑스 남부 지역에 머물고 있었다.

게다가 일부 프랑스 귀족들은 샤를 왕세자의 출생이 의심스럽다며(어머니인 이자보 왕비가 시동생과 관계를 맺고 낳았다는 의심을 받고 있었다) 그를 왕으로 인정하지 않았다. 1420년의 트루아의 조약에 따라 샤를 6세 사후에는 영국왕 헨리 5세가, 또 그의 사후에는 그의 아들 헨리 6세가 계승하도록 되어 있어, 샤를 황태자는 제외되어 있었다. 따라서 샤를 왕세자는 무능하고 권위가 없는 상태였기 때문에 프랑

---

[43] 프랑스에서 영국이 침략하여 여러 차례 휴전과 전쟁을 되풀이한 116년 동안의 전쟁

스는 풍전등화와 같은 상황에 놓여 있었다.

신의 계시를 받다

1425년 13세의 잔 다르크는 "프
랑스를 구하라"는 천사와 하느님의
음성을 듣고 처음에는 확신이 없었
으나 하느님의 뜻임을 깨닫고 1428
년 16세에 자신이 받은 하느님의 계
시를 실천하기로 결심하였다. 마을을
떠나 왕세자에게 충성하고 있는 보
쿨뢰르의 사령관에게 왕세자를 알현

하게 해줄 것을 요청했다. 처음에 사령관은 잔 다르크의 계시를 믿지
않았지만 거듭된 간청에 6명의 기사를 내어주어 시농성까지 잔다르
크를 호위하도록 했다.

당시 프랑스 북반부를 영국군 및 영국에 협력하는 부르고뉴파
(派) 군대가 점령하고 있었기 때문에 샤를 왕세자는 시농성에 도피하
여 고립되어 모든 것을 포기한 상태로 있었다.

적진을 통과해야 하는 위험한 여정이었지만, 잔 다르크와 일행은
무려 435km를 지나 무사히 시농성에 도착해서 왕세자를 만날 수 있
게 되었다.

잔 다르크의 이야기를 들은 샤를 왕세자는 접견을 허락하면서도
처음에는 그녀를 믿지 못했다. 잔다르크의 능력을 시험해보기 위하

여 시종에게 화려한 옷을 입혀 왕좌에 앉히고, 자신은 낡은 옷을 입고 신하들 속에서 모습을 감추고 있었다. 그러나 잔 다르크는 접견장에 들어서자마자 샤를 왕세자를 찾아냈고 앞에 가서 무릎을 꿇었다. 그리고 자신이 신의 계시를 받아 잉글랜드 세력을 축출하고 샤를 왕세자가 왕으로 즉위할 수 있도록 돕기 위해 왔다고 말했다.

전쟁에 참가하다

잔 다르크의 말을 들은 샤를 왕세자는 한 가닥 희망을 가지게 되었다. 영국을 물리치고 자신을 왕으로 즉위할 수 있게 해주겠다는 잔 다르크에게서 한줄기 빛을 찾은 것이다. 잔 다르크는 샤를 왕세자에게 기꺼이 목숨을 바치고 프랑스를 구원하겠노라고 맹세하였다. 샤를 왕세자는 기뻐하며 잔 다르크에게 군사를 주었다. 잔 다르크는 오랫동안 영국군에게 포위되어 있던 오를레앙 지역으로 병사를 이끌고 달려갔다.

오랜 전쟁으로 지쳐있던 프랑스 병사들이었지만 천사의 계시를 듣고 왔다는 어린 소녀의 눈물겨운 노력과 용맹함에 감동하였다. 그들 마음속에 쌓여 있던 애국심에 불을 질렀고, 빨리 전쟁을 끝내고 나라와 가족을 구하고자 하는 의지를 보며 프랑스 군들은 대동

단결하게 되었다.

잔 다르크가 흰 갑옷을 입고 선두에 서서 지휘하는 모습을 보고 프랑스 군대의 사기는 하늘을 찔렀다. 전쟁 경험이 전혀 없던 소녀였음에도 직접 전투를 지휘했고 그녀가 이끄는 프랑스 병사들은 영국군을 무찌르기 시작했다. 잔 다르크의 무모한 전투를 반대하는 귀족 세력들도 있었으며, 그녀의 능력을 의심하는 병사들도 많았지만 어려운 상황애서 기적 같은 승리를 이끌어 냈다. 이후 전쟁에서는 잔 다르크만 보면 도망가는 영군들이 많아져서 랭스지역을 차지하게 되었다.

잔 다르크는 샤를 왕세자의 대관식을 적극 추진하였다. 샤를 왕세자의 프랑스 왕 즉위식은 영국의 헨리 6세보다 앞섰다. 이로써 샤를 왕세자는 샤를 7세로 프랑스 왕으로 인정받게 되었다.

샤를 7세는 왕위에 오르자 안이해졌다. 그리고 왕과 귀족들은 인기가 높아진 잔 다르크에 대해서 불안했고 못마땅하게 여겼다. 그래서 파리탈환을 통해 영국군의 완전 축출을 주장하는 잔 다르크의 말을 무시한 채 1년을 보내다 결국 다시 전열을 가다듬은 영국군의 공격을 받게 된다.

1430년 5월 샤를 7세는 영국군의 공격에 소극적으로 나서 프랑스가 다시 위기에 처하자 18세의 잔 다르크는 다시 한번 갑옷을 입고 자신을 따르는 약 200명 정도의 병사를 이끌고 부르고뉴 군을 기습 공격을 했다. 초반에는 이기고 있었지만 적의 증원군 6000명이 나타나자 밀리기 시작했다. 결국 주변의 도움 없이 혼자 치르는 전투에서 패하고 영국과 동맹한 부르고뉴 군대에 사로잡혔다.

부르고뉴 군대는 샤를 7세에게 잔 다르크의 몸값을 요구했다. 그러나 샤를 7세는 영국의 제안을 무시하고 잔 다르크가 적진에서 죽어가도록 내버려 두었다. 부르고뉴 군대는 잔 다르크를 잉글랜드에 몸값을 받고 팔아 넘겼다.

마녀로 화형을 당하다

파리로 호송된 잔 다르크는 잉글랜드와 부르고뉴의 주도하에 이루어진 파리 이단 심문관들에게 넘겨져 이단 재판을 받았다. 잔 다르크는 변호사 한 명 없이 혈혈단신으로 적의 수중에서 당대 최고의 재

판관과 검사를 상대로 자신있고 꿋꿋하게 자신을 변론하면서 죄를 인정하지 않았다. 그러나 잔 다르크는 일곱 번의 재판 끝에 마녀, 이교도, 우상숭배의 죄를 뒤집어썼다. 중세 기독교는 신성한 신의 중계자인 사제를 거치지 않고는 신의 계시를 받을 수 없다고 주장하며 그녀를 이단으로 몰았다. 하지만 잔 다르크는 끝내 자신에게 내린 신의 계시를 부정하지 않았다.

영국 측이 잔 다르크를 이단자이며 마녀로 죄명을 씌우는 종교재판을 고집한 이유는 잔이 감옥에서 자연사하거나 다른 죄목으로 처

형된다면 프랑스에서는 오히려 잔 다르크가 영웅의 이미지로 남을 수 있기 때문이다. 즉 이단자나 마녀로 몰아서 죽이면 샤를 7세의 위신을 추락시킬 뿐만 아니라 국민들에게 잔 다르크에 대한 나쁜 이미지 상을 만들어 낼 수 있는 것이다.

결국 1431년 5월 30일 18세에 루앙광장에서 억울하게 화형에 처해 졌다. 잔 다르크는 "나를 화형대로 몰아넣은 사람들을 용서한다"는 말을 남기고 숨을 거두는 순간까지 경건한 태도로 죽음을 받아들였다

샤를 7세는 25년이나 지나서야 잔 다르크의 명예 복권을 선언하였고, 교황청은 프랑스 왕실의 요청을 받아들여 1456년에 잔 다르크에 대한 복권재판을 지시했다. 장기간에 걸쳐 재판을 진행하여 잔 다르크에게 내려진 판결을 무효화하였으며, 이단으로 판결내렸던 피에르 코송을 이단자로 선언하고 주교 자리에서 파면하였다.

평가

잔 다르크는 16세의 어린 소녀의 몸으로 풍전등화처럼 어려움 앞에 있던 조국 프랑스를 구하기 위해 죽음을 두려워하지 않고 전쟁에 참가했고 나라를 구했다. 적국이었던 영국에서도 잔 다르크의 용기와 애국심에 크게 주목하였다. 생모 이자보로부터도 버림을 받은 채 장래가 극도로 불투명했던 샤를 7세가 자신을 위해 그리고 조국을 위해 그토록 충성했던 잔 다르크에게 왜 등을 돌렸는지에 대해서는 아직 어느 역사가도 시원한 대답을 하지 못하고 있다.

1920년 5월 16일 교황 베네딕토 15세는 잔 다르크를 성인으로 시성하였다. 성인이 된 잔 다르크는 오늘날 가톨릭교회에서 대중적으로 가장 사랑받

고 존경을 받는 성인 가운데 한 사람으로 자리매김하고 있다.

Tip

잔 다르크의 리더십을 배우려면 죽음을 두려워하지 않는 용기와 애국심을
길러야 한다.

12 클레오파트라

두 명의 영웅을 사로잡은 이집트 여왕 클레오파트라 7세(BC 69년~BC 30년)

고대 이집트의 역사가 언제 시작되었는지는 알 수 없지만 약 6,000년 정도 전(약 B.C. 4,000년, BC 40세기)부터 상이집트, 하이집트로 나뉜 국가가 등장한 것으로 보인다. 이후, 고왕국 시대(BC 32~21세기/제1~10왕조), 중왕국 시대(BC 21~16세기/제11~17왕조), 신왕국 시대(BC 16~4세기/제18~31왕조), 프톨레마이오스 왕조(BC 332~BC 30년)를 거쳤다.

클레오파트라가 살았던 시기는 프톨레마이오스 왕조다. 프톨레마이오스 왕조는 알렉산더의 대제국 부하 장군에 의해서 설립된 왕조이다. 알렉산더의 대제국은 그의 사후 각 지역을 관할하던 장군들에 의해 분할됐으며, 그 중 하나가 이집트다. 이집트는 부하 장군이었던 프톨레마이오스가 BC 305년에 이르러 스스로 '프톨레마이오스 1세 소테르'로 칭하고 이집트의 왕이 되었다. 이집트인들은 즉시 그를 독립 이집트 왕국의 파라오로 인정하였고 그의 후손들이 BC 30년 로마 공화정에 의해 멸망할 때까지 약 300년간 이집트의 통치자로 군림했다.

파라오가 되다

BC 69년 이집트 프톨레마이오스 12세가 여동생과 결혼해서 낳은 셋째 딸이 클레오파트라이다. 원래 이름은 클레오파트라 7세 필로파토르로로 프톨레마이오스왕조의 7번째 클레오파트라이지만 부르기 쉽게 클레오파트라라고 하였다. BC 51년 18세 때 아버지가 사망하자 당시 이집트의 전통인 혈통의 순수성을 지키기 위해 근친결혼을 하게 되었고 10살의 남동생 프톨레마이오스 13세와 결혼하여 공동 파라오가 되었다.

이전까지 프톨레마이오스 왕조의 파라오들이 이집트어 배우기를 거부하고 그리스어만 사용했던 반면, 클레오파트라는 토착 이집트어를 배운 최초이자 최후의 마케도니아인 파라오였다고 한다. 이외에도 천부적인 언어 능력을 보여 수많은 외국어를 능숙하게 구사했고, 정치 수완도 뛰어나 로마의 최고 권력자들을 휘어잡으며 이집트 백성들로부터도 인기를 얻었다.

클레오파트라의 부왕인 프톨레마이오스 12세는 정치를 너무 못해서 내정과 외치 모두 혼란스러웠고 그로인해 반란이 일어나고 왕위에서 물러나 로마로 망명을 가게 되었다. 그 뒤를 이은 클레오파트라의 언니 베레니케 4세는 사치가 심하고 내정을 돌보지 않아 로마의 지원을 받고 돌아온 아버지에게 처형을 당하면서 프톨레마이오스 왕조는 이미 멸망의 징조가 시작되고 있었다.

클레오파트라는 큰 야심을 가진 정치가였기 때문에 어린 남동생을 배제하고 전권을 차지하려는 그녀의 움직임에, 남동생과 프톨레마이오스 왕조와의 권력투쟁에서 패하여 지방으로 쫓겨났다.

남동생인 프톨레마이오스 13(재위: BC 47~44년)세가 파라오가 되어 전권을 차지했다. 이 일로 클레오파트라는 자신이 그리스인의 후손이 아닌 토착 이집트인의 후손이라고 생각하게 되었고 후에 로마 제국을 이용해 그리스계 헬레니즘 왕국들을 침략하게 되는 계기가 된다.

카이사르와 만나다

BC 48년 로마에서는 카이사르와 폼페이우스 사이에 내전이 일어나고 있었고 결국 카이사르가 승리했다. '불굴의 대장군'이라 불렸던 폼페이우스는 재기하기 위해 알렉산드리아로 도망가서 프톨레마이오스 13세의 보호 하에 있었다. 카이사르는 폼페이우스를 제거하기 위하여 보병 3,200명과 기병 800기, 군선 10을 가지고 알렉산드리아[44]에 상륙했다.

카이사르

프톨레마이오스 13세는 놀라서 화근이 될 폼페이우스를 암살하였다. 그러나 자신의 정적 폼페이우스가 갑자기 암살당한 것에 대해 분노하면서 카이사르는 프롤레마이오스 왕가에 대해서 불만을 가지고 있었다. 그것을 눈치 챈 클레오파트라는 기회를 놓치지 않고 율리우스 카이사르를 만나 그의 마음을 사로잡았다. 이때 카이사르의 나이는 50대 초반, 클레오파트라는 20대 초반이었다. 전설에 따르면 카

---

[44] 알렉산드로스는 도처에 70여 개(일설은 35~39개)나 되는 자신의 이름을 딴 도시를 건설하였는데, 그중 가장 유명한 것이 이집트의 알렉산드리아다.

이사르가 융단을 선물 받았는데 그 융단을 풀어보니 안에 클레오파트라가 있었다고 한다. 프톨레마이오스 13세 측의 눈을 속이기 위해 클레오파트라가 잠입한 것이다.

결국 카이사르는 시민들의 반발에도 불구하고 프톨레마이오스 왕실의 분쟁에서 클레오파트라를 지원하기로 했다. 카이사르의 결정에 앙심을 품은 프톨레마이오스 13세 측은 카이사르가 소수 병력만 이끌고 있는 것을 노려 그를 공격했으나, 로마에서의 원군 도착으로 패배하였다. 프톨레마이오스 13세는 살해당했고, 클레오파트라는 막내 남동생과 재혼하여 그를 명목상의 공동 통치자 프톨레마이오스 14세로 세운 뒤 실권을 장악하였다. 이를 알렉산드리아 전쟁이라고 한다. 다시 파라오 자리에 복귀한 클레오파트라는 정치적 반대 세력들을 물리친 후 정치에 몰두하였다.

BC 47년 3월 27일 승리를 거둔 카이사르는 이후 2주일 동안 클레오파트라와 지낸 뒤 이집트를 떠났다. 이후 클레오파트라는 카이사르의 아들 카이사리온을 낳았다. 카이사리온을 데리고 카이사르를 만나러 로마로 간 클레오파트라는 카이사르가 자녀가 없었기 때문에, 자신의 아들인 카이사리온을 후계자로 지명해 줄 것을 요구했으나, 카이사르는 조카인 옥타비아누스를 후계자로 지명했다. 이는 카이사르와 클레오파트라의 관계가 연인관계이기 보다는 정치적 이해관계에 불과하다는 것을 보여 준다. 이 사건은 후에 옥타비아누스가 클레오파트라를 자신의 정적으로 간주하게 되고, 견제하는 배경이 된다.

BC 44년, 카이사르가 로마 귀족들에게 암살된 후 이집트로 급히 돌아왔다. 이집트에서 공동 통치자인 프톨레마이오스 14세가 젊은 나이에 요절하자 자기 아들 카이사리온을 공동 통치자 프톨레마이오스 15세로 삼아 파라오로 세웠다. 그리고 로마 내의 카이사르파와 반카이사르파의 내전에도 관여하여 카이사르파를 지원하려 했지만 폭풍으로 실패하였다.

안토니우스를 만나다

안토니우스

카이사르의 암살 뒤 옥타비아누스[45]와 함께 카이사르의 부하 장군이었던 마르쿠스 안토니우스가 권력을 잡게 된다. 안토니우스는 자신의 전공을 세우기 위하여 파르티아 원정에 쓰일 자금을 얻기 위해, 풍부한 경제력을 가진 이집트의 클레오파트라에게 만남을 요청했다. 클레오파트라는 나라를 지키기 위한 기본적인 군사력이 없었기 때문에 이집트의 풍부한 경제력을 지원하는 대신 안토니우스의 군사력이 필요했고 만남이 이루어졌다. 만나자 바

---

[45] 고대 로마의 초대 황제. 내정의 충실을 기함으로써 41년간의 통치기간 중에 로마의 평화시대가 시작되었으며, 베르길리우스, 호라티우스, 리비우스 등이 활약하는 라틴문학의 황금시대를 탄생시켰다.

로 클레오파트라와 사랑에 빠진다. 둘 사이에서 쌍둥이를 포함한 자녀 3명을 낳았다.

옥타비아누스와 관계가 틀어진 안토니우스는 BC 37년, 파르티아 원정을 위해 이집트를 다시 방문했고, 아예 클레오파트라와 결혼하여 아들 프톨레마이오스 필라델포스를 낳았다.

BC 34년, 안토니우스는 자신의 동방 원정을 이집트가 지원한 공으로 알렉산드리아를 기증했으며, 클레오파트라와 그 자녀들에게 로마 제국의 동방 속주들을 전부 나눠주었다. 그리고 클레오파트라를 왕 중의 여왕으로 선언하고 카이사리온과 함께 이집트를 공동 통치하도록 했다. 이로 인해 안토니우스는 로마에서 강한 비난을 받게 된다. 게다가 클레오파트라와 결혼하기 위해 아내였던 옥타비아누스의 누이와도 이혼했고, 유언장에서는 로마가 아닌 이집트의 알렉산드리아에 묻어달라고 하여 문제가 되었다. 결국 안토니우스와 옥타비아누스의 관계는 악화되었고, 옥타비아누스는 안토니우스가 알렉산드리아에서 방탕한 생활을 하면서 로마에 대항하려고 한다고 원로원을 설득해 결국 이집트 정벌에 나서게 된다. 이 전쟁이 바로 악티움 해전[46]이다.

자살하다

클레오파트라는 안토니우스와 함께 악티움 해전에서 옥타비아

---

[42] 기원전 31년 그리스 악티움에서 일어난 해전으로, 옥타비아누스가 클레오파트라와 안토니우스 연합군을 물리친 전쟁

누스에게 맞섰다. 그러나 안토니우스는 전쟁 지휘 경험이 전혀 없는 클레오파트라에게 끌려 다녀, 전쟁에서 패배하여 도주하였다. 전쟁에서 패한 한 뒤 안토니우스는 알렉산드리아에서 자살로 생을 마감했고, 체포되어 연금되어 있던 클레오파트라 역시 로마에 끌려가 포로가 되어 모욕을 당하느니 독사에 물려 죽겠다며 BC 30년 39세의 나이에 자살했다고 알려져 있다. 그녀의 최후는 코브라를 과일 바구니에 숨겨 가져와 자신의 가슴을 물게 하여 자살했다는 설이 가장 유명하다. 다만 이는 후대에 만들어낸 이야기라는 설, 음독 자살을 했다는 설, 안토니우스와 동반 자살했다는 설, 옥타비아누스가 클레오파트라를 살해하고 자살로 위장했다는 설 등 다양한 설이 있지만 39세의 나이에 사망한 것은 맞다.

악티움 해전

악티움 해전에서 승리한 옥타비아누스는 로마제국의 통치권을 장악하고 공화국인 로마에서 초대 황제 아우구스투스가 된다. 황제에 오른 그는 이집트의 파라오 제도를 폐지하고, 이집트를 로마의 속주로 편입시켰다. 그리고 자신의 정통성을 확보하기 위해서는 클레오파트라를 폄하하고 클레오파트라를 로마의 통치자를 홀린 요부로 만들었다는 설도 있다.

평가

클레오파트라는 로마가 세계 제국으로 일어서던 기원 전후 이집트의 여왕이었다. 로마의 통치자들과 연대를 맺으며 자신의 권력과 이집트를 지키려다, 비참한 최후를 맞은 인물이다.

흔히 엄청난 미인의 대명사로 알려져 있으며, 실제로 빼어난 미모와 매혹적인 목소리, 재치와 지성을 갖추어 남자를 사로잡는 매력이 있었다는 기록들이 있다. 뿐만 아니라 그리스식 교육을 받아 문학을 비롯해 역사, 수사학, 천문학, 의학 등 방대한 분야의 지식을 습득한 당대 최고의 엘리트였을 뿐만 아니라 많은 외국어도 구사해 언어능력까지 뛰어났다고 한다.

당시 몰락해가는 이집트를 지키기 위하여 최고의 강국인 로마와의 충돌을 피하면서 우호적 관계를 유지하기 위한 발군의 외교능력이 절실히 필요했는데 그 적임자가 바로 클레오파트라였다.

당대의 로마제국의 실력자인 카이사르와 안토니우스의 신뢰와 사랑을 받게 된 것은 클레오파트라의 미모도 큰 영향을 주었지만 그에 더해 그녀의 지혜와 정치적 처세술이 뛰어났기 때문에 더 매력적인 인물로 보였을 것이다.

Tip
클레오파트라의 리더십을 배우려면 정치적으로 언변과 설득력을 길러야 한다.

사회를 바꾼 여성 리더십

01 로자 파크스

"내가 오랜 세월을 통해 배운 것은 결심이 섰을 때는 두려움이 줄어들고, 해야 할 일을 알고 있을 때는 두려움이 사라진다는 것이다."

흑백 차별에 반기를 든 로자 루이즈 파크스(1913년~2005년)

흑인으로 태어나다

1913년 미국의 앨라배마주 터스키지에서 목공 일을 하는 아버지와 교사인 어머니 사이에서 태어났다. 어릴 때 이름은 로자 루이즈 맥컬리였다. 아버지는 인디언 피가 섞인 전형적인 흑인이었고, 어머니는 백인 피가 많이 섞인 혼혈인이었다.

당시 미국은 흑인을 차별하는 분위기가 강하여 흑인으로서 살아가는 데는 불이익이 많았고 자신의 정체성에 대해 혼란을 겪기도 하였다. 특히 로자가 태어난 앨라배마주는 지금도 보수적인 미국 남부에 위치하며, 60년대의 경우 미국 내에서도 인종 차별이 가장 심했던 곳으로 악명이 높았던 곳이다.

인종차별이 가장 심했을 때는 KKK[47]가 공개적으로 야간 행진을 했으며, 도로 표지판으로 KKK 광고를 했을 정도다. 당시 인종차별 반대론자들은 미국 남부에서 활발히 활동했다.

단지 흑인이라는 이유로 일할 수 있는 기회가 많지 않아서 생계를 위해 일자리를 찾아 전국을 떠돌아야 했으며, 로자가 다섯 살이 되던 해 로자의 아버지는 집을 나간 뒤로 다시 돌아오지 않았다.

그 후 로자는 어머니와 함께 앨라배마주 몽고메리 카운티의 외가에서 살게 되었다. 외할아버지는 농장에서 일할 때 백인 농장주에게 모진 학대를 받았지만 자식과 손자들에게는 그 누구도 부당한 대우

---

[47] KKK(Ku Klux Klan)는 미국 테네시 주의 조그만 도시 플라스키에서 1865년 12월 24일 크리스마스이브에 퇴역군인 여섯 명이 모여 조직해 1866년 6월 정식으로 발족한 백인우월주의 단체다.

를 받으면 결코 용납해서는 안 된다고 당부했다.

로자는 어린 시절부터 잘못된 사회적 분위기를 느끼고 인종차별의 부당함과 심각성을 직접 겪으면서 잘못된 관습과 불평등한 사회를 변화시키고 싶었다.

인권 운동을 시작하다

로자는 11세가 되어 앨라배마주 몽고메리 카운티에 있는 몽고메리 실업중학교를 다녔다. 학생들은 흑인 여자아이들이었지만, 교장을 비롯해서 교사들은 모두 백인이었다. 교사들은 흑인 아이들을 가르치려고 고향을 떠나 몽고메리 카운티에 온 북부 출신 여성들이었다. 당연히 인종차별주의자들에게 모욕을 당하고 따돌림을 받았지만 소신을 갖고 학생들을 가르쳤다.

중학교에서 취업에 필요한 재봉 기술 외에 자신도 존엄한 인간으로 존중받아야 한다는 사실과 인간은 누구나 평등할 권리를 가진다는 중요한 삶의 진리를 배웠다. 흑인도 꿈과 야망을 품을 수 있고, 자신이 원하는 것을 이룰 수 있다는 믿음을 배웠다. 그러나 학교 운영이 어려워져 학교가 문을 닫자 로자는 흑인들을 위해 새로 설립된 공립중학교로 옮겨 졸업하였다.

로자는 앨라배마 노멀 스쿨에 진학하여 11학년 과정까지 다닐 때, 외할머니와 어머니가 병을 얻어, 병간호를 해야 했기 때문에 학교를 중퇴할 수밖에 없었다.

1932년 19세에 이발사로 일하면서 NAACP (전미 유색인 지위 향상 협의회)회원으로 있던 레이먼드 파크스와 결혼했다. 처음엔 백인 혼혈인 레이먼드에 대해 편견을 가지고 있었고 마음을 열지 못했지만, 흑인의 인권을 위해 일하는 그의 신념과 용기가 마음에 들었다. 결혼 후 로자는 여러 가지 직업으로 생활을 꾸려 나갔으며, 그러던 중 1993년에 남편의 외조로 중퇴했던 고등학교에 복학하여 교육을 마칠 수 있었다.

NAACP에서 활동하는 것은 무척 위험한 일이었다. 당시 백인들은 흑인의 권리를 위해 일하는 사람들을 모두 공산주의자로 몰아붙였을 뿐 아니라, 언제든 KKK단에게 테러를 당할 위험에 처해 있었다.

1943년 30세에 로자는 NAACP에 가입해서 몽고메리 지부의 간사가 되었다. 협의회 사무를 보면서 흑인에 대한 차별 및 부당한 대우를 받는 사건을 접수받아 기록하는 일을 했다. 흑인들의 피해는 너무 많았다. 더 큰 문제는 흑인들이 차별받는 것을 당연하다고 생각하거나, NAACP의 활동을 반대하는 사람들도 있었다.

인종 차별을 당하다

로자가 성인이 되었을 때도 인종 차별은 나아지지 않았으며, 오히려 차별의 방식은 더욱 치밀하고 교활해졌다.

---

(48) 미국에서 가장 오랜 역사를 자랑하는 흑인 인권단체. NAACP는 미국을 대표하는 흑인 인권단체다. 1909년 설립돼 흑인 인권단체로는 미국에서 가장 오래된 역사를 자랑하고 있다.

루이지애나에서 호머 플래시라는 흑인 승객이 당시 인종별로 나누어진 열차의 백인 칸에 탑승한 뒤 이동하기를 거부했고, 이렇게 해서 촉발된 '플레시 대 퍼거슨 사건[48]'이 발생했다.

연방대법원에까지 올라가는 공방 끝에 "분리되어 있으되 평등하다."는 비논리적이고 해괴한 판결로 흑백 분리정책을 공고히 하는 근거가 되었다. 그 뒤로 흑백 분리정책은 미국의 여러 주에서 공공연히 시행되었다.

흑인은 백인이 다니는 학교나 교회를 다닐 수 없었고, 백인이 운영하는 식당이나 찻집, 호텔에도 들어갈 수 없었다. 심지어 흑인이 백인에게 손을 흔들며 일상적으로 인사하는 것조차 범죄로 여겨졌다.

흑백 분리정책으로 버스나 기차 안에서도 흑백 좌석 차별이 존재하였다. 버스 기사는 반드시 백인이어야 하며, 버스 앞에서부터 네 줄은 반드시 백인들만이 앉아야 한다. 설령 버스 안이 비어 있어도 흑인은 앉지 못하며, 버스가 차면 흑인들의 자리도 백인들을 위해서 자리를 비워야 했다.

버스 보이콧 운동

1955년 12월 1일 6시쯤 몽고메리 페어 백화점에서 일을 마친 로자는 클리블랜드 거리에서 버스에 올랐다. 로자는 유색인 좌석 맨 앞

---

[48] 인종 분리 정책에 대해 '분리하되 평등하다'고 판시한 미국 대법원의 판결로 브라운 대 토피카 교육위원회 재판에 의해 현재는 폐기된 판결이다.

줄에 앉았다. 시간이 지나면서 앞쪽 백인 좌석은 전부 찼고, 엠파이어 극장 정류소에 이르자 백인 몇 명이 더 탔다. 백인 두세 명이 서 있는 것을 본 운전기사가 유색인 좌석 표시를 로자가 앉은 자리 뒤로 밀고는 중간에 앉은 흑인 네 명에게 일어나라고 요구했다.

다른 세 사람은 일어나 뒤로 갔지만 로자는 흑인 좌석에 앉은 자신이 백인에게 양보할 이유가 없다고 하며 그것을 거부했다.

버스 기사는 경찰에 신고했고, 로자 파크스는 몽고메리시 조례 6장 11절 '분리에 관한 법률' 위반 혐의로 경찰에 체포되는 처지가 되었다. 몽고메리시는 로자에게 흑백분리법 위반으로 유죄를 선고하였다. 벌금 10달러와 재판 비용 4달러도  함께 부과되었다. 당시 흑인들의 경제력으로는 납부하기 어려울 정도의 벌금이었다.

이 사건은 그녀의 인생을 뿌리째 뒤흔들어 놓았고 흑인 사회의 공분을 불러일으켰으며 흑인들은 이 사건으로 버스를 타지 않을 것을 결의하면서 몽고메리 버스 보이콧 운동을 벌이게 되었다. 운동이 시작되자 시내버스들이 거의 텅텅 빈 채로 달렸다. 간혹 버스를 타고 가는 흑인도 있었지만, 그들 역시 남의 눈에 띄지 않도록 의자 밑으로 몸을 숙이고 있었다.

1956년 로자가 43세 되던 해 연방대법원이 몽고메리의 흑백 분리 버스 탑승 제도는 위헌이고 버스 안에서의 차별을 철폐하라는 판결을 내렸다. 1년 넘게 진행된 버스 보이콧 운동은 드디어 막을 내렸다. 이로 인해 다른 주에도 버스 보이콧 운동이 전개되었으며 시민운동에 불을 붙였다. 현대 사회의 인권 지형도를 흔든 사건이 된 것이다.

버스 보이콧 운동에서 자신감을 얻은 흑인들은 유색인종 차별 반대 운동을 더더욱 활발하게 벌이게 되었고 미국 흑인 인권 운동사에서 매우 중요한 사건이 되었다.

말년

로자는 버스 보이콧 운동 이후 백화점에서 직장을 잃었으며 남편 또한 직장을 그만두어야 하였다. 그리고 계속되는 인종차별주의자들의 협박으로 생명의 위협을 받아 더 이상 몽고메리에서 살 수 없게 되면서 디트로이트로 이주했다. 로자는 여러 고초를 겪었지만 인권 운동의 상징적 인물이 되었다.

이 사건을 계기로 아프리카계인 미국 민주당 하원의원 존 콘이어가 그녀를 비서로 고용하여 1965년부터 19년간 일했다. 그리고 전국을 다니면서 흑인 인권을 향상시키기 위한 강연과, 흑인 인권 운동을 하였으며, 소외받는 사람들을 위해 살았다. 결국 1970년대 들어서는 흑인과 백인 사이의 법적 차별은 완전히 사라지게 된다.

1996년 83세에 클린턴 대통령으로부터 미 행정부가 헌정하는 최고의 상인 대통령 자유메달을 받았다.

1997년 자서전인 《로자 파크스: 나의 이야기》를 출간하였으며 1995년에는 회고록인 《조용한 힘》을 내놓았다.

2005년 92세에 건강이 악화되어 노환으로 세상을 떠났다.

평가

로자 파크스는 미국의 인권 운동가이다. 이후 미국 의회에 의해 그녀는 "현대 시민권 운동의 어머니"라고 칭송되었다. 인종 차별에 대한 부당함을 알리고 적극적으로 맞서는데 두려워하지 않는 로자의 용기와 신념은 그녀의 삶 자체였다고 할 수 있다.

버스에서의 부당한 인종 차별에 대한 거부와 저항은 버스 보이콧 운동을 만들어냈고 현대 시민운동의 발발과 시민 불복종 운동이라는 새로운 사례를 보여준 시초가 되었다. 그리고 버스 보이콧 운동은 마틴 루터 킹[50] 목사가 여기에 참여하게 되고 결국 아프리카계 미국인의 인권과 권익을 개선하고자 하는 미국 인권 운동의 모범이 되었다. 뿐만 아니라 미국과 전 세계의 인종 차별의 벽을 허무는 계기가 되었다는 점에서 매우 의미있는 것이었다.

로자의 장례식에 참석한 콘돌리자 라이스[51] 흑인 여성국방장관은 로자 파크스가 없었다면 자신이 국무장관이 될 수 없었을 것이라고 말했다. 로자 파크스가 시대적 변화에 중추적 역할을 할 수 있었던 것은 용기를 끄집어내어 그 용기를 행동으로 옮겼기에 가능했을 것이다. 아무 것도 하지 않으면 아무 일도 일어나지 않는다!

(50) 미국의 인권 운동가 이자 목사. 흑인 차별에 맞서 '버스 안 타기 운동'을 이끌었다. 평화적인
     방법으로 흑인들의 불평등한 제도를 개선하기 위해 노력했으며 그 공로를 인정받아 노벨평
     화상을 수상하였으며, 멤피스에서 암살당하였다.
(51) 2005년 1월 26일에 미국 대통령 조지 W. 부시 정부에서 콜린 파월의 뒤를 이어 두 번째
     국무장관을 지냈다. 매들린 올브라이트에 이어 두 번째의 여성 국무장관이자, 아프리카계
     미국인 여성으로서는 처음이었다.

02 루 살로메

"감각적인 사랑에서 정신적 유대를 이룰 수는 없다. 그러나 정신적 흥분에서 육체적 사랑에 이르기는 얼마든지 가능하다."

"여자는 사랑 때문에 죽지는 않는다. 그러나 사랑의 결핍에 의해서 서서히 죽어간다."

니체, 릴케, 프로이트를 사로잡은 루 살로메(1861~1937)

사랑의 상처를 입다

1861년 2월 12일 러시아의 상트페테르부르크[52]에서 유복한 집안의 여섯 자녀 중 외동딸 겸 막내로 태어났다. 본명은 루 안드레아스 살로메(Lou Andreas-Salomé)이다. 아버지는 프랑스계 위그노 교도인 러시아 야전군 참모본부의 고급장교 구스타프 살로메이고, 어머니는 독일과 덴마크계 상인의 딸인 루이스 윌리엄이다.

루는 짜르의 상트페테르부르크의 겨울궁전 맞은 편에 자리 잡은 장군 참모부 관사에서 동화 속 공주처럼 화려하고 평온한 어린 시절을 보냈다. 그래서 가난, 질병, 무지에 시달리는 사람들이 있다는 사실을 전혀 알지 못하고 자랐다. 다만 독실한 기독교 가정에서 자랐으므로 어릴 때부터 깊은 신앙심을 갖게 되었다.

루이즈의 생애 첫 전환점은 17살 때 찾아왔다. 상트페테르부르크 주재 네덜란드 대사관 목사 헨드릭 길로트를 만난 것이다. 루이즈는 길로트 목사에게 종교, 철학, 논리학, 형이상학, 인식론, 문학을 배웠고 길로트의 설교문을 대신 쓸 만큼 지식을 쌓았다. 길로트는

---

(52) 러시아 북서부, 핀란드만 안쪽에 있는 도시. 러시아 제2의 도시다. 제정(帝政) 러시아 때는 페테르스부르크라는 이름으로 불렸다.

견진성사를 해 주며 루이즈를 루라고 불렀다. 이때부터 루라는 이름을 쓴다.

어느새 루이즈를 사랑하게 된 길로트 목사는 루이즈에게 청혼했다. 길로트는 루이즈와 나이가 비슷한 딸을 둔 기혼 남성이었다. 길로트를 좋은 스승으로 존경하였던 루이즈는 깊은 상처를 입게 된다.

목사이자 스승인 길로트의 청혼에 충격을 받은 루는 멀리 떠나는 방법을 선택하였다. 루는 당시 여성을 받아주는 몇 안 되는 대학 중 하나였던 스위스의 취리히 대학교에 진학하기로 결심하고, 상트페테르부르크를 떠나 대학에 입학했다.

니체의 청혼을 받다

루는 취리히 대학교 비교종교학, 신학, 예술사, 철학을 공부했다. 취리히에서 공부하던 중, 원인 불명의 질병에 걸렸고, 피를 토하는 등 폐에 이상이 생겼다. 취리히의 기후와 다른 지역에서 생활해야 한다는 처방을 받고 1882년 1월 21세에 어머니와 함께 이탈리아 로마로 갔다.

루 살로메, 파울 레에와 니체

루는 로마에서 32세의 젊은 철학자 파울 레에와 만나 철학과 신의 문제에 대해 이야기를 나누며 교감했다. 레에는 루에게 그의 스승인 37세의 철학자 프리드리히 니체[53]를 소개했다. 루를 처음 본 니체는 루의 지성과 아름다움에 매료되었고, 자신의 철학을 이해하고 함께 논할 수 있는 유일한 사람이라고 생각했다. 루의 관심을 받기 위해 니체는 리하르트 바그너[54]를 소개하는 등 루를 각별히 아꼈고 루 역시 니체의 사상에 큰 관심을 보이며 16세 연상인 니체와 연인 사이가 되었다.

신중하고 이성적인 니체이지만 루를 볼수록 루의 매력에 빠져 평생을 함께 살고 싶다는 마음에 청혼을 했다. 루는 만난지 얼마 안되어 청혼을 하는 이 자유사상가인 니체에게 반발심을 느꼈다. 그리고 자신은 자유롭게 살고 싶기 때문에 결혼은 하지 않을 것이고, 레에와 니체 둘 다 친구로 사귀고 싶다며 청혼을 거절했다. 니체와 헤어지지 않고, 지적 교류를 나누는 즐거움은 계속하고 싶어 니체에게 헛된 희망을 심어주었다. 청혼을 거절당한 니체는 정신적 으로 힘들었다. 니체는 루와 헤어진 뒤 니체를 대표하는《차라투스트라는 이렇게 말했다》를 탈고했다.

니체의 청혼을 거절한 루는 레에와 니체에게 육체적 관계를 맺지 않고 오로지 서로 철학만을 논의하면서 지내는 동거 생활을 하자는 의견을 냈다. 레에와 니체는 루와 함께할 수 있다는 생각에 의견을 받아들였다. 이렇게 한 여자를 사랑하는 두 남자의 이상한 동거가 시작

---

[53] 독일의 철학자 · 시인(1844~1900). 실존 철학의 선구자로, 기독교적 · 민주주의적 윤리를 약자의 노예 도덕으로 간주하고 강자의 군주 도덕을 찬미하였으며, 그 구현자를 초인(超人)이라 명명하였다.

[54] 독일의 작곡가. 오페라 외에도 거대한 규모의 악극을 여러 편 남겼는데 모든 대본을 손수 썼고 많은 음악론과 예술론을 집필했다.

되었다. 동거를 시작하자 니체는 다시 루에게 청혼을 했으나 루는 다시 거절했고 베를린으로 떠났다.

베를린으로 온 루는 레에와 동거에 들어간다. 이 사실을 알게 된 니체는 질투와 배신감에 심한 충격을 받았다. 니체는 루에게 수십 통의 편지를 쓰고, 그녀의 사생활을 폭로한다는 협박을 하기도 하고, 레에게 결투를 신청하기도 했다. 니체는 루가 자신을 마음대로 가지고 놀았다는 생각에, 참을 수 없는 분노와 미움에 사로잡혔다. 한 여인에게 깊은 상처를 받은 근대 철학사에 실존주의 사상을 확립시킨 니체는 절대 고독 속에 빠진 삶을 살게 되었다.

베를린에서의 생활

레에와 루살로메는 계속 베를린에서 동거 생활을 했고 루는 베를린의 지식인 모임에 드나들며 독서와 토론에 열중했다. 모임에서 루는 언제나 유일한 여성이었고 매우 똑똑한 여성이었다. 큰 키에 날씬한 몸매, 약간 튀어나온 넓은 이마, 기이하리만큼 빛나는 깊은 눈은 루의 지식에 대한 열정을 더욱 돋보이게 했으며 남을 의식하지 않는 당당하고 거침없는 태도는 시선을 끌기에 충분했다.

1885년 24세가 된 루는 베를린에서 자유롭게 사는 자신의 생활을 탐탁지 않아 하던 어머니에게 베를린에 있어야 할 이유를 증명하기 위해 유명한 심리소설 《하느님을 차지하려는 싸움》을 발표했다. 신앙과 이성 간의 오랜 갈등을 과감히 다뤘다는 호평이 쏟아졌다.

1887년 26세에 계속해서 루를 짝사랑하고 있었던 레에가 청혼을 했지만, 루는 지금처럼 친구로서의 관계까지만 유지한 채 동거 생활을 계속하자며 레에의 청혼을 거절하면서 동거하던 집을 떠나버린다.

결혼하다

루가 갑자기 결혼을 하여 사교에 충격을 주었다. 당대에 내로라하는 젊은 지성인들을 매료시켰음에도 그들의 청혼을 모두 거절하던 루였기에 모두들 깜짝 놀랐다. 상대는 41세인 베를린 동양어연구소의 페르시아어, 터키어 교수 칼 안드레아스였다. 루를 보자 반해 버린 칼은 루에게 청혼했다가 거절당하자 칼로 자기 가슴을 찔렀고, 놀란 루는 결혼을 승낙하고 만 것이다.

루는 칼과 결혼을 하는 조건으로 성생활이 없는 결혼 생활과 다른 남성들과 자유롭게 데이트 및 외박을 할 수 있는 권리를 내걸었고 칼이 이를 받아들이자 루 살로메는 안드레아스와의 결혼을 승낙했다. 그로 인해 이들 사이에는 아이가 없었다.

루의 결혼 소식을 듣고 니체는 정신 이상 증세를 보이며 10년이 넘는 세월을 광기 속에서 살았다. 평소 루와 철학에 대해서 이야기를 나누던 레에는 절벽에서 투신 자살을 했다.

루는 마리라는 하녀를 고용하여 안드레아스의 실제 아내 노릇을 하게 했다. 마리는 아이를 둘 낳았는데, 하나는 어려서 죽고 살아남은 딸 마리헨은 루와 아주 가까이 지내다 루는 죽을 때 마리헨에게 재산을 물려주었다.

루의 남성편력은 그때부터 본격적으로 시작된다. 루는 정신적으로 끌리는 남자와 육체적으로 끌리는 남자를 확실히 구분하고 있었고, 정신적 교류를 한 남자와는 육체적 관계를 철저하게 거부했다. 루는 독일 사회민주당 창시자인 에고르크 레데부르크와 연인이 되었고, 얼마 후 오스트리아 빈의 의사 프리드리히 피넬레스와 연인이 된다. 피넬레스의 아이를 임신했지만, 유산을 하게 된다. 루는 피넬레스의 청혼을 거절하고 남편에게 돌아갔고, 피넬레스는 평생을 독신으로 살았다.

　　안드레아스는 프로이센 정부에 의해 교수직을 잃은 1891년부터 아내에게 재정적으로 의존하다가 1892년부터 별거한다. 하지만 루는 칼이 죽은 1930년까지 43년 동안 서류상의 결혼 관계는 유지했다고 한다.

루 살로메와 칼 안드레아스

릴케과의 만남

　　1895년 36세의 루는 뮌헨대학을 다니며 시를 발표하던 21살의 무명 시인이었던 라이너 마리아 릴케[55]를 만난다. 15살 연하의 릴케

───────────────

[55] 독일의 시인. 로뎅의 비서였던 것이 그의 예술에 큰 영향을 주었다. 《두이노의 비가》나 《오르페우스에게 부치는 소네트》 같은 대작을 남겼다.

도 루의 매력에 끌려 열렬히 구애했다. 처음에는 경계하던 루도 젊은 시인의 정열에 차츰 감동하게 되어 사랑하게 되고 3개월을 동거한다. 루는 릴케에게 톨스토이 같은 문호들을 소개시켜 주는 등 릴케의 문학에 큰 기여를 한다. 루의 남편 칼과 함께 셋이서 러시아 여행을 가기도 했다.

시간이 지날수록 릴케가 자주 화를 내며, 루 자신에 대해 지나치게 관심을 갖는 것에 염증을 느끼고 자유를 주장하며 자신의 다른 연인들과 외박을 하였다. 릴케는 질투심에 점차 집착적인 행동을 보이기 시작한다. 결국 루는 여느 때처럼 다른 연인과 외국으로 여행을 가버리자 릴케는 루에게 그리움을 주제로 쓴 편지를 루가 묵고 있던 호텔에 보냈다. 루는 오히려 릴케에게 헤어지자는 내용의 짤막한 답장을 보내고 죽는 날까지 릴케를 만나지 않았다.

릴케는 루와 이별한 뒤, 조각가 클라라 베스트호프와 결혼하여 딸 루트를 낳았지만 1년이 채 못 가 파국을 맞고 만다.

1926년 릴케는 장미 가시에 찔린 상처가 파상풍으로 번져 사망한다. 죽어 가는 침상에서 릴케가 찾은 사람은 바로 루였다.

프로이드를 만나다

릴케와 헤어진 후 루는 문학에서 얻지 못한 자신의 삶의 근원을

---

(56) 심리학, 정신의학분 아니라 사회학, 교육학, 범죄학, 문예비평에 이르기까지 20세기 전분야 걸쳐 큰 영향을 끼친 정신분석의 창시자

심리학에서 찾기 위하여 정신분석학자 폴 비에레로를 만나 연인이 된다. 폴은 정신분석학계의 대가 지그문트 프로이트[56]를 소개하였다. 루는 프로이트를 만나 자신이 지금까지 고민했던 인간의 내면에 대한 깊은 통찰을 얻었으며, 삶의 목표를 발견하게 되어 제자가 되었다. 이들의 관계는 정신 분석의 동반자로서 죽을 때까지 지속되었다. 루는 프로이트에게 배우면서 프로이트의 제자들과 자유연애를 하였으며, 프로이트의 조교 중 한 사람은 살로메와의 이루어질 수 없는 사랑에 슬퍼하며 자살하였다.

말년

70세에 노쇠로 앓기 시작한 당뇨병으로 몸이 허약해져 병원에서 요양하기 시작한 루는 병원에서 '프로이트에 대한 나의 감사'를 집필하고 1937년 1월 5일 당뇨, 요통, 유방암 등으로 75세의 나이에 사망했다.

루의 유골을 담은 단지는 괴팅겐 시립 묘지에 있는 남편 안드레아스의 무덤에 합장되었다. 생전에 자유로이 떠돌다가도 항상 남편에게 돌아갔던 루, 죽어서도 역시 남편 곁으로 돌아갔다.

평가

루 살로메는 그녀의 아름다운 외모와 지적인 모습으로 당대 지식인들 사이에서 러시아에서 온 뮤즈라며 칭송을 받았고, 어느 누구도 소유할 수 없었던 여자가 바로 루 살로메였다. 루는 평생동안 자신이 사랑의 감정을 느끼며 실질적인 육체적 관계를 맺을 남자와 연인으로서의 감정은 생기지 않지만 자신의 지적 욕구를 채워줄 수 있고 자신과 인문학적인 관심사가 일치하는 남자들을 철저히 분리하여 정신적인 교류를 하는 남자와는 육체적인 관계를 철저히 거부했다.

루는 생전에 소설 《롬》, 《낯선 땅에서》, 《페니취카》, 《인간의 후예들》, 《중간 지대에서》, 비평서 《니체의 편지》등 에세이와 논문, 서평 50여 편을 잇달아 발표했다. 특히 니체, 릴케, 프로이트 등 당대 유럽 최고의 지성인들을 매혹시키며 이들과 사랑의 교감을 나누며, 이들에게 창조적 영감을 주었다. 프로이트는 "그토록 빨리 그토록 훌륭하게 그토록 완벽하게 나를 파악한 사람은 만나 보지 못했다. 니체는 루를 악마라고 했는데 그 말에 동의한다."고 했다. 루에게는 팜무파탈이라는 낙인이 찍혔지만 루는 기존의 도덕과 관습에 사로잡히지 않고, 일생을 자유롭게 살았다. 기존 여성상을 과감히 깨뜨리는 데는 성공했지만 참신하고 새로운 여성상을 창조해 내진 못했다.

Tip

루 살로메의 리더십을 배우려면 평생을 한 곳에 정착하지 않고 항상 새로운 삶을 살기 위해서 노력해야 한다.

03 마거릿 미드

"집을 떠나 여행을 다녀본 사람이 집 문턱도 넘어보지 못한 사람보다 더 지혜로운 것처럼, 다른 문화에 대해 알게 되면 자신의 문화를 보다 더 자세히 살펴 볼 수 있고 더욱 큰 애정을 가지고 그 진가를 음미할 수 있다."

남녀 성 역할의 편견 깬 인류학의 대모 마거릿 미드(1901~1978)

호기심이 많았던 어린 시절

1901년 미국 필라델피아에서 퀘이커 교도[57] 집안에서 태어났다. 아버지는 경제학으로 유명한 와튼스쿨의 교수였고, 어머니는 이탈리아 이주민을 연구하는 사회학자로 박사 과정을 공부하다 다섯 아이를 낳아 키우다 보니 중도에 공부를 포기하게 되었다. 어머니는 평생 아쉬움이 남았고, 자신의 딸들은 계속 공부하길 바랐다. 마거릿은 어머니 영향을 받아 호기심이 많고 어릴 때 책을 많이 읽었으며 특히 다른 나라에 대해 관심이 많아 책을 즐겨 보며 늘 미지의 세계를 동경했다.

마거릿은 어린 시절에 교사로 정년 퇴직한 친할머니와 많은 시간을 보냈다. 할머니는 의지가 강하고 사회활동에 적극적인 분이었다. 마거릿은 어머니와 할머니께 많은 가르침과 영향을 받으며 자랐다.

문화 인류학을 만나다

1919년 18세에 아버지의 모교였던 명문 사립 대학교인 드포대학교에 입학하였다. 깊은 학문 탐구를 꿈꾸고 대학에 진학했지만 다른 친구들은 공부에 관심이 없는 것 같았다. 마거릿은 열심히 공부해서 과에서 가장 공부를 잘했지만, 학교

---

[57] 청교도와 다르게 칼빈주의의 예정설과 원죄 개념을 부인하는 조지 폭스가 창시한 기독교 교파

분위기에 적응하지 못해서 따돌림을 당했다. 이때 마거릿은 따돌림이 사람 마음에 큰 상처를 남길 뿐만 아니라 그 사람의 삶 전체에 씻을 수 없는 악영향을 준다는 것을 경험했고, 따돌림이 개인 문제를 넘어 사회의 문제가 될 수 있다며 살면서 지속적으로 관심을 가지게 되었다.

미드는 1년 후 뉴욕에 있는 명문여자대학인 바너드대학교 영문학과에 들어갔다. 마거릿은 자신의 글쓰기가 그다지 문학적이지 않다는 사실을 깨달았고, 사회과학 분야에 대한 연구로 장래 희망을 바꾸었다. 이때 버나드 대학과 학점 교환을 하던 인근 콜롬비아 대학에서 세계적인 인류학자이며, 미국 인류학의 아버지인 프란츠 보아스 교수에게 배우며, 운명적으로 문화인류학을 선택하게 되었다.

보아스 교수는, 사람은 가족의 유전적인 요인에서가 아니라 자라는 환경에 의해 영향을 받으며 그것이 사람들 사이에 다양한 문화적 차이를 만들어낸다고 믿는 학자였다. 대학을 졸업한 뒤 마거릿 미드는 콜롬비아 대학원에 진학했고, 보아스교수의 지도로 석사학위를 땄다.

박사학위 논문을 쓰기 위하여 서방 세계의 문화와 접촉이 없는, 사람들이 잘 알지 못하는 원시 부족의 문화를 연구하고 싶었다. 그러나 당시에는 남자들도 원주민이 사는 지역에 가는 것을 매우 위험한 일이라 여겼고, 특히 여성연구자들에게는 생각지도 못한 것이었기에 보아스 교수도 크게 반대했다.

1925년 24세에 미드는 주위의 만류에도 뜻을 굽히지 않고, 사모아[58]의 타우섬으로 출발하였다. 타우섬은 태평양에 있는 수천 개의 섬이 모인 지역, 폴리네시아[59]로 수천 개 섬이 모인 지역, 다양한 원시 부족이 살고 있었다.

미드는 타우섬 사람들과 함께 생활하면서 원주민의 언어를 배워 그들과 대화하고, 똑같은 음식을 먹으며 생활했다. 그곳 사람들은 다른 사회에서와 같은 분노나 복수심 같은 것을 갖고 있지 않았다. 또 그들의 사회에서는 여성이 한 남자와만 이성 관계를 갖도록 요구하지 않았고 결혼 전 성관계를 부정한 것으로 보지도 않았다. 그리고 사춘기의 행동은 호르몬의 변화에 의한 것이 아니라 문화적인 제도에 더 큰 영향을 받는다. 이런 사실들을 발견했다.

미드는 미국으로 돌아와 1928년에 《사모아에서 성년》이라는 책을 출간했다. 이 책은 미국 사회가 이전까지 고수해왔던 육아와 교육 방법이 재고되었고, 성 역할이 본능이 아니라 한 사회의 문화가 가진 이데올로기 교육에 의한 것이라는 것에 대해서 큰 반향을 일으키면서 베스트셀러가 되었으며, 여성운동가들에게 큰 영향을 미쳤다. 1929년에는 28세에 컬럼비아대학교에서 박사학위를 받았다.

미국자연사박물관에서 일하다

미드는 사모아 연구 후 뉴욕의 미국자연사박물관에서 일하기 시

[58] 오세아니아 남태평양 서사모아 제도의 섬들로 구성된 의회공화국이다.
[59] 오세아니아 동쪽 해역에 분포하는 수천 개 섬들의 총칭. 육지 총면적 약 2만 6000㎢ 폴리네시아란 '많은 섬들'이라는 뜻이다.

작했다. 그 후 50년 동안 근무하였으며. 연구의 중심이 되었다.

마거릿은 박물관에 근무하면서 뉴기니아[60]에 대한 연구를 위하여 47년 동안 7번을 방문하였다.

1935년 34세에 마거릿은 《세원시 부족 사회에서의 성과 기질》이라는 책을 출간했다. 이 책은 뉴기니의 아라페시족과 문두구머족, 챔블리족 사람들과 생활하면서 아기 때부터 어떻게 성장하는지를 연구한 것이었다. 남성과 여성의 성 역할은 정해져 있지 않으며, 특정 지역사회의 문화에 따라 달리 나타나는 점을 지적하면서, 모든 사회 현상은 그 사회의 역사 문화적 맥락에서 분석돼야 한다고 강조했다. 이 책은 미국에서 여성의 권리 증진 운동에 영향을 미쳤다.

미드는 미국 문화인류학에 심리학적 방법을 도입하고 발전시켰으며, 2차 대전 당시에는 세계의 식생활에 대한 연구를 진행하기도 하였다.

마거릿은 세 번의 결혼을 했다. 첫 번째 결혼은 대학원 재학 중일 때 신학을 공부하던 루서 크레스맨과 결혼했지만 서로 맞지 않아 이혼을 하고, 두 번째는 1928년에 뉴질랜드의 인류학자 리오 포춘과

---

[60] 오스트레일리아 북쪽에 있는 섬으로 세계에서 두 번째로 큰 섬이다. 오세아니아에 속한다.

재혼, 세 번째는 1936년에 영국 생물학자인 그레고리 베잇슨과 결혼했으나 그와도 15년 후 또 이혼하였다. 당시 보수적인 미국 사회에서 마거릿의 세 번의 결혼을 비난하는 사람도 많았지만, 사회에 진출하고 싶어 하던 여성들은 열렬한 지지를 보냈다. 미드는 흔들림 없이 자기 길을 갔다.

1954년 53세에는 박물관 관리자로 있으면서 컬럼비아대학 인류학 조교수를 겸하였다. 그녀는 사회문제 해결을 위한 학문간 통합과 유대를 주장했으며, 문화 인류학에 교육학을 접목하기 시작하였다. 학문이 학문에만 머무르지 않고 적극적으로 사회문제에 해답을 제시해 주어야 한다고 생각했다.

말년

1960년대와 70년대 마거릿은 라디오와 텔레비전 프로그램에서 문화인류학으로 인기 있는 출연자가 되었다. 방송에서 문화 비평과 대중 교육자로서 왕성한 활동을 벌여 시청자들에게 궁금한 것을 해결해 주었다.

미드는 컬럼비아대학 교수로서 문화인류학에 대한 강의를 하였으며, 전국을 다니면서 어린이 성장 문제, 다양한 사회에 사는 사람들의 특성과 문화 등에 대한 특강을 진행하였다. 마거릿의 문화인류학에 대한 지식을 높이 사서 수많은 박물관에서 고문직을 부탁하여 수락했다.

1970년부터는 환경에 대해 관심을 가지고 환경운동가가 되어 환경운동에 전념하였다.

1978년 77세에 췌장암으로 사망하였다. 그녀가 사망하자 세계 여러 나라에서는 그녀를 추모하는 행사들이 줄을 이었다. 지미 카터 대통령은 미국 민간인에게 주어지는 최고의 영예인 대통령 자유 훈장을 수여했다. 그녀가 연구하며 함께 시간을 보냈던 뉴기니의 한 작은 마을 사람들도 그녀를 추모하기 위해 장례식을 열고 추도했다.

평가

오지에서 원주민과 어울려 살며 그들의 문화를 연구한 마거릿 미드는 문화 인류학자이자 사회활동가로서 활동하였다. 그녀는 여성이 남성보다 능력이 부족하다는 편견을 깨는 데 큰 역할을 했으며, 집안일에 얽매였던 여성들에게 사회진출의 발판을 마련해 주고 당당히 사회 구성원으로서의 역할을 하고 있다는 자신감을 심어줬다.

원주민을 연구 대상으로만 보지 않고 '나의 또 다른 가족'이라고 부르며 진심으로 그들을 사랑한 마거릿 미드는 진정한 '인류학의 어머니'로 기억되고 있다.

마거릿 미드는 지난 세기 세계에서 가장 저명한 문화 인류학자의 한 사람이며, 핵무기의 확산, 인종적 편견의 부당성을 알리고 변화시키는데도 앞장섰고, 여성의 권리와 환경보호의 주창자이기도 했다.

Tip

마거릿 미드의 리더십을 배우려면 여성이 남성보다 능력이 부족하다는 편견을 버리고 여성들에게 자신감을 주고 사회진출의 발판을 마련해야 한다.

04 마더 테레사

"나는 내가 아픔을 느낄 만큼 사랑하면 아픔은 사라지고 더 큰 사랑만이 생겨난다는 역설을 발견했다."

"세상에는 빵 한 조각 때문에 죽어가는 사람도 많지만, 작은 사랑도 받지 못해서 죽어가는 사람은 더 많다."

"당신을 만나는 모든 사람이 당신과 헤어질 때는 더 나아지고 더 행복해질 수 있도록 하라."

20세기 최고의 성인으로 추앙받는 마더 테레사(1910~1997)

가톨릭을 만나다

1910년 오스만 제국 치하의 스코페에서 아르메니아계 계통의 아버지 니콜러 보야지우와 알바니아계의 독실한 신자였던 어머니 드라나필레 사이에서 1남 2녀 중 막내딸로 태어났다. 본명은 알바니아어로 아녜저 곤제 보야지우였다.

스코페는 현재는 마케도니아공화국의 수도이지만 1910년 경에

어릴 때의 마더 테레사

는 오스만투르크[61]의 지배를 500년간이나 받아온 도시였다. 스코페는 중부유럽과 그리스의 아테네를 잇는 주요거점이었기에 여러 민족들이 섞여 살고 있었다. 여러 민족이 모여 살았던 만큼 종교 역시 그리스 정교, 이슬람교 등 다양하게 혼재해 있었다. 오스만투르크로부터 독립을 요구하는 운동이 시작되어 정치적으로 혼란한 시기였다.

아버지는 부유한 사업가로 시의원이었는데 1919년 9세에 아버지가 시의원으로 정치 행사에 참석한 후 독살되었다. 이러한 비극에도 불구하고, 가족들은 신앙심이 더 깊어지면서 서로를 아끼게 되었으며 결속력이 강해졌다고 한다.

---

[61] 발칸 반도와 아나톨리아를 중심으로 유럽, 아시아, 아프리카 3대륙에 걸쳐 광대한 영역을 지배하던 국가로 지금은 터키가 되었다.

스코페 지역의 종교는 그리스 정교[62]나 이슬람교가 대부분이었고 가톨릭을 믿는 집안은 드물었는데 테레사 수녀의 집안은 가톨릭을 믿었다.

테레사는 어릴 적부터 몸이 약했으나, 공부를 잘해 우등생이었으며, 가톨릭 성당에서 성가대원으로 활동하였다. 성장한 후에는 가톨릭 청년 단체에서 활동하기도 했다.

인도로 가다

1928년 18세에 수녀가 될 것을 허락받은 테레사는 영국의 아일랜드 더블린에 가서 로레타 수녀회에 입회하였다. 당시 영국의 식민지인 아일랜드에 있던 로레타 수녀회에서는 많은 수녀들을 교육해 또 다른 영국의 식민지인 인도로 파견했고 인도로 파견된 수녀들의 주요 임무는 식민지에 나가 있는 영국계 백인의 딸들을 가르치는 일이었다. 테레사는 3년간 아일랜드의 더블린에서 기초교육과 영어를 배웠다.

1929년 19세에 인도에 도착하여 히말라야 산맥 근처에 있는 다르질링에서 수련기를 시작했다.

1931년 21세에 인도의 콜카타에 있는 로게토 성모 수녀회에 가서 수녀가 되기 위해 수련을 받으면서, 부속 학교에서 소녀들에게 지

---

[62] 강력한 세력을 가지고 있었던 주교들 중의 하나인 콘스탄티노폴리스 주교가 이끌던 교회로, 1054년에 로마 교회와 분리되었다.

리학을 가르쳤다. 테레사는 성실히 학생을 가르쳤고 16년 동안 교사 생활을 하면서 교장으로까지 승진했다.

1937년 27세에 로게토 성모수녀회의 수녀로서 종신서원을 한다. 이때 테레사 수녀는 본명 아그네스 외에 테레사라는 세례명을 선택했다. 테레사라는 세례명은 19세기 말에 활동했던 프랑스의 수녀이자 성인인 리지외의 테레사[63]를 본받겠다는 뜻을 담았다고 한다.

1946년 38세에 콜카타에서 다즐링으로 피정[64]을 가던 기차 안에서 가난한 사람들 속에 살며, 그들에게 봉사하며 살라는 소명을 받는다. 테레사는 수도회 밖에서 활동할 수 있도록 허락을 요청했다. 그러나 가톨릭 교단에서는 정치적 의미와 그녀의 신변보호 문제, 종교적 문제 등등으로 인해 테레사 수녀의 청원은 2년의 세월을 질질 끌었다. 그러나 그녀는 좌절하지 않았고 청원을 거듭했다. 마침내 당시 교황이던 비오 12세로부터 수도원 외부거주를 허가받은 테레사 수녀는 1948년 인도의 거리로 혈혈단신 나섰다. 이제 그녀를 보호해줄 단체나 기관은 아무것도 없었다.

당시 인도는 2차 대전 이후 마침내 200여년 간의 영국 지배를 벗어난 상태였으며 독립의 기쁨을 누리기도 잠시, 종교적, 정치적인 상황이 맞물려 여러 곳에서 전쟁과 투쟁이 벌어지고 사람들은 서로를

---

[63] 1888년 리지외의는 가르멜회에 들어가 짧은 수도 생활 끝에 결핵으로 사망했다. 그녀가 보여준 신에 대한 신뢰와 복종, 이웃에 대한 사랑은 많은 사람들에게 감동을 주었다.
[64] 가톨릭 신자들이 영성 생활에 필요한 결정이나 새로운 쇄신을 위해 일상에서 벗어나 고요한 곳에서 묵상과 성찰 기도 등 종교적 수련을 하는 일. 피정 장소로 성당이나 수도원, 피정의 집 등을 이용한다.

질시하고 반목했다. 사회는 불안정했고 인도 거리 어디를 가나 난민들로 넘쳤다. 그리고 그들은 대부분 아무런 보살핌도 받지 못한 채 굶주림과 병마 속에서 죽어 갔다.

테레사는 수도복 대신에 흰 사리를 입고 수녀회를 떠나 기초 간호학을 속성과정으로 수료한 후, 길거리에서 죽어가는 사람들을 집 안으로 불러와 먹을 것을 주고 돌보는 일을 시작했다. 그러나 힌두교를 믿는 인도인들은 테레사의 봉사의 손길을 선교의 뜻으로 오해하고 적대시하였다.

사랑의 선교회를 만들다

마더 테레사는 더욱더 인도에 헌신하겠다는 목표로, 인도 시민권을 요청하여 평생 인도 시민권자로서 살 수 있게 되었다.

1949년 41세에 성 마리아 학교의 제자들이 테레사 수녀를 따라 모여들어, '사랑의 선교회'라는 수도회가 형성되었다. 처음엔 가난한 아이들을 가르치면서 시작했던 테레사 수녀의 봉사는 점차 그 영역을 넓혀가기 시작했다.

테레사가 수녀회 부속 학교에서 가르쳤던 제자들이 그녀를 도왔고, 후원자들도 생겨나기 시작한다. 테레사 수녀는 가난한 아이들을 가르치는 일 외에 병든 사람들을 간호하고 죽음에 임박한 사람들이 보살핌을 받으며 인간답게 생을 마감할 수 있는 집을 지었다.

사랑의 선교회는 점점 더 커져 갔고, 모인 기부금으로 사랑의 선교회 본부와 죽음을 맞는 사람들의 임종의 집을 구입하고, 고아원도 설립한다. 그리고 나환자들을 위해서는 이동병실을 만들었다가 후에 시 외곽에 나환자들의 자립을 위한 재활 센터를 설립한다.

가톨릭 교단과 교황 도 그녀의 활동을 지지했 으며 세계 각국에서 기부 금이 모아졌다. 많은 유 명인사들이 테레사 수녀 를 만나기 위해 인도를 방문했고 그때마다 거액 의 기부금을 내놓았다.

기부금은 통째로 가 난한 사람들을 위해 썼고 본인은 다 낡아 여기저기 기운 자국이 있는 흰색 사리 하나만을 걸친 채 나병 환자를 씻기고 아이들을 돌보았다. 그런 그녀를 지켜본 세계인들은 테레사 수녀를 살아 있는 성녀라고 불렀다.

주교들이 청원을 올리자, 교황은 사랑의 선교회가 전 가톨릭 교 회 내에서 일할 수 있도록 승인한다. 1965년부터 1971년까지 전 세 계적으로 '사랑의 선교회'의 새로운 분원들이 문을 열어 활동하게 된 다. 13명으로 시작한 사랑의 선교 수녀회는 마더 테레사가 세상을 떠 날 무렵 4,000명의 수녀와 10만 명의 자원봉사자가 활동하는 거대한 단체가 되었다. 이들은 현재 전 세계에서 수많은 호스피스와 고아원, 구호센터를 운영하고 있다. 마더 테레사는 지칠 줄 모르는 봉사로 세계적인 명성을 얻었다.

1979년에는 노벨 평화상을 받았는데 시상식에도 평소와 같이 흰색 사리와 늘 신는 샌들 차림이었다. 상금을 콜카타의 가난한 사람들을 위해 모두 썼고 시상식 만찬을 거부하고 그 비용으로 가난한 사람을 도와 달라고 부탁했다.

1980년에는 인도에서 가장 높은 등급의 시민 훈장인 바라트 라트나(Bharat Ratna)를 받았다.

말년

인도로 떠난 이후 수녀회의 사도직 활동에 전념하며 평생 가족을 만나지 못했다. 어머니가 임종할 때는 알바니아로 돌아가려 했으나 정부에서 입국 허가를 거절했다. 한국에는 3번을 방문했다.

1991년에 심장병으로 2번의 심장마비를 겪었다. 처음에는 자신이 받을 의료적 행위를 자신이 돌보는 가난한 이들은 받을 수 없다는 이유로 거절했으나, 2번째 발작 이후에는 정부의 지속적인 요구와 교황의 요청으로 수술을 받게 된다.

자신의 임종이 가까워지자, 사랑의 선교회의 회원을 실제로 함께 일하고 있는 사람만으로 한정한다.

말년에는 말라리아에 감염되었는데, 폐까지 침범하였다. 선교회에서 죽음을 맞고 싶다고 말해 선교회로 되돌아왔고 1997년 9월 5일에 선종한다.

장례식은 국장으로 거행되었는데 시신은 마하트마 간디와 자와

할랄 네루의 시신을 운구했던 포가(砲架)로 운구 되어 인도 정부가 나타낼 수 있는 최대한의 경의와 애도를 표했다. 유해는 생전에 가난한 이들과 함께 했던 테레사 수녀의 집에 안장되었다.

2016년 3월 교황청 시성위원회는 심사를 거쳐 테레사 수녀를 성인으로 추대하였으며, 같은 해 9월 4일 시성식을 통해 성인품에 올랐다.

평가

테레사 수녀는 검은 수녀복 대신 인도에서 가장 가난하고 미천한 여성들이 입는 흰색 사리를 입고 평생을 가난 속에서 고통받으며 죽어가는 사람들, 버려진 아이들, 노인들을 위하여 헌신하여 '빈자(貧者)의 성녀(聖女)'로 추앙받았다.

평생 허리를 구부리고 고개를 숙인 자세로 일 해왔기 때문에 고령이 된 후에는 허리가 펴지지 않았고, 세계를 돌아다닐 때는 한쪽 귀가 멀고 심장이 약해진 상태였다고 한다.

한때 테레사 수녀가 빈자들의 삶을 근본적으로 향상시키는 데에는 관심을 기울이지 않은 채 단순 구호에만 치중하고, 독재자들이 건넨 자선기금을 무비판적으로 수용하였으며, 힌두교를 믿는 인도인들을 가톨릭으로 개종하려한 '종교적 제국주의자'였다고 비판하는 목소리도 있다. 그리고 20세기 중후반 이후 일어난 세계의 폭력적 혼란에 아무런 응답을 하지 않았고 그 어떤 노력도 하지 않았다는 점을 비판하는 사람들도 있다.

하지만 테레사 수녀가 보여준 희생정신은 많은 사람들에게 감동을 주었고 지금까지도 '가난한 자의 어머니' 마더 테레사라고 불리는 것이다.

Tip

테레사 수녀의 리더십을 배우려면 인류를 진심으로 사랑하며, 숭고한 희생정신을 가지고 살아야 한다.

05 마리 퀴리

"항상 작은 기쁨을 찾아내라."
"나는 최고의 목표를 향한 노력의 끈을 절대 놓지 않을 것이다."

최초의 여성 노벨상 수상자로서 조국을 사랑한 과학자 마리 퀴리(1867~1934)

순탄하지 않은 어린 시절

1867년 폴란드의 바르샤바에서 교사 부부의 5남매 중 막내로 태어났다. 본명은 마리 살로메아 스클로도프스카였다.

아버지 브와디스와프는 물리학을 가르치는 교감이었으며, 매우 가정적이었다. 마리 퀴리가 훗날 학자로서의 길을 가게 된 데에는 아버지의 영향이 컸다고 할 수 있다. 어머니 브로니스와바 보구스카는 바르샤바에서 손꼽히는 명문학교의  교장이었는데 폐결핵을 앓게 되면서부터 집에서 요양하게 된다. 부모님은 금슬이 좋았기에 마리는 화목한 가정에서 어린 시절을 보낼 수 있었다.

당시 러시아는 폴란드를 통치하면서 폴란드의 문화와 전통을 무시하고, 폴란드어로 수업하는 것까지 탄압했다. 폴란드인들에게는 참으로 어둡고 슬픈 시절이었다. 이런 상황에서 아버지가 폴란드어로 쓴 학생의 답을 정답으로 처리했다는 이유로 교감에서 평교사로 강등되었다가 결국엔 교사직을 박탈당하면서 가족들의 불행이 시작된다. 그리고 얼마되지 않아 아버지가 큰돈을 사기당하면서 생활이 급격히 어려워졌다.

결국 아버지는 집을 하숙 형식으로 바꾸어 학생들을 가르치는 부업으로 생계를 꾸렸다. 그러던 어느 날 하숙생 중 한 명이 장티푸스에 걸렸는데, 그 병이 마리아의 언니들에게 전염되어 첫째 언니 조피아가 병을 이기지 못하고 12살의 어린 나이로 생을 마감한다. 또한 1868년 10살이 되던 해에는 결핵으로 오랜 투병생활을 하던 어머니마저 세상을 떠나게 된다. 마리 역시도 평생 기관지염을 자주 앓았다.

어릴 때부터 학습능력과 기억력이 탁월했고 제정 러시아의 압제 하에 있는 조국 폴란드를 무척이나 사랑했다. 학문에 대한 집요한 노력과 정신력으로 마리는 바르샤바의 여자 중학교를 우등으로 졸업하였다.

유학을 가다

마리는 공립학교에 들어가 열심히 공부해 우수한 성적으로 졸업했지만, 당시 폴란드에서 여성은 대학에 입학할 수 없었다. 결국 여학생의 입학을 허가하는 프랑스로 유학할 수밖에 없었다. 하지만 집안이 워낙 가난했기 때문에 유학자금을 마련할 수 없었기 때문에 언니와 다짐을 했는데 언니가 먼저 파리에 가서 공부를 하고, 그 사이에 자신은 가정교사를 하며 돈을 벌어 학업을 돕겠다는 약속이었다. 그런 다음 언니가 학업을 마치면, 동생을 뒷바라지하기로 했다.

마리는 돈을 벌기 위해 부유한 집안의 가정교사로 일했다. 이런 와중에도 폴란드 여성 노동자들에게 모국어를 가르치면서 민족주의자들의 모임에 비밀리 참여하기도 했으며 가정교사로 일하던 집안의 아들과 사랑에 빠졌으나, 가난한 집안 여성을 며느리로 받아들일 수 없다는 남자 집안의 반대로 마음의 상처를 입고 헤어졌다.

마침 파리의 소르본 대학교에서 합격통지서가 와서, 1891년 23

세가 되어서야 프랑스로 떠날 수 있었다. 먼저 프랑스로 가 있던 둘째 언니 집에 머물게 되었다. 언니는 어느 정도 성공한 사업가인 프랑스인과 결혼하여 경제적으로 여유로웠다. 언니와 형부는 마리아를 극진히 대접했으나, 부담을 느껴 하숙집을 구한 후 독립했는데, 가진 돈이 넉넉하지 못해서 저렴한 하숙집에서 난방이 잘 안 되어 추위에 시달려야 했고 음식도 제대로 먹지 못하고 생활비를 아끼며 지냈다. 건강이 급격하게 나빠지자 언니와 형부가 지원해준 돈으로 좋은 하숙집을 구하고 전보다 여유롭게 지내면서 공부에 전념했다.

노벨상을 타다

1894년 마리는 소르본 대학교에서 물리학과 수학 석사 학위를 취득한 이후 당시 35세의 노총각이었던 피에르 퀴리를 만나 이듬해인 1895년에 소박한 결혼식을 올린 뒤 방사능

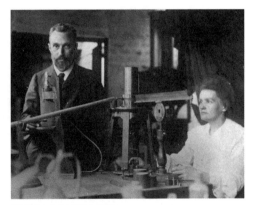

마리와 남편 피에르 퀴리

을 연구하기 시작했다. 결혼 후에 남편 성에 따라 마리 퀴리가 되었으며, 자녀는 딸 두 명(이렌, 이브)을 두었다.

소르본 대학에서 매우 우수한 성적으로 여성 최초의 물리학 박사 학위를 받았다. 학위를 받은 후 아버지가 계신 조국 폴란드로 돌아오

려 했지만, 그러기에는 조국의 상황이 너무 암울했다. 그래서 프랑스에 남기로 했다.

남편은 결정학, 전자기학, 방사선 연구의 선구자로서 유명했고 마리의 연구를 도와주었다. 마리는 우라늄보다 훨씬 강한 빛을 방출하는 원소를 발견했으며, 이 새로운 원소에 조국 폴란드의 이름을 따서 '폴로늄[65]'이란 이름을 붙였다. 1898년 7월, 폴로늄에 관한 논문을 쓰면서, 마리는 '방사능'이란 용어를 처음으로 사용했다. 그리고 그해 12월, 강력한 방사능을 방출하는 새로운 원소를 또 발견하고, 그것에 라듐[66]이라는 이름을 붙였다.

1902년 4월 20일, 마침내 순수한 라듐 0.1g을 분리해내는 데 성공했다. 이 업적으로 두 사람은 노벨물리학상을 받았다. 노벨물리학상을 받는 시상식에서 마리는 다음과 같이 말하며 우려의 목소리를 냈다.

"라듐은 범죄자들의 손에 들어가면 위험한 물질이 될 수도 있습니다. 그래서 우리는 오늘 바로 이 자리에서 스스로에게 물어보아야 합니다. 자연의 비밀을 캐는 것이 인류에게 얼마나 도움이 될까, 그 비밀을 안다고 하더라도 제대로 활용할 수 있을 만큼 인류는 성숙한가, 아니면 오히려 해로운 지식을 갖게 되는 것은 아닌가?"

---

[65] 폴로늄(polonium)은 원자번호 84번으로 안정한 동위원소가 없고 희귀하며 방사선이 매우 강하다.
[66] 라듐은 원자번호 88번의 원소로 은백색의 고체 금속으로, 같은 족에서는 가장 무거우며, 동위원소는 방사성이 매우 강하다.

노벨 화학상을 타다

1906년 4월 19일, 마리의 남편이 마차에 깔려 순식간에 목숨을 잃었다. 마리는 남편을 잃은 슬픔에 젖어 서글프고 끔찍한 나날을 보내면서도 이를 악물고 연구를 계속해 나갔다. 마리는 남편이 맡았던 소르본 대학의 자리를 이어 최초의 여교수가 되었다.

1911년 1월, 마리 퀴리는 프랑스 과학 아카데미 회원 후보가 되었지만 과학계 보수적인 인사들이 마리가 폴란드 이주민이라는 출신 배경을 문제삼아 탈락되었다. 하지만 같은 해 12월, 노벨 화학상을 받게 된다.

1914년에 라듐 연구소를 열었으나 1차 세계 대전이 일어나 젊은 남성 연구자들이 모두 군에 소집되어 연구소를 닫아야 했다. 그리고 마리는 모든 재산을 정리하여 X선 장치를 실은 구급차를 20대를 마련해 전쟁터로 나섰다. 딸 이렌도 동참해 장비 다루는 일을 맡았다. 이때 마리에게 도움을 받은 부상병은 100만 명이 넘는다.

전쟁이 끝난 후, 연구소에는 라듐이 1g밖에 없었던 데다가 여기저기서 의학용으로 라듐을 빌려달라는 요청이 쇄도했다. 당시 라듐은 1그램당 10만 달러(1억 2천억원)으로 고가라 라듐 구입 비용을 마련하기 위해 미국으로 모금 활동을 떠나기도 했다. 마리는 50만 달러가 넘는 기금을 모아 라듐을 더 구입할 수 있었다.

전쟁 당시 마리는 자신이 받은 노벨상 메달까지 팔아서 프랑스의 전쟁 에 기부하려 했지만, 프랑스 중앙은행에서 사양하는 덕분에 이루어지지 않았다. 대신 자신이 받은 노벨상 상금으로 전쟁 채권을 사는 방식으로 동참했다.

1920년대에 접어들면서 라듐 연구소의 연구원들이 악성 빈혈이나 백혈병으로 목숨을 잃는 일이 발생했다. 마리도 1차 세계대전에 수많은 병사들의 X레이를 찍었기 때문에 방사선에 지속적으로 노출되어 생리기능이 완전히 망가져 스위스에서 요양을 하였다.

결국 1934년 7월 4일 66세의 나이에 백혈병으로 세상을 떴다. 아인슈타인은 "유명한 사람들 중 명예 때문에 순수함을 잃지 않은 유일한 사람"이라고 찬사를 보냈다.

평가

마리아는 프랑스의 물리학자·화학자로 인류 역사상 가장 위대한 과학자라는 칭호를 받고 있다. 남편과 함께 방사능 연구를 하여 최초의 방사성 원소 폴로늄과 라듐을 발견하였으며, 이 발견은 방사성 물질에 대한 학계의 관심을 불러일으켜, 새 방사성 원소를 탐구하는 계기를 만들었다.

여자라는 이유로 자신의 업적을 제대로 평가받지 못하는 사회적 분위기에서 오직 학문에 대한 열정만으로 끝없는 연구와 실험을 거듭한 결과 두 차례나 노벨상을 수상했다. 마리는 죽을 때까지 조국 폴란드를 사랑했으며, 목숨을 아끼지 않고 방사능 연구를 계속하여 결국 백혈병으로 사망하기 전까지 초인적인 정신력으로 연구에 몰두했다.

장녀 이렌 졸리오퀴리는 어머니의 뒤를 이어 과학자가 되었고, 차녀 이브 퀴리는 외모가 부모의 장점만 닮아 당대 최고 미인이었으며 피아니스트 겸 저널리스트 겸 작가로 왕성하게 활동하였다. 그리고 마리의 장녀와 첫째 사위 프레데리크 졸리오퀴리[67], 둘째 사위 헨리 라부아스 주니어[68]는 전부 노벨상 수상자가 되었다. 퀴리 부부까지 합치면 한 집안에 노벨상 수상자만 5명이 나왔다.

Tip

마리아는의 리더십을 배우려면 여자라는 이유로 자신의 업적을 제대로 평가받지 못하는 사회적 분위기에서 오직 학문에 대한 열정만으로 끝없는 연구와 실험을 거듭하였다. 그리고 목숨을 아끼지 않고 초인적인 정신력으로 연구에 몰두하는 자세를 배워야 한다.

---

(67) 프랑스의 핵물리학자. '보테 베커의 방사선'의 성질에 관한 연구로 중성자를 발견하고, γ선에 의한 음양 전자쌍생성을 보고하였으며, 인공방사능을 발견하고, 그 밖의 많은 새로운 원소 창출의 가능성을 예견하였으며, 연쇄 핵반응의 가능성을 밝혔다.

(68) 미국 외교관으로 유니세프에서 활동하였으며, 이 단체는 1965년에 노벨평화상을 받게 된다.

06 마리아 몬테소리

"어린이의 감춰진 힘을 알아내어 칭찬하고 그 힘의 성장을 돕고 보조하겠다는 의도를 가지고 겸손히 다가가야 한다. 그렇게 하면 어린이의 진정한 품성이 내면의 힘을 가지고 우리 앞에 드러날 것이다."

어린이를 사랑한 교육자 마리아 몬테소리(1870년~1952년)

최초의 여의사가 되다

1870년 이탈리아 안코나주의 키아라발레에서 유복한 가정의 무남독녀로 태어났다. 국영 담배회사의 재무담당자로 꽤 돈을 잘 벌던 아버지는 보수적이어서 딸이 결혼해서 무탈하게 살기를 바랐다. 그러나 학자 집안에서 좋은 교육을 받은 어머니는 마리아가 원하는 꿈을 이루고 성공하기를 바랐다. 어린 시절 부모의 지원 아래 부족한 것이 없이 부모님의 사랑을 받으면서 살았다.

1890년 20세에 고교를 우수한 성적으로 졸업하고, 이공계를 좋아했던 마리아는 의대로 진학을 결심하였다. 당시 로마대학교 의대는 여성 입학을 거부하여, 자연대로 진학해서 식물학, 동물학, 실험물리학, 해부학, 유기화학 등 학위 과정을 모두 이수한 후, 의대로 편입학을 하여 이탈리아의 첫 여성 의대생이 됐다. 의대에서 공부하는 동안 여자라는 이유로 많은 차별을 받았지만 이를 모두 이겨내고 우등상을 받으며, 1896년에 마침내 의과대학을 무사히 졸업하여 최초의 소아과·정신과 여의사가 되었다.

몬테소리 교육법을 만들다

로마대학의 부속병원 정신병과 조수가 되었으나 여전히 여성에 대한 차별대우와 지체 장애 아동을 학대하는 당시의 관습에 지쳐 교육학으로 전향을 결심하였다.

1898년부터 2년간 로마의 국립 특수교육학교에서 일하며 현장 경험을 통해 이탈리아 교육학회에 장애어린이들 위한 교육개혁을 요구하였다. 경험과 학문적인 지식을 포함하여 몬테소리 교육법을 만들어, 정신지체아들에게 적용했는데, 확실한 효과가 있다는 것을 발견하고 자신만의 교육방식을 적용할 수 있는 학교를 만들고 싶었다.

이즈음 대학 동창이던 동료의사 주세페 몬테사노와 사랑에 빠져 아들 마리오 몬테사노를 낳았지만 집안의 반대로 결혼하지 못했고 다른 이성과도 결혼하지 않기로 약속하기도 했다. 그러나 그는 약속을 어겼고, 마리아는 독신으로 살았다. 당시 미혼모는 사회적으로 용인될 수 없는 존재였기 때문에 아이는 은밀하게 양부모에게 맡겨졌다. 나중에 마리오가 15세가 되어서야 모자는 당당하게 만날 수 있었고, 아들 마리오는 어머니를 도와 몬테소리 교육법을 알리는데 평생의 조력자가 되었다.

몬테소리는 교육학을 체계적으로 공부하기 위해서 1902년 32세에 로마대에 다시 입학해 실험심리학과 교육학을 전공했다. 1907년 37세에 로마 산로렌초 구 빈민 지역에 3~6세까지의 노동자 자녀들을 위한 유치원 '어린이의 집(Casa dei Bambini)'을 열고, 정신지체 아동들을 교육하던 방법을 더욱 발전시켜 독특한 몬테소리 교육법을 정립하였다.

몬테소리 교육은 교사들의 권위주의적 교육을 억제하고 조력자 역할을 수행하도록 하고, 어린이의 권리를 존중하고 자유로운 교육을 통하여 자율성과 자발성을 배울 수 있도록 하며, 어린이의 활동 리듬에 알맞은 개성 발전 교육을 통해 자신을 표현하도록 한 교육이론이다. 이러한 교육을 위하여 어린이들이 스스로 자기 개발할 수 있는 적합한 환경을 제공하고, 오감발달이 지능발달에 큰 영향을 주기 때문에 오감을 자극하고 발달시킬 수 있는 흥미로운 놀이 도구를 고안했다.

몬테소리 교육의 목표는 어린이들에게 지식을 가르치는 것이 아니라 어린이들의 흥미와 발달을 존중하고 학습하고자 하는 자연스런 욕망을 길러 주는 것이다.

몬테소리 교육이 세계로 전파되다

몬테소리식 교육이 자신이 운영하는 어린이집을 통해 효과가 입증되자, 전 지역에서 몬테소리 교육 방식을 배우러 몰려왔으며, 순식간에 퍼져나가게 되었다. 점차 몬테소리 교육이 지적장애아뿐 아니라 모든 아동에게도 효과가 있다는 것이 알려져 이탈리아와 유럽뿐 아니라 인도, 미국 등 전 세계 각국에서도 큰 인기를 끌었다.

몬테소리는 더 많은 곳에 알리기 위해 '몬테소리 방법'이라는 교수법에 대한 책을 냈고, 교육법에 대한 강연을 활발하게 했다. 몬테소리 교구를 원하는 사람들을 위해서 몬테소리 교구 회사를 세워 교구도 보급하기 시작했다. 오늘날까지 아이를 키우는 집에는 몬테소리 교구 하나 쯤은 가지고 있게 되었다.

1913년에는 국제 몬테소리 교원양성 코스를 만들었고, 1929년에는 국제 몬테소리 협회가 만들어졌다. 덴마크에서 만들어졌는데 나중에 베를린을 거쳐 현재는 네덜란드 암스테르담에 본부를 두고 있다.

그러나 이탈리아 우익들이 몬테소리가 몬테소리 교육을 통하여 공산주의 사상을 아이들에게 가르치려고 한다는 주장을 해서 어린이의 집이 강제 폐쇄되었다가 다시 운영되었다. 그리고 의사들이 의사로서의 품위에 맞지 않게 어린이집을 만들어 운영한다고 비판하자, 1919년 48세 의사면허증을 반납해 버리기도 했다.

말년

1936년 66세에 스페인에서 내전이 일어나자 네덜란드 암스테르담에 정착하였다. 1939년 69세에 제2차 세계 대전이 일어나면서 히틀러 정권에 의해 몬테소리의 교육법이 탄압을 받자 인도로 갔다가, 1946년 76세에 전쟁이 끝나고 유럽으로 돌아왔다.

1952년 82세의 나이로 네덜란드에서 노환으로 눈을 감는다.

평가

이탈리아 최초의 여의사가 된 몬테소리는 여성에 대한 차별대우와 지체 장애 아동을 학대하는 당시의 관습에 지쳐 아동교육자가 되었다. 마리아 몬테소리는 어린이에 대한 애정과 관심을 통해 어른으로 성장하기 전에 어린이들만이 가지고 있는 세계를 발견하였다. 그리고 아이들의 권리를 존중하고 그들 스스로 독립적이고 자발적인 활동을 할 수 있는 대상으로 보고 그에 맞는 몬테소리 교육법을 만들어 전 세계에 널리 보급하였다.

마리아 몬테소리는 이에 대한 공로를 인정받아 노벨평화상 후보에 여러 번 올랐으나 자신이 한 일은 아무것도 없으며, 이 모두가 어린이들이 보여준 것이라며 상을 사양하기도 하였다. 이탈리아에서는 몬테소리의 업적을 높이 사 유로화 도입 전인 이탈리아 1,000리라의 종이화폐 인물로 선정되었다.

Tip

마리아 몬테소리의 리더십을 배우려면 어린이에 대한 애정과 관심을 통해 아이들이 행복한 세상을 만들어 주겠다는 신념을 가져야 한다

07 아밀리아 에어하트

"다른 사람들이 할 수 있거나 할 일을 하지 말고, 다른 이들이 할 수 없고 하지 않을 일들을 하라."

"일어나지도 않은 실패를 미리 걱정하기보다는 하고자 하는 일을 하는 것 그 일을 하는 데에 가장 효과적일 것이다."

여성 최초로 대서양 횡단 비행을 성공한 아밀리아 에어하트(1897년~1937년)

조종사의 꿈을 갖다

아밀리아 에어하트는 1897년 7월 24일 미국 캔자스주에서 태어났다.

어릴 때부터 남자아이들처럼 호기심이 많은 모험가적 기질을 보였다. 제1차 세계 대전 때에는 토론토의 스패디나 육군 병원에서 간호사로 일했다. 이때 위문 공연차 온 공군의 곡예비행단을 보고 매료되어 비행사가 되고 싶다는 생각을 가지게 되었다.

의학을 공부하기 위해 컬럼비아대학교에 입학했으나, 의학 분야로 자신의 꿈을 이룰 수 없다는 생각에 1년 만에 중퇴했다.

그 후 아밀리아는 조종사가 되고 싶은 자신의 꿈을 이루기 위하여 무작정 비행학교에 입학했다.

1921년 1월 3일 첫 비행 훈련을 받으며, 조종사가 되려는 자신의 선택이 옳다고 생각하였다. 비행 훈련을 받고 조정훈련을 오래 받으려면 자신의 비행기가 필요하다는 생각에 비행훈련을 시작한지 6개월 만에 유산으로 남겨진 돈을 가지고 '카나리아(The Canary)'라고 이름을 붙인 황색 중고 복엽기를 구매했다.

1922년 10월 22일에 고도 4,300m를 날아 여성 파일럿으로서는 최고 높은 곳까지 비행한 기록을 세웠다. 1923년 5월 15일에는 국제항공연맹에서 발급하는 파일럿 면허증을 여성으로는 16번째로 땄다. 그러나 비행 실력 자체는 기존의 숙달된 비행사들에 비해서 그렇게 뛰어난 편이 아니었다.

1924년 부모가 이혼했을 때, 어머니를 기쁘게 해드리기 위해서 어머니와 함께 미국 대륙 횡단 여행을 떠나 보스턴에 도착했다. 여행으로 남은 재산을 다 사용한 아밀리아는 돈을 마련하기 위하여 비행기를 팔아야만 했다.

컬럼비아 대학교에 몇 개월 동안 다녔고, MIT에 등록하려 했으나 수업료를 충당할 수 없어 다시 학업을 그만두었다. 그녀는 돈을 벌기 위해서 잠시 교사로 일하기도 했다.

1925년에는 매사추세츠주 메드포드에 살며 사회 사업가로서 일했다. 그러나 비행기 조정이 그리워져서 매사추세츠주 퀸시에 있는 데니슨 공항에서 다시 비행을 시작하였다. 아밀리아는 비행이 자신의 적성에 맞는 일이라는 생각을 굳히고, 미국 항공 협회 보스턴 지부의 일원으로서 활약했으며, 부회장으로 선출되기도 했다. 그녀의 비행기와 조정에 대한 활동이 점차 늘어나자, 신문에 소개가 되었고, 지역에서 나름 알려진 조종사가 되었다.

대서양 횡단 비행을 하다

1927년 찰스 린드버그[69]의 단독 대서양 횡단 비행을 성공했다는

---

[69] 미국의 비행사. 1927년 '스피릿 오브 세인트루이스호'를 타고, 뉴욕~파리 간의 대서양 무착륙 단독비행에 처음으로 성공하였다. 또한 생리학자 A.카렐과 협력하여 장기를 몸 밖에서 산 채로 보존하는 '카렐린드버그 펌프'를 만들기도 하였다.

 소식을 접한 후, 아밀리아 자신도 대서양을 횡단하는 비행을 성공한 최초의 여성이 되고 싶었다. 그러나 대서양을 횡단하려면 비행기도 있어야 하고, 혼자 할 수 있는 것이 아니기 때문에 꿈만 꾸고 있었다.

1928년 4월 미국 공군의 힐턴 대령은 아밀리아에게 세계 최초로 대서양 횡단 비행에 성공한 여성 조종사가 되어보지 않겠냐는 제안을 했다. 아밀리아는 그토록 매일 꿈꾸던 소망이 이루어져서 너무 기뻤다.

1928년 6월 17일 캐나다의 뉴펀들랜드 트레퍼시 만을 출발해 정확히 20시간 40분 후에 영국의 웨일스 버리포트에 착륙했다. 비행의 대부분이 계기 비행으로, 조종사가 직접 바깥 상황을 보면서 조종하는 시계 비행이 아니라 계기판을 보면서 조종하는 방식이었다. 이는 보통 주변 시야 환경이 좋지 않을 때 시행하는 비행방식이었는데, 아밀리아는 장거리 계기 비행에 대한 연습이 없었다. 그래서 공군 측에서는 다른 베테랑 조종사들과 함께 비행했고 공군 조종사들이 직접 조정하고 자신은 사실상 비행기를 조종하지 않았다. 착륙 후의 인터뷰에서, 그녀는 "자신은 짐에 불과했다. 반드시 혼자 대서양을 횡단하겠다고 말했다.

아밀리아는 자력으로 대서양 횡단 비행을 성공하겠다는 계획을 세우고, 조종연습을 하였다. 마침내 1928년 8월에 북아메리카 횡단 비행에 성공해서 공식적으로 '북아메리카 횡단 비행에 성공한 첫 여성 조종사' 칭호를 얻었다. 아밀리아의 비행 조종능력은 예전에 비해서 비행 실력이나 기량도 부쩍 향상되었다고 한다.

자신감을 얻는 그녀는 자력으로 대서양 횡단 비행을 하게 된다. 단발 프로펠러기인 록히드 베가 모델의 단발 비행기로 미국의 뉴펀들랜드에서 출발해 무착륙으로 프랑스 파리에 도착할 예정이었다.

1932년 5월 20일 34세에 아밀리아는 모든 준비를 마치고 캐나다의 뉴펀들랜드를 출발하여 14시간 비행할 때 기상 악화로 인해 어쩔 수 없이 아일랜드의 데리에 착륙함으로써 파리까지 간다는 목표는 실패했으나 어쨌거나 대서양 무착륙 횡단은 성공리에 마쳤다. 이번 횡단은 실제로 본인이 조종해서 무착륙으로 대서양 횡단에 성공했기 때문에 더 큰 화제가 되었다.

성공적인 비행을 마치고 미국 국회로부터 공군 수훈 십자 훈장, 프랑스 정부로부터 레지옹 도뇌르 훈장, 허버트 후버 대통령으로부터 내셔널 지오그래픽 협회상 금메달을 수여받았다.

세계 일주 비행을 하다

아밀리아는 《코스모폴리탄》 잡지의 부편집장 직책을 제안 받아 비행에 대한 내용을 잡지에 실어 대중들에게 널리 알리는 기회로 여겨 수락했다. 그녀는 부편집장이 되어 여성들의 항공분야 부문 참여에 대해 집중적으로 기고했다. 1929년 그녀는 최초의 대서양 횡단 비행을 성공한 찰스 린드버그와 함께 투자하여 상업 항공 회사인 트랜스 콘티넨털 에어트랜스포트의 대표가 되었다. 첫 항로로 뉴욕과 워싱턴 DC 간의 왕복 항공편을 개설하였다.

1935년 1월 11일에 그녀는 하와이 호놀룰루에서 캘리포니아주 오클랜드까지 단독 비행을 성공하여 최초의 조종사가 되었다. 그리고 벤딕스 트로피 레이스에 장거리 경주 비행에 참가해서 5등을 했다. 이 대회는 매우 위험한 대회였는데, 짙은 안개와 격렬한 폭우가 경주를 방해하며 대회 참가자였던 세실 앨런이 이륙 도중에 화염에 휩싸여 사망했고, 라이벌 재클린 코크란은 기계적 문제 때문에 은퇴하게 되었다. 아밀리아는 퍼듀 대학교 항공학부의 지도 교수와 상담 교수가 됐다.

1936년에는 로스앤젤레스부터 멕시코시티까지 단독으로 비행했고, 멕시코시티에서 뉴욕까지 무착륙으로 비행하려 했다.

7월에는 록히드 L-10 엘렉트라 비행기를 퍼듀 대학교로부터 인수받아, 적도를 따라서 29,000마일(47,000km)를 비행하는 세계 일주 비행을 계획하기 시작했다.

1937년 3월 17일 아밀리아는 3명의 스텝과 같이 캘리포니아주 오클랜드를 떠나 하와이 호놀룰루로 향했다. 비행 도중에 급유와 프로펠러 축 문제 때문에 하와이에서 정비가 필요했다. 3일 뒤에 이륙하려는데 비행기에 다른 문제가 생겨 비행은 연기되었고, 비행기는 캘리포니아주 버뱅크의 록히드로 보내져 수리받았다. 결국 1차 세계 일주 비행은 실패로 끝났다.

마지막 비행이 되다

비행기가 수리되고 있는 동안, 자금을 모아 두 번째 세계 일주 비행을 준비했다. 두 번째 시도는 1차와는 반대로 서쪽의 오클랜드에서 동쪽의 마이애미까지 이동하기로 했다. 2차 비행은 아밀리아와 프레드 누넌과 단 둘만이 가기로 했고, 6월 1일에 마이애미를 출발한 후, 남아메리카, 아프리카, 인도와 동남아시아의 중간 착륙지를 거친 후 1937년 6월 29일 뉴기니섬의 라에에 도착했다. 그들은 35,000km를 이동했고, 11,000km를 남겨두고 있었다.

아밀리아와 누넌이 하울랜드 섬으로 접근하는 동안, 통신에 이상이 생겨 관제탑과의 교신이 불통되어 하울랜드 섬 상공에 짙은 구름이 많아 지상을 분간하기 어려운 상황에서 관제탑에서 말하는 상황을 아밀리아는 듣지 못했다.

결국 하울랜드 섬을 찾지 못하고 헤매다 기름이 떨어져서 추락하였다. 곧 미국 해군이 수색에 참여했고, 섬 부근을 수색했다. 아밀리아로 부터의 마지막 교신이 있은 지 나흘 후인 1937년 7월 6일에, USS 콜로라도의 함장은 사령관으로부터 명령을 받아 해군과 미국 해안경비대의 모든 배를 동원해 400만 달러를 쏟아부으며 미국 역사상 가장 큰 재정적 지원과 철저한 수색을 했지만 잔해를 찾을 수 없었다.

오랫동안 수색을 진행했지만 결국 찾지 못해서 1939년 1월 5일에 사망했다고 공식 발표되었다.

평가

아밀리아 에어하트는 대서양과 아프리카 횡단 비행을 성공하여, 국제적으로 유명해졌다. 평범한 여성으로 조종사가 되겠다는 꿈을 갖고, 비행학교에 들어가 그 꿈을 이루고 비행기를 구입하여 조종연습을 해서 우수한 조종사가 되었다.

아밀리아 에어하트는 조종사가 된 것으로 만족한 것이 아니라 북아메리카 횡단 비행과 대서양 횡단 비행을 여성 최초로 성공한 조종사가 되었다. 수많은 비행기록에 도전하여 신기록을 세웠음에도 불구하고 끝없는 도전을 하였다. 마지막으로 세계 일주 비행을 하다 추락하여 사라져 전 세계의 조종사들과 도전하는 사람들 마음에 롤 모델로 자리를 잡았다.

아밀리아 에어하트의 비행 기록들은 여성 조종사들을 자극시켜 도전하게 만들었고, 전투기, 글라이더, 연습용 비행기를 다루던 여성 1,000명이 넘는 여성 조종사들이 제2차 세계대전에서 수송기 조종사로 활약하는 결과를 가져왔다.

Tip

아밀리아 에어하트의 리더십을 배우려면 평범함을 버리고 남들이 하지 않는 도전을 하면서 죽음도 두려워하지 않는 강한 신념을 가져야 한다.

08 오프라 윈프리

"세상 모든 일은 여러분이 무엇을 생각하느냐에 따라 일어납니다."

"여러분을 더욱 높이 올려줄 사람만을 가까이 하세요."

"내 신체에 감사하는 것이 자신을 더 사랑하는 열쇠임을 비로소 깨달았습니다."

세계에서 가장 영향력 있고 존경받는 방송인 오프라 윈프리(1954~현재)

사생아로 태어나다

1954년 미국의 미시시피강 근처에 있는 가난한 흑인 마을인 코시우스코에서 당시 군인이었던 아버지 버논 윈프리와 어머니 버니타 리 사이에서 사생아로 태어났다. 본명은 오프라 게일 윈프리이다.

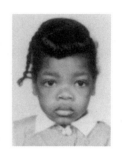

아버지는 오프라가 태어나자 어머니를 버렸다. 18세에 불과했던 어머니는 가정부로 생계를 해결하기 바빠서 오프라를 돌볼 여력이 없었다. 그래서 여섯 살 때까지 시골에서 농사일을 하는 외할머니와 함께 살았는데 집에는 TV도 없었고 인적이 매우 드문 시골이라 혼자 지내야 했는데 오프라는 항상 농장에 있는 가축들에게 말을 건네며 시간을 보냈다고 한다.

1957년 3세부터 교회를 다니며 뛰어난 말재간과 암기력을 보여 동네 어른들의 귀여움을 독차지했다.

1960년 6세 때 외할머니가 병에 들어 오프라를 돌볼 수 없게 되자, 밀워키에 있던 어머니의 집으로 오게 된다. 밀워키로 이주하여 자라온 그녀는 어린 시절 상당한 고난을 겪어야 했다. 어머니는 일에만 몰두하여 오프라에게는 관심과 애정을 보이지 않았다. 늘 혼자 집에 있어야 하는 오프라는 외로울 수 밖에 없었다.

성폭행을 당하다

1963년 9세 때 오프라의 집에 드나드는 사촌 오빠와 삼촌에게 성폭행을 당하게 되었다. 오프라는 어머니에게 도움을 여러 번 요청했으나 어머니는 믿지도 않았고 대수롭지 않게 생각했다고 한다. 성폭행은 그 후로도 계속되었고 오프라는 공포와 두려움 속에 살아야 했다.

지난 상처를 잊기 위해 오프라는 오직 공부와 독서에 매달려 우수한 성적으로 14세에 명문 사립학교에 입학하게 된다. 그러나 학교에서 오프라 자신만 유일하게 흑인인데다가 나머지 백인 친구들은 부모님의 관심 속에서 부유하고 안정적으로 살고 있는 모습을 보면서 극심한 열등감과 좌절을 느껴야 했다. 그리고 계속되는 친척의 성적 학대로 인해 오프라는 견디다 못해 반항아로 변해 집 밖으로 나돌게 된다. 이 과정에서 오프라는 원치 않는 임신까지 하게 되었다.

이후 반항아로 변해버린 오프라를 어머니는 감당할 수 없게 되자, 테네시 주 내슈빌에서 이발소를 하는 아버지집으로 보낸다. 새어머니와 재혼한 상태였던 아버지는 오프라가 아이를 낳을 수 있게 도왔으나 아이는 2주 만에 세상을 떠났다. 오프라는 아이의 죽음으로 심한 충격과 죄책감을 견뎌내기 어려워 자살도 생각했고, 담배와 마약에까지 손을 대고 현실을 잊고자 했다.

오프라는 아버지와 새어머니의 격려와 지지 덕분에 절망을 딛고 동네 인근 고등학교에 다시 진학하고, 전교회장에 당선되는 등 자신감을 회복하고 다시 꿈과 희망을 갖게 되었다.

오프라 윈프리 쇼를 진행하다

1973년 19살이 되는 해에 처음으로 라디오 프로 진행자로 취직했다. 저녁 뉴스의 공동 뉴스캐스터를 시작했지만 뉴스에 감정을 실어서 전달했다는 이유로 8개월 만에 하차당하고 낮 시간 대의 토크쇼로 옮겨졌다.

1983년 29세에 오프라 윈프리는 시카고에서 시청률이 낮은 30분짜리 아침 토크쇼인 에이엠 시카고(AM Chicago)의 진행자가 되었다. 그런데 오프라 윈프리가 진행을 맡은 지 한 달만에 시카고에서 가장 인기 있는 토크쇼로 자리매김하였다.

1985년 31세에 스티븐 스필버그가 감독한 컬러 퍼플에서 조연으로 연기하면서 오프라의 간절한 꿈이었던 배우로도 데뷔한다. 이외 여러 편의 영화에 출연한다.

1986년 32세에는 프로그램 이름까지 '오프라 윈프리 쇼'로 바뀌었고 미국 전역에 동시 방송되기 시작했다. 쇼의 형태는 자연스런 고백적 형태의 대담으로 시청자들에게 재미를 줘 토크쇼 장르를 대중화시키고 큰 변화를 일으켰다. 오프라 윈프리 쇼는 당시 미국의 최고의 토크쇼가 되었고 2011년 5월 17일 을 마지막으로 오프라 윈프리 쇼 고별 방송을 했다.

1988년에 34세에는 영화제작 스튜디오, 잡지 발행사 및 촬영장을 두루 갖춘 3헥타르(30,000㎡) 규모의 하포 스튜디오(Harpo Studio)를 설립하며 미디어 사업가로서의 큰 성공을 거두게 된다. 하포(Harpo)는 오프라(OPRAH)를 거꾸로 한 이름이다.

2004년 9월 15일 50세에 오프라는 자신의 프로그램이 19주년인 것을 기념하여 자동차가 꼭 필요한 사연을 가진 응모자들 중에서 삶이 힘겨워 희망이 필요한 사람들을 엄선해 방청객 276명을 초청해 진행했다. 12명에게 차를 선물한다는 사실을 듣고 모든 방청객은 자신이 되기를 바랐다. 11번째까지 자동차를 선물 받지 못한 방청객들은 부러워하며 아쉬워했다. 오프라는 마지막 12번째 자동차 선물이라며 나머지 모든 방청객에게 선물상자를 줬고 그러면서 오프라는 "여기 상자 중에 1개의 상자에만 차 키가 들어있다."고 설명했다. 그리고 카운트에 맞춰 상자를 여는 순간 놀랍게도 276개의 모든 상자에 차 키가 들어 있었다. 이 프로그램을 지켜본 모든 시청자는 신선한 충격과 감동을 받았다. GM사는 신차 홍보 마케팅 차원에서 전량 기부했고 그에 따른 광고 효과는 대단했다.

2008년 54세에 스탠포드 대학교에서 졸업축사를 하였다. 이 축사는 2005년 스티브 잡스의 축사에 이어 스탠포드 대생들에게 가장 기억에 남는 연설로 꼽혔다. 졸업연설 후 자신의 쇼에서 소개한 책 2권을 졸업생 전부에게 선물했다.

아니라 전 세계적으로 유명한 인사가 되었고 성공한 대표적인 여성이 되었다. 오프라 윈프리는 많은 사람들의 롤모델이 되고 있다.

오프라 윈프리는 1992년 38세에 미국 포브스 지[70] 선정 미국 방송인 소득 순위 중 여성 방송인 소득 1위를 차지했고 남성 방송인까지 합쳐도 10위권에 들어가는 엄청난 소득을 벌어들였다. 더불어 2007년 포브스 지 선정 역대 미국 여성 부자 10인에서 유일한 흑인으로 들어갔다. 현재 1조 4000억원을 가진 부자이며, 전 세계 초호화 별장을 10개나 가지고 있다. 오프라는 매해 여름휴가를 이곳에서 보낸다고 하며, 오바마 부부를 초대해 함께 여름휴가를 보낸 적도 있다.

Tip

오프라 윈프리의 리더십을 배우려면 자신의 역경을 딛고 일어서려는 강한 의지가 있어야 하며, 성공하겠다는 뚜렷한 목표가 세워야 한다.

---

[70] 미국의 출판 및 미디어 기업이다. 포브스의 주력 출판인 《포브스 잡지》는 2주(격주)마다 발간된다.

09 이사벨라 버드 비숍

"나는 두려움이나 불운을 웃어넘길 수 있다. 여행가라면 반드시 자신의 경험에 대한 값을 치러야 한다. 여행에 성공하느냐 실패하느냐는 대부분 그 사람의 개인적 특성에 달려 있다."

평생 여행을 사랑한 이사벨라 버드 비숍(1831년~1904년)

아픈 어린 시절

이사벨라 루시 버드는 1831년 영국 요크셔 보로브리지홀에서 성공회 에드워드 버드 신부의 딸로 태어났다. 그의 집안은 캔터베리 대주교, 선교사들이 배출된 전통적인 성공회 집안이었다. 그녀의 아버지는 교구의 인사발령에 따라, 여러 지역으로 이사했다.

이사벨라는 빅토리아시기에 태어났는데, 이 시기는 빅토리아 여왕(1819 ~ 1901)이 여왕으로 즉위한 64년간의 치세를 의미한다. 대영제국을 형성하여 영국의 자부심이 최고조에 달했던 시기였고 고전적이면서 보수적인 도덕주의가 바탕이 되어 여성에 대한 차별이 심했던 시기다.

이사벨라는 어릴 때부터 몸이 약했으며 원인 불명의 두통, 불면증, 등의 통증과 신경쇠약에 평생 힘들어야 했다. 당시 사회적으로 여성들을 억압하는 분위기는 이사벨라에게 강한 심리적 압박으로 작용했을 거라고 추측하지만 그 당시에는 그녀의 병명도 원인도 몰랐고 치료법도 없었다.

이사벨라는 딱딱한 의자에 앉지 못할 정도로 몸이 약해서 평생 감기에 걸려 있거나 아픈 상태였다. 당연히 학교를 다니기 어렵기 때문에 가정교사를 통해서 배워야 했다. 1849년 18세에는 척추 수술까지 했지만 별로 도움이 되지 않았다. 당시 의사는 환경을 바꾸는 요양 여행을 제안했다.

여행을 시작하다

1854년 23세 이사벨라는 아버지가 준 100파운드를 가지고 처음으로 혼자 미국으로 여행을 떠났다. 100파운드를 다 쓸 때까지 마음껏 여행을 하라는 부모의 지지와 경제적 도움으로 인생 최초의 첫 여행을 마음껏 할 수 있었다. 키가 150㎝도 안 되는 미혼 여성이 혼자 여행을 다닌다는 것은 지금도 쉽지않은 일인데 당시에는 더더욱 어려운 일이었다. 더욱이 지병이 많아서 몸이 건강하지도 않은 상태에서의 여행은 매우 힘든 일이었다. 그러나 신기하게도 여행하는 동안, 이사벨라는 전혀 아프지 않았다. 즐거운 여행을 하면, 아픈 것을 느끼지 못한다는 사실을 알았다.

이사벨라는 여행을 통해 미국 서부의 거친 사람들의 삶 속에서 자유로움을 느꼈고 마음을 빼앗겼다. 여행을 끝내고 집으로 돌아오기 위해 뉴욕에서 영국행 배를 타는 순간, 평생 여행을 다닐 운명이라는 것을 예감했다. 여행을 다녀온 후 자신의 경험을 바탕으로 미국의 노예 제도를 비판하고 원주민들에 대한 애정을 담은 여행기를 출간했다. 이사벨라의 첫 저서인 《미국에 간 영국 여인》은 45쇄를 찍을 정도로 많이 판매되어, 영국 최고의 베스트셀러가 되었다.

이사벨라는 집에 돌아오자 다시 아프기 시작하면서 심한 우울증에 빠지게 되었고 그래서 다시 여행을 떠났다. 1856년 캐나다로 간 다음에 스코틀랜드로 여행을 다녔으며, 몸이 다시 아파서 로키산맥에서 장기간 요양을 했다. 1858년 이사벨라의 아버지가 돌아가셨기 때문에 다시 영국으로 돌아와야 했다. 1868년에는 어머니도 세상을 떠났다. 죄책감에 빠진 이사벨라는 한동안 여행을 꿈꿀 수 없었다.

영국에 있으면서 여동생 헨리에타와 함께 불우한 이웃을 돌보며, 대학에서 지리학 공부를 하기도 했다. 그러나 지병으로 인해 불안과 불면, 등과 허리의 통증이 끊이지 않아 일상생활이 매우 고통스러웠다. 베개에서 머리를 들 수 없을 정도로 통증에 시달리다 결국 이사벨라는 다시 여행에 나서게 된다. 1872년 41세에 다시 여행을 떠나 오스트레일리아로 향하는 배의 갑판에 섰다.

자유를 느끼다

이사벨라는 영국의 식민지였던 오스트레일리아와 뉴질랜드를 여행하면서 영국과 비슷한 문화를 체험했지만 흥미를 느끼지 못하면서 이사벨라의 지병은 다시 도졌다. 그러나 하와이에 도착해서는 아름다운 자연환경과 원주민들의 자유로운 삶을 보며 처음 본 하와이가 마음에 들었고 다시 몸이 급격히 좋아졌다. 이사벨라는 하와이에서 말을 타고 섬을 탐험하면서 보수적인 영국에서 벗어나 자유를 만끽하며 행복한 시간을 보냈다. 1875년 하와이 여행 경험을 다룬《샌드위치 섬에서의 6개월》두 번째 책을 출간했다.

하와이를 떠난 이사벨라는 미국 콜로라도주의 로키산맥으로 갔다. 로키산맥의 웅장함과 아름다움에 반하여, 1200㎞를 말을 타고 다니며 아름다운 경치를 구경했다. 여행을 하는 도중 겨울을 맞아 외부와 단절된 농장에서 추위를 피하는 동안 이사벨라는 그 지역의 악명 높은 무법자인 짐 누전트와 사랑에 빠지기도 했다.

여행을 마친 후 이사벨라는 자신의 여행담으로《로키 산맥 속 숙녀의 삶》을 출간했다. 이 책 또한 베스트셀러가 되어 향후 이사벨라의 여행 경비를 충당할 수 있게 되었다.

영국으로 돌아간 후 여동생이 아프자 잠시 함께 있는 동안 여동생의 주치의인 존 비숍은 이사벨라를 보고 반하여 여러 번 청혼을 했다. 그녀는 비숍에게 호감을 가지고 있지만, 혼자 여행하는 것이 좋았기 때문에 청혼을 거절했다. 다시 몸이 아파오자 여행을 떠나기로 계획했다. 1878년 47세에 여동생과 비숍의 배웅을 받으며 일본, 중국, 베트남과 싱가포르를 여행했다.

일본에 도착해서 홋카이도로 가서 아이누 원주민 마을에 머물며, 인류학자처럼 자세히 관찰하고 기록하기 시작했다. 일본 여행과 돌아오는 길에 들린 말레이시아의 경험을 담아《알려지지 않은 일》과《황금 반도》등 두 권을 출간했다.

불행이 찾아오다

책을 정리하기 위해 귀국한 지 얼마 안되어 가장 절친했던 여동생 헨리에타가 티푸스로 사망했다. 동생의 사망이 너무도 고통스러워서 여행에 대한 열정조차 잃었다. 더욱이 이사벨라의 여행기는 여행 도중에 느낀 생생한 감상을 적어 동생에게 편지로 보냈고, 영국에 돌아와서 글을 다듬어 책으로 냈기 때문에 동생이 빈자리가 너무 크

게 느껴졌고 출간을 할 수 없었다. 부모의 죽음이 한동안 그녀를 죄책
감에 시달리게 한 것처럼, 동생에 대한 애틋함과 죄책감이 그녀를 괴
롭혔다. 그래서 동생이 생전에 하던 지역 봉사 일을 대신 하며 잊어보
려 했지만 깊은 좌절에 빠졌다.

좌절과 외로움에 빠진 이사벨라에게 존 비숍은 다시 청혼을 해왔
다. 존은 이사벨라보다 10세 연하지만 신중한 성격이면서 병든 여동
생을 헌신적으로 돌봐준 그의 정성에 마음을 돌렸다. 그리고 현재 외
로운 자신을 돌봐주리라 기대하며 청혼을 수락했다. 1881년 50세에
여동생에 대한 그리움과 죄의식 때문에 상복을 입고 결혼식을 올렸
다. 결혼하면서 이사벨라 버드 비숍이 되었다.

독실한 기독교인이었던 비숍 부부는 세계 오지의 가난하고 병든
사람들을 돕고 선교하자는 이상을 가지고 있었다, 그러나 이사벨라
의 행복은 오래가지 못하고 5년 후인 1886년 55세에 결혼기념일을
며칠 앞두고 남편의 다친 곳에 세균이 침투하여 갑자기 사망했다. 이
사벨라는 다시 혼자가 되어 매우 힘들어했으며, 남편의 죽음이 전부
자기 탓인 것 같아 죄책감이 더욱 심해졌다.

병원을 세우다

이사벨라는 부모, 여동생, 남편이 일찍 사망하자 그에 대한 죄책
감을 덜기 위해 그들의 이름으로 된 자선 병원 설립 계획을 세웠다.
그녀는 꿈을 이루기 위하여 60세가 넘어 의학을 배우고, 성공회 선교
를 위해서 인도로 가기로 결심하였다.

1889년 58세에 인도에 도착한 이사벨라는 너무도 영국적이었던 인도에 흥미를 잃었지만, 선교 활동을 하면서 사재를 털어 남편을 기리는 '존 비숍 기념병원'을 세웠다. 그리고 여행하기 어려운 티베트 고원을 넘어 라다크 왕국을 방문했으며, 페르시아를 거쳐 돌아오는 길은 너무도 위험해 군인들과 일행을 동행하여 바그다드에서 테헤란까지 여행했다. 여행을 마치고 영국에 돌아왔을 때 이사벨라는 이미 유명인사가 되었고, 자주 잡지의 기사에 등장하게 되었다. 터키, 페르시아와 쿠르디스탄을 거치는 춥고 힘든 여정 동안 이사벨라는 쉬지도 못하고 구급약을 나눠주고 현지인들을 치료했다.

1892년 61세에 여자로서는 처음으로 영국 왕립 지리학협회의 회원이 되었다. 1894년 63세에 처음 한국을 방문하여 3년 동안 조선과 중국을 드나들면서 한반도를 답사하면서 고종과 명성황후를 만났으며, 동학농민혁명과 청일전쟁을 겪기도 했다.

당시 반외세 운동이 벌어지던 청나라 말 중국 내륙으로 여행했으며 외국인들에 대한 반감으로 총을 든 폭도들과 대치하는 위험 속에서도 부모, 여동생과 남편의 이름으로 중국에 병원을 세웠다. 이러한 다양한 체험을 담아 《조선과 그 이웃 나라들》, 《양자강 상류 지역》을 출간하여 또 다시 베스트셀러가 되었다.

말년

1898년 57세에 아프리카 여행을 떠나 모로코를 거쳐 사하라 사막을 횡단한 후 아틀라스 산맥에 등정하게 된다. 여행에서 돌아온 후

워낙 오지를 여행했기 때문에 건강이 악화되어 요양을 해야 했다.

1904년 73세의 나이에 다시 중국 답사를 하기 위해 준비하던 중 병세가 악화되어 결국 에든버러의 병원에서 사망했다. 그녀는 숨을 거두기 직전까지 "나는 서울이 영국의 어느 곳보다 집처럼 느껴진다."며 한국을 그리워하고 한국인을 진정 사랑한 영국 여성이었다.

평가

이사벨라는 익숙하고 낯익은 나라를 여행하는 것에는 흥미가 없었고 남들이 가지 않는 나라나 오지를 연약한 몸으로 홀로 탐험하면서 자유를 만끽한 진정한 모험가이다. 분만 아니라 여행한 나라에 대한 인문학적 탐구를 통해 전 세계에 알리고 책을 출간하면서 당시 유럽이 세계를 이해하는데 큰 기여를 하였다. 모험과 거친 세계를 탐험하면서 목사 딸로서 내면화된 도덕 규범을 스스로 준수하기도 했다. 또한 자신의 이기심과 여행에 대한 욕망 때문에 죄의식을 느끼면서도 여행지에서 가난하고 병든 자들을 위해 봉사하고 병원을 지어 의료혜택을 주는 등 인간애를 실천한다.

전 세계의 여성들은 이사벨라를 통해 전통적인 여성의 역할에서 벗어나 더 넓은 세상으로 나아갈 용기를 얻었고, 전 세계의 많은 여성에게 여행가와 지리학자의 꿈을 꾸게 했다.

Tip

이사벨라의 리더십을 배우기 위해서는 끊임없는 도전정신을 가지고, 호기심과 문화를 객관적으로 탐구하는 능력을 키워야 한다.

10 인드라 누이

"내가 가진 모든 것은 어머니 덕분이다."

코카콜라를 이긴 펩시코의 CEO 인드라 누이(1955년~현재)

어머니의 교육으로 자신감을 갖다

1955년 10월 28일 인도 남부 지역 첸나이에서 둘째 딸로 태어났다. 어릴 때 이름은 인드라 크리슈나무리 노우다.

아버지는 은행원으로 전형적인 중산층 가정에서 태어났지만, 어머니는 대학을 나오지 못한 평범한 여성이었다. 당시 인도는 남녀차별이 심했기 때문에, 어머니는 두 딸의 미래를 위해 매일 저녁 식탁에서 대통령이나 총리가 되면 어떤 일을 할 것인지 연설문을 쓰고 발표하고 토론하도록 가르쳤다. 그리고 누이에게 "넌 뭐든지 될 수 있다."고 자신감을 불어넣어 주었다. 어머니의 교육은 누이에게 큰 힘이 되었고, 후에 누이가 펩시의 CEO가 되었을 때 회사의 성장을 이끌어 내는데 매우 큰 도움이 되었다.

펩시코를 만나다

누이는 인도 마드라스 크리스천 대학에서 화학을 전공하고, 인도 경영대에서 경영학석사(MBA)를 받았다. 그는 인도에서 직장을 다니다 공부를 더 하고 싶다는 생각이 들었고 때마침 예일대 MBA과정 학생 모집 공고를 보고 바로 지원하였다. 예일대에서 합격 통지를 받아 1978년 23세에 미국으로 건너갔다. 어머니는 딸의 미국 유학을 적극 응원했다.

예일대에서 다시 MBA 받은 누이는 보스턴 컨설팅 그룹에서 컨설팅 업무를 했으며, 휴대폰 회사인 모토로라 이사로 스카우트되어 부사장으로 승진하고, 다국적 기업 ABB의 수석 부사장을 맡는 등 세계적인 회사를 거치면서 사업 구조조정과 판매 전략, 기획 분야에서 탁월한 실력을 보여주었다.

1994년 39세에는 GE와 펩시코의 러브콜을 받게 되고 고민하고 있을 때 "펩시코를 당신을 위한 특별한 공간으로 만들겠습니다."는 말을 펩시코[71]의 CEO에게 듣고 주저없이 펩시코에 입사했다.

펩시코에 입사한 인드라 누이는 웰빙을 추구하는 소비자의 식습관 변화를 간파하고 콜라를 중심으로 한 탄산음료 시장의 한계를 예측해, 펩시콜라보다는 주스, 차, 스포츠 음료 등 건강식품 사업에 주력하자는 전략을 회사에 제안했다. 펩시코는 이 제안을 받아들여 KFC, 피자헛 등의 패스트푸드 사업을 정리하고, 도리토스, 치토스, 썬칩 등 스낵 사업 비중을 크게 늘려나갔다. 그리고 과일주스 생산 업체인 '트로피카나'와 오트밀과 게토레이를 생산하는 '퀘이커

---

(71) 1898년 미국 노스캐롤라이나 주의 약사 출신인 캘러브 D. 브래덤이 '펩시-콜라'라는 이름으로 처음 펩시의 제조방법을 개발했다. 펩시콜라가 선풍적인 인기를 얻자 1902년 펩시콜라컴퍼니를 설립하고 1903년 제조방법을 특허 등록했다. 1960년대 다이어트 펩시와 마운틴듀를 추가로 출시했다.

오츠'를 인수했다. 특히 퀘이커오츠는 스포츠음료 시장의 80%가 넘는 시장점유율을 차지하고 있는 '게토레이'를 생산하고 있어 코카콜라의 '파워에이드'보다 점유율에서 크게 앞섰고, 건강음료 시장을 주도하면서 펩시코가 종합 식품 회사로 성장하는 데 큰 발판이 되었다.

펩시코의 회장이 되다

펩시코는 누이의 사업 다각화 전략으로 식품과 스낵, 음료 전 부문에서 급속도로 성장했고, 드디어 2004년에는 코카콜라보다 73억 달러가 많은 매출을 기록하며, 코카콜라 주가의 배에 달하는 주가 상승세를 보였다. 펩시코에서는 누이의 능력을 인정하여, 입사 10년 만에 최고재무책임자로 임명했다. 2005년엔 펩시 순이익이 13% 증가하여 코카콜라를 완전히 따돌리게 되어 2006년에는 펩시코의 CEO에 임명되었다.

누이는 CEO가 되자 매주 마트에 들러 펩시코 제품이 매장 가판대에서 어떻게 보이는지를 확인하고 경영에 반영하였다. 누이는 매출을 증가시키기 위하여 디자인 경영을 내세우며 대대적인 변화를 지시하여, 제품의 맛과 식감, 제조 공정, 유통, 마케팅 등 회사 시스템 전반을 새롭게 바꾸었다. 마트에 들러 펩시코 제품을 둘러보고 소비자의 눈길을 끄는 매력이 부족하다는 것을 느껴, 제품 외관 디자인까지 바꾸어 펩시코의 시장점유율을 80% 이상 늘렸다.

2018년에는 세계 기업 순위에서 펩시코가 102위에 올라 209위인 코카콜라를 크게 앞섰다.

2018년 10월 63세에 누이는 가족과 함께하는 시간을 갖기 위해 CEO직에서 물러났다. 펩시코는 12년 동안 회사의 성장을 이끌어 온 누이 회장의 건강식품 사업을 더욱 확대하는 경영을 이어갈 계획이다.

평가

인도 출신인 인드라 누이는 여성의 사회진출에 보수적인 나라에서 편견과 차별을 극복하고, 펩시코의 CEO자리를 12년간 지키며 부동의 1위 코카콜라를 누르고 승자의 자리를 탈환한 전설적인 여성이다.

2017년 포춘 가장 영향력 있는 여성 지도자 2위, 2012년 포브스 지가 선정한 세계에서 가장 영향력 있는 어머니 3위, 2007년 포춘지[72]에서 가장 영향력 있는 여성 경영인 1위'로 선정되었다.

Tip

누이가 성공한 리더가 될 수 있었던 것은 다양한 부분에서 리더십을 발휘했기 때문이다. 첫째, 가족 리더십을 가져 일보다는 가족을 먼저 생각하게 하여 가정이 안정된 상태에서 일에 전념하여 생산성을 높일 수 있도록 했다. 둘째, 임직원의 가족에게는 감사 편지를 전달해서 직원들을 이해하고 배려하는 리더십을 발휘하여 자발적인 문화와 끈끈한 조직력을 만들었다. 셋째, 회의 때는 격의 없이 소통하는 분위기를 조성하면서 부드러운 리더십을 발휘하였다. 넷째, 정직한 리더십을 가져 코카콜라 임원 여비서가 콜라 맛의 비밀이 담긴 노하우를 팔겠다는 제안에 즉시 거절하고 코카콜라 측에 알렸다.

---

[72] 미국의 최장수 비즈니스 잡지이다. 1930년 헨리 루스에 의해 세워진 《포춘》은 현재 워너미디어가 소유하고 있다. 매년 정기적으로 내놓는 기업 이익 순위표로 유명하다.

11 칼리 피오리나

"당당하게 서라. 할 수 있다면 혼자 서라. 자신이 옳다면 승리한다는 사실을 명심하라."

"나는 영원한 아웃사이더였지만, 어느 날 그것이 더 이상 날 괴롭히지 못한다는 결론에 도달했다."

휴렛 팩커드(HP)의 최고 경영자가 된 칼리 피오리나(1954년~현재)

적응력을 배운 어린 시절

1954년 텍사스주 오스틴에서 헌법학자인 아버지와 화가인 어머니 매들런 스니드 사이에서 출생하였다. 어릴 때 이름은 칼리 스니드였다.

칼리의 아버지는 헌법학자로서 다른 나라의 헌법에 관심이 많았다. 그러다 보니 거처를 자주 옮겨 다녀야 했고 3개 대륙에서 5개의 학교를 전전해야 했다. 그래서 칼리는 어린 나이에 프랑스어, 라틴어, 독일어, 이탈리어 등을 익힐 수 있었으며, 어디에서든 빠르게 적응하는 법을 배웠다. 이 후 아버지는 아프리카 가나 헌법의 세계적 권위자가 되었다.

1972년 18세에 칼리는 교사가 되고 싶어서 스탠퍼드대학에 입학하여 중세사, 철학을 전공하고 윤리학을 공부했다. 철학은 그녀가 어려움을 겪을 때마다 큰 힘이 되어준 학문이었고 윤리학 역시 칼리가 경영자가 되었을 때 소비자 윤리가 우선시 되는 의사결정과 정책을 시행하는데 도움이 많이 된 학문이었다.

배움의 시간

1976년 대학을 졸업했지만 부모님은 아버지처럼 법학자가 되길 바랐다. 칼리는 부모님의 뜻에 따라 UCLA의 로스쿨(법학전문대학원)

에서 법학을 공부했다. 한 학기가 지난 후 그녀는 법학은 자신의 길이 아니라는 것을 깨닫고 자퇴를 하였다. 그리고 칼리는 이때까지만 해도 비즈니스 우먼이 되어야겠다는 생각을 한 번도 해본 적이 없었다.

1977년 22세에 칼리가 처음 취직한 곳은 부동산 회사였으며, 여기에서 여러가지 업무를 반복하는 비서로 일을 하게 되었지만 최선을 다했다.

1978년 24세에 MBA과정을 밟게 되면서 그녀 안에 있던 잠재력을 찾기 시작한다. 그러다가 대학 동기였던 토드와 결혼을 하고 이탈리아로 떠나게 된다. 그녀가 이탈리아에서 영어를 가르치면서 생활비를 벌었고, 남편 토드는 공부에 매진했다. 이탈리아어를 배우면서 비즈니스에 대한 지식과 관심의 폭이 넓어졌고, 그녀는 메릴랜드 주립대의 로버트 H. 스미스 경영대 학생이 되었고, 훌륭한 결과로 졸업을 할 수 있게 되었다.

AT&T와 만나다

1980년 25세에 AT&T[73]에 입사한 칼리는 이때부터 본격적인 비즈니스 인생을 시작한다. 얼마 지나지 않아 그녀는 '놀랍도록 재기 발랄한 두뇌'라는 평가와 함께 발군의 비즈니스 역량을 인정받기 시작했다. 한국·대만·일본 같은 아시아 지역에서의 합작사업을 훌륭히 성사시키고 덩치만 비대했던 가전산업을 과감히 정리했다. 칼리는 2

---

(73) 미국의 다국적 복합 지주회사이다. AT&T는 세계 최대 통신 기업이다. 미국의 최대 유선 전화 서비스와 제2위의 이동전화 서비스 제공자이다.

년 만에 관리자로 승진하고 일에 대한 열정과 업무에 두각을 나타내며 고속 승진을 이어갔다.

1984년 첫 번째 남편 토드과 이혼한 뒤 그다음 해인 1985년 자신을 아껴주고 잘 이해해준 AT&T 임원이던 프랭크 피오리나와 재혼하면서 피오리나라는 남편 성을 쓰게 됐다.

1988년 포춘에서 선정한 '비즈니스계에서 가장 영향력 있는 여성' 1위에 오르기도 하였고, 1989년 34세에 MIT대학교에서 MBA를 했다.

1990년 35세에 AT&T 네트워크 부문 최초의 여성 임원에 오르고 40세엔 북미 영업 담당 이사로 승진하는 기록을 세워나갔다. 1996년 41세에 루슨트테크놀로지[74]를 AT&T로부터 분사시키면서 올린 30억 달러의 수입은 당시로서는 기업공개 분야에서 최고 액수였다. 이후 루슨트테크놀로지의 글로벌 서비스 부문 책임자로 일하며, 200억 달러 이상의 매출을 올려 주가가 12배 정도 올랐다.

HP의 CEO가 되다

1999년 45세에 놀라운 실적을 달성한 칼리에게 휴렛팩커드(HP)[75]에서 최고경영자(CEO)직을 제안하였다. 오랜 시간 고민 끝에

---

(74) 1996년 미국 최대의 통신회사 AT&T가 분할되면서 독립된 세계 최대의 통신장비 회사로, 2006년 인수합병을 거쳐 '알카텔-루슨트(Alcatel-Lucent)'사로 변경되었다.

(75) 휴렛팩커드(HP)는 미국 실리콘밸리에 안착한 기업의 시조로 꼽히며 세계 벤처기업 1호로 불린다. 젊은 엔지니어 빌 휴렛(Bill Hewlett)과 데이비드 팩커드(David Packard)가 1939년 미국 캘리포니아 주 팰러앨토에서 창업을 준비한 차고는 캘리포니아 주 정부가 '실리콘밸리의 발상지'라는 유적지로 지정하여 보존하고 있다.

최초의 HP의 여성 CEO가 되었다.
칼리는 최고경영자가 되어 일류기
업에서 이류기업으로 전락한 HP
를 위해 새 전략을 만들고 조직구
조 개편을 주도하여 포춘 선정 20대 기업에서 첫 여성 CEO로 이름
을 올린다.

2001년 47세에 은밀하게 인수를 추진한 컴팩 합병 소식이 언론
에 흘러나가고 칼리는 이사회와 재판정까지 가는 힘겨루기를 한다.
그 싸움에서 승리했고 컴팩을 인수 합병하여 합병된 회사의 CEO를
맡게 됐다.

남편 프랭크 피오리나는 아내가 HP의 CEO가 되자 유능한 아내
를 돕기 위해 회사를 사직하고 집안일을 맡기도 하여 화제가 되기도
하였다.

하지만 2005년 51세에 HP가 실적 부진과 주가 폭락으로 어려움
에 처하자 칼리는 대대적인 합병과 대량해고, 수많은 체제개편 등을
통해 HP의 예전 명성을 되찾으려 노력했다. 하지만 회사 사정이 더
나빠지면서 이사회와의 충돌로 인해 5년간 밤낮없이 열정을 다 쏟아
부었던 HP와는 이별을 하게 된다. HP에서 사임을 요구당한 칼리는
자신이 사임이 아닌 해직을 당했음을 천명하고 HP를 떠난다.

정치와 만나다

HP CEO를 떠난 후에는 어떠한 기업에서도 영입제안이 없었다.

2008년에는 공화당의 존 메케인[76] 후보의 고문 역할을 하게 되면서 정치에도 입문하게 된다. 2010년 5월 공화당 예비선거에서 승리하지만, 2010년 11월에 미국 상원의원 선거에서 패하게 된다. 2016년 공화당 대통령 후보 경선에 참여했던 공화당의 유일한 여성 후보였지만 탈락하게 된다.

현재 그녀는 피오리나 재단의 의장이기도 하며, 아프리칸 리더십 아카데미와 함께 여성들의 성장을 위한 자금을 운영하는 여성 단체를 대표하고 있다.

평가

칼리의 삶은 미국 사회에서 일하는 여성, 특히 비즈니스 업계에서 여성으로 성공하는 과정의 험난함을 보여 준다. 칼리는 약점으로 작용했을 상황도 특유의 낙천적인 기질을 통해 장점으로 바꾸는 능력을 가지고 있다. 그리고 어린 시절부터 많은 곳을 다니고 많은 사람을 만나면서 타인의 심리를 재빨리 파악하는 능력이 갖고 있어 비즈니스를 할 때 큰 강점으로 작용했다.

다만 HP 측에서는 대대적인 합병과 대량해고, 수많은 체제개편 등을 통해 HP가 위기에 처했고 자신은 퇴직 보너스로 211억원을 챙겨 나갔다고 더욱 큰 비난을 받았다.

Tip

칼리를 성공하게 만든 리더십은 질문과 경청이었다. 그녀는 상대방을 가장 잘 아는 방법은 질문하는 것이며, 질문은 상대를 존경하는 것이라고 하였으며, 상대의 이야기를 잘 들어 줌으로 연대감과 결속이 생긴다고 하였다.

---

[76] 미국의 하원의원과 상원의원을 지낸 정치인이며 2008년 미국 대통령 선거 미국 공화당 대통령 후보였다.

12 헬렌 켈러

"행복의 한 쪽 문이 닫히면 다른 쪽 문이 열린다. 그러나 흔히 우리는 닫혀진 문을 오랫동안 보기 때문에 우리를 위해 열려 있는 문을 보지 못한다."
"장애는 불편하다. 하지만 불행한 것은 아니다."
"고개 숙이지 마십시오. 세상을 똑바로 정면으로 바라보십시오."

장애를 극복한 인권운동가 헬렌 켈러(1880년~1968년)

어린 시절

1880년 6월 27일 앨라배마주 터스컴비아의 아이비 그린이라는 이름의 한 농장의 저택에서 남부 동맹의 전직 사무관인 아서 H. 켈러와 케이트 애덤스 켈러 사이에서 첫째 아이로 태어났다.

헬렌은 유복한 가정에서 부모님의 사랑을 한 몸에 받고 자랐으나, 생후 19개월 때 앓은 뇌척수염으로 인해 시각과 청각을 잃어, 이후부터 평생을 시각장애, 청각장애, 언어 장애까지 3중고를 겪게 되었다.

불행하게도 정상적인 교육은 받을 수 없었고, 수화를 통해 간단한 의사소통은 할 수 있었다. 자연스러운 의사소통이 불편한 헬렌은 대여섯 살이 될 때까지도 물건을 던지거나, 사람을 할퀴거나, 때리는 정도로 의사 표현을 할 수밖에 없었다.

헬렌의 가정 요리사의 딸 아이인 마르타 워싱턴은 지속적으로 헬렌과 수화를 하며 60가지 정도의 수화를 사용하여 의사소통을 할 수 있었다.

6살이 되던 무렵에 볼티모어에 사는 유명한 안과 의사 줄리안 차이소름 박사가 시각 장애인을 치료했다는 소식을 듣고, 헬렌의 부모는 헬렌을 데려가 진찰을 받았다. 그러나 시신경이 남김없이 모두 죽은 후라서 치료는 불가능했지만 대신 시각 장애인도 교육을 충분히 받을 수 있다는 알렉산더 그레이엄 벨 박사를 소개받는다.

부모는 희망을 갖고 벨 박사를 찾아갔는데 킨스 맹인 학교를 추천해주었다. 맹인학교를 찾아간 보모에게 교장선생님은 헬렌을 학교에 입학시키는 것보다 먼저 가정교사에 의한 교육을 추천하고, 시력 감퇴가 있는 20살의 학교 졸업생 앤 설리번을 추천하였다. 헬렌의 부모는 앤 설리번을 헬렌의 가정교사로 맞이했고, 49년간 동반자로서 함께하게 된다.

앤 설리번을 만나다

앤 설리번은 1887년 3월에 헬렌의 집에 도착하여 곧바로 헬렌을 가르치기 시작하였다. 앤 설리번은 응석받이로 자랐던 헬렌에게 극도의 인내심을 가지고 손바닥에 글씨를 쓰는 방식으로 언어를 가르

설리번 선생님과 함께

치려 했다. 헬렌의 손에 차가운 물을 틀어주고 물(water)이라는 단어를 손바닥에 쓰면서 연상시켜주는 방식이었다. 헬렌은 점차 단어를 익히게 되면서 재미를 느꼈고, 세상의 사물과언어를 익히는 데 많은 시간을 쏟았다.

당시까지 오른쪽 눈은 사물을 희미하게 윤곽 정도는 인식할 수 있었기 때문에 사물을 형상화하며 익히기도 했다. 그러나 오른쪽 눈이 돌출하면서 그녀의 눈은 의학적인 이유와 외관적인 이유 때문에 유리 복제품으로 교체되었다.

1888년 5월 8살에 퍼킨스 맹인 학교에 입학하여 정식 교육도 받게 된다. 1894년 14세에 뉴욕으로 가서 라이트 휴먼스 농아 학교를

다니고, 그 이후에는 호렌스 만 농아 학교를 다니는데, 이 학교의 선생인 새라 풀러가 목의 진동과 입의 모양을 만지고 느끼게 하는 방법으로 헬렌에게 말하는 법을 처음으로 가르친다. 이 방법으로 헬렌은 말을 할 수 있게 된다.

헬렌의 열정

1900년 16세에 하버드대학교 부속 여자대학교였던 래드클리프 여대에 입학하고, 1904년 대학교를 졸업하면서 최초로 학사학위를 받은 시청각 장애인이 되었다. 그녀는 독일어를 비롯해 5개의 언어를 구사했다고 한다. 이후에는 활발한 사회봉사 활동을 했다.

앤 설리번은 헬렌 켈러를 가르치는 일이 끝난 뒤에도 계속 동반자로 헬렌의 곁을 지켰다. 앤 설리번도 농아였기에 교육을 많이 받지 못했고, 처음엔 단지 생계를 이어가기 위해 직업으로 헬렌의 가정교사 일을 시작했지만, 점차 헬렌이 성공적으로 사회생활 할 수 있도록 도우려는 사명감으로 그녀를 가르쳤다.

앤 설리번이 1905년에 결혼하면서 헬렌 켈러는 앤 설리번 부부와 함께 퀸스의 포레스트 힐즈로 이사했고, 함께 생활하는 집을 미국 시각 장애 재단의 지지를 위한 거점으로 삼았다.

헬렌은 장애를 가지고 태어났음에도 불구하고 절망하지도 삶을 포기하지도 않았다. 오히려 그녀는 불리한 신체조건 등 많은 장애 속에 살아가는 사람들을 지지하고, 옹호하는 운동을 하면서 유명해지기 시작했다.

헬렌은 일생동안 12권의 책을 집필하고, 수많은 기사를 작성하여 세계적으로 유명한 작가가 되었고, 장애인들에게 희망을 주는 연설가로 점점 더 유명해졌다. 헬렌은 전세계 장애자들에게 희망을 주었고, 다양한 활동으로 빛의 천사로도 불렸다.

유명세가 높아짐에 따라 헬렌은 미국 대통령 그로버 클리블랜드, 린든 존슨을 만났고 또한 알렉산더 그레이엄 벨, 찰리 채플린, 마크 트웨인 등 수많은 유명 인사들과 친구가 되었다.

사회운동을 실천하다

헬렌 켈러라고 하면 장애를 극복한 장애인 여성으로 유명하지만 역사 속의 헬렌은 사회운동을 실천한 사회주의 지식인이었다. 1909년에는 미국 사회당에 입당하였으며, 본격적으로 여성 참정권론자, 평화주의자, 미국 우드로 윌슨대통령의 도덕주의에 대한 반대자, 급진적인 사회주의자, 여성 피임 지원, 사형 폐지 운동, 아동 노동과 인종차별 반대 운동을 실천했다.

지금까지 헬렌 켈러의 영리함과 도전정신 등을 높이 평가한 이들이 헬렌 켈러가 사회주의자임을 알면서부터는 신체적 장애로 시선을 옮기면서 인신공격을 하기 시작했다. 헬렌이 언론의 공격과 싸우고 있을 때, 찰리 채플린도 같은 곤경에 처한다. 찰리 채플린에게 공산주의 딱지가 붙여졌고 이를 끝내 견디지 못하고 미국을 떠나 스위스로 망명의 길을 떠난다. 헬렌이 쓴 '사회주의적 경향'의 글도 사회적으로 철저히 무시되었고, FBI도 헬렌을 주시하였다.

1914년경부터 앤 설리번은 건강이 안 좋아지자, 어쩔 수 없이 헬렌의 곁을 떠나야 했으며, 자신의 후임으로 스코틀랜드에서 온 젊은 폴리 톰슨이 고용되었다. 폴리는 시청각 장애인을 돌본 경험은 없었지만, 헬렌의 비서처럼 죽을 때까지 함께 한다.

헬렌은 톰슨과의 의사소통의 대부분을 손바닥으로 전달하였기 때문에 톰슨의 오른손은 비정상적으로 커지고 핏줄이 튀어나올 정도였다.

1915년, 헬렌 켈러와 조지 케슬러는 '헬렌 켈러 인터내셔널'이라는 단체를 설립하고, 장애인의 비전과 건강, 영양을 연구하였다. 1920년에는 그녀가 미국 자유 인권 협회(ACLU)의 설립을 도왔다.

1936년 앤 설리번이 사망하고 나서 헬렌 켈러와 폴리 톰슨은 코네티컷으로 이사했다. 그들은 세계 여행을 다녔고 또한 시각 장애인들을 위한 기금을 늘렸다.

1937년 일제강점기 시절 한반도를 방문한 적이 있는데, 서울(당시는 경성)에서 강의를 마치고 평양으로 향하는 기차가 개성에 잠시 정차했을 때 그 시간을 놓치지 않고 강연을 했다고 한다. 대구에도 방문했다. 그리고 이후 한국전쟁 때도 방한한 적이 있다.

1957년 톰슨은 발작을 일으켜 건강이 급속도로 악화되었고, 폴리 톰슨을 치료하기 위해 데려온 간호사 위니 코베리는 톰슨의 죽음 이후로도 헬렌의 집에 남아서 헬렌의 남은 인생 동반자가 되었다. 폴리 톰슨은 1960년에 뇌졸중으로 사망한다.

말년

헬렌 켈러는 '미국 시각 장애인 재단'의 기부 활성화를 위해 헌신의 노력을, 말년에는 미국 맹인 재단에 자금을 제공하는일에 온 힘을 다했다.

헬렌 켈러는 1961년 부터 지속적인 뇌졸중에 시달렸고 말년을 그녀의 집에서만 보냈다. 1968년 앤 설리번이 죽고 나서도 32년을 더 살다가 향년 88세의 나이로 사망했다.

앤 설리번은 헬렌 켈러가 장애를 갖고 있지만 어려움을 이겨내는 데 큰 힘이 되었고 뿐만 아니라 성공한 여성이 될 수 있도록 희망을 준 진정한 선생님으로 많은 사람들에게 귀감이 되고 있다. 헬렌켈러의 유해는 영원한 동료이자 선생이었던 앤 설리번과 폴리 톰슨의 옆에 놓였다.

평가

헬렌 켈러라고 하면 장애를 극복한 여성으로만 생각하기 쉽지만, 역사 속의 헬렌은 사회운동을 실천한 사회주의 지식인이었다. 여성 참정권론자, 평화주의자, 미국 우드로 윌슨 대통령의 도덕주의에 대한 반대자, 급진적인 사회주의자, 여성 피임 지원, 사형 폐지 운동, 아동 노동과 인종차별 반대 운동을 실천했다.

1964년 9월 14일, 미국의 대통령인 린든 존슨은 헬렌 켈러에게 가장 높은 두 개의 훈장 중 하나인 대통령 훈장을 수여했다. 1965년 헬렌 켈러는 뉴욕 세계 박람회에서 미국 여성 명예의 전당에 뽑혔다. 갤럽이 선정한 20세기 에서 가장 널리 존경받는 인물 18인 중 한 사람으로 선정되었다.

Tip
헬렌 켈러의 리더십을 배우려면 어떠한 장애도 극복하겠다는 강한 신념으로 불가능을 가능하게 해야 한다.

13 박언휘

"아픈 사람을 치료해주는 제 직업이 봉사라고 생각합니다. 아픈 환자에게 따뜻한 위로의 말을 건네고 통증에서 구해주는 일보다 더 큰 봉사는 없다고 생각합니다."

기부와 봉사로 일생을 산 여성(1956년~현재)

어린 시절

박언휘는 척박한 섬 울릉도에서 태어났다. 그녀는 어릴때부터 책 읽기를 좋아했는데 특히,퀴리부인의 위인전을 감명깊게 읽었다. 퀴리부인이 발명을 통해서 노벨과학상을 두차례나 타고 세상을 변화시킨 업적을 보면서 자신도 과학자가 되어 세상을 바꾸고 싶었다. 그러나 자연과학을 해서는 자신은 행복할지 모르지만 세상 전체가 행복해질 수 있도록 도움이 되기 힘들다고 생각한 박원장은 세상을 행복하게 하는데 일조를 할 수 있는 슈바이처 같은 의사가 되어 사람들을 질병과 죽음에서 구하고 싶었다, 환경이 열악했던 울릉도에서 자란그녀를 생각한다면 그러한 꿈은 당연한 결정이었는지도 모른다.

울릉도는 거센 바람과 거친 파도가 자주 일어나 위급한 상황일때도 배가 제때 뜨지 못해서 패혈증이나 맹장염으로 죽은 친구나 이웃들을 자주 보았다, 파도가 높게 치는 날이면 울릉도는 모든 것이 정지되어 있는 듯이 속수무책이었다. 울릉도 주민들의 목숨은 늘 파도에 저당 잡혀있는 것이나 마찬가지로 자연 앞에는 무기력한 존재였다. 응급시 울릉도의 열악한 의료 시설로 육지의 병원에 제 때가지 못해서 사랑하는 친구들이 죽는 것을 보고 어릴 때부터 의사가 되어서 사람들의 생명을 지켜야겠다는 마음속 깊이 다짐하곤 했다.

울릉도서 태어난 그녀는 육지에 대한 동경심을 가지고 있었기 때문에 초등학교를 졸업하고 중학교는 육지로 나갈 생각이었다, 그러나 폭풍우로 인해 3개월 동안 배가 뜨지 않아 어쩔 수 없이 울릉도에 있는 중학교에 진학해야만 했다. 다행이었던 것은 울릉도가 교사들의 진급에 좋은 특수지역이라 우수한 교사가 많이 들어와 좋은 선생님들로부터 좋은 교육을 받을 수 있었다는 점이다. 고등학교만은 반드시 육지로 나가리라 마음먹었던 그녀는 중학교를 졸업하고 바로 대구로 나왔다. 그리고 대구여고에 수석으로 입학했다. 작은 섬에서 자란 아이에게는 대단한 일이었다. 울릉도에서 온 소녀지만 육지 학생들에게 지고 싶지않아 강인한 인내력을 가지고 공부에 전념하였다. 박언휘는 고등학교에서 전교 1등으로 졸업했기 때문에 대학을 선택할 때 어떤 대학도 갈 수 있었다. 박언휘의 어머니는 법대에 가서 변호사가 되기를 원했지만, 변호사가 되면 옳은 사람 사건만 수임하는 것이 아니라, 나쁜일을 한 사람이라도 변호하여 승소해야 하는 변호사가 되는 것이 싫었다. 옳지 않은 것을 뻔히 알면서도 변호해야 하는 것이 마음에 들지 않았던 것이다.

박언휘는 대구여고에 다니면서 맞은 편에 있는 경북대학교 병원을 보면서 3년을 다녔기 때문에 의사와 병원에 대해서 아주 익숙해 있었다. 그리고 어릴 때 죽어가던 친구들과 이웃들을 기억하며 꼭 의사가 되겠다는 일념으로 한번의 고민도 없이 의과대학을 선택했다.

정직한 의사가 되다

박언휘는 의대를 다니면서 어릴 때 가졌던, 늘 봉사하는 삶을 살아야겠다는 생각을 구체적으로 실천하기 위한일은 의사가 되어서 아픈 사람을 치료해 주고, 아픈 환자에게 따뜻한 위로의 말을 건네면서 통증에서 구해주는 일이라 생각하였다.

박언휘는 대학을 졸업하고 미국에서 10년 동안 병원에 취업하여 의사생활을 하면서 미국의 의료인들이 정직을 바탕으로 환자를 대하고, 정직하게 약을 조제하는 것을 보면서 인생을 살아가는데 정직이 매우 중요한 덕목이라는 것을 배웠다. 이후 그녀는 의사라는 직업만으로도 사회적으로 인정을 받는 한국사회 임에도 불구하고 정직한 의사가 되기 위해 노력하였다. 그래서 그녀는 같은 병에 쓰는 약이 많게는 수십 종이나 되는데 가장 효과가 좋은 약을 쓰려고 노력하였으며, 과잉진료는 하지 않고 꼭 해야만 하는 치료만 하였다.

박언휘는 일요일에는 휴원하는 병원이 많아서 응급상황 임에도 병원을 찾지 못하는 환자들을 위하여 병원을 열어 두었으며 환자들에게는 가장 좋은 약을 선택하여 빨리 나을 수 있도록 처방한다. 그래서 그녀의 병원을 다니는 환자들은 박원장의 의사로서의 정직한 행동과 봉사 마인드로 자신들의 완쾌를 위해 노력하는 모습을 보면서 행복해 한다. 환자가 행복한 병원이 되다 보니 병원의 간호사들도 환자들의 밝은 표정과 행복한 모습에서 힘들고 열악한 환경 일지라도 대부분의 간호사들이 장기근속을 해서 병원구성원 모두가 가족 같은 분위기로 일을 한다. 결국 박언휘가 운영하는 병원은 다른 병원에 비해서 환자들의 만족도가 높으며, 간호사들의 행복지수도 높은 편이다.

기부천사가 되다

박언휘는 정직한 의사로서의 역할만 한 것이 아니라 기부천사의 역할도 담당해왔다. 그녀는 13년 동안 무려 15억원 상당의 백신을 요양원이나 독거노인에게 제공해 왔다. 노인들은 면역력이 떨어져 폐렴으로 사망하는 경우가 많고, 노인들에게 가장 필요한 것은 폐렴 백신이나 독감백신이기 때문에 그녀는 노인들에게 꼭 필요한 백신을 기증하기로 한 것이다. 백신은 종류가 많지만 정직한 의사의 신념으로 평생에 한 번만 맞으면 되는 폐렴백신을 제공하고, 독감백신도 최고로 좋은 것을 제공했다.

의사는 정직함과 더불어 봉사정신도 중요하다고 늘 말해왔으며 봉사란 나보다 타인을 먼저 생각하는 마음이 있어야 이루어진다고 강조했다. 늘 타인을 위해 일하다 보니 2018년에는 대구시민대상도 수상했다.

박언휘는 점자 약봉지를 개발하여 특허 신청도 해놓았다. 시각장애인들이 약을 바꿔먹어 곤란한 일이 생기는 경우가 많고, 부작용이 심각하다는 것에 착안하여 시각장애인환자, 컴퓨터 전문가와 머리를 맞대고 연구하여 점자 약봉지 개발에 성공했다. 그녀는 점자 약봉지 특허를 내서 전국에 공급하게 되면 시각장애인들이 약을 잘못 먹어 중대한 상황까지 이르는 일이 없어질 것으로 예측하고 있다.

내과 의사인 박언휘는 의학 이외에도 예술에 관심을 가지고 있었고, 특히 사랑했던 어머니가 돌아가신후 너무 상심이 커서 그 마음을 달래려고 틈틈이 쓰던 시가 신춘문예등 문단등단 및 데뷔를 계기로 시를 쓰는 문인들을 만나면서 시인들이 자신의 작품을 발표할 기회가 없다는 것을 알고 마음껏 발표할 수 있는 장을 마련해주기 위해 시 전문 잡지인 '시인시대'의 발행인으로 활동하고 있다. 시를 쓰다보니 시가 주는 여러 가지 장점을 보고 환자들의 심리치료에 시치료를 활용하고 있다. 시치료가 환자들의 심리치료에 효과적이라는 임상 결과가 나옴에 따라 대구한의대에서 10년 정도 강의도 했다. 자신이 가진 시치료의 노하우를 공유하기 위하여 전국의사 시인협회를 창립했다

박언휘는 현재 '슈바이처 나눔 봉사회' 이사장을 맡아 의료봉사를 펼치는 한편 대구 봉사단체 '참길회'에서는 소록도 봉사를 지속적으로 하고 있다. 그리고 사회복지공동모금회의 아너소사이어티 회원이 되어 자신이 미처 몰랐던 분야의 새로운 봉사를 시작하고 있다.

이상화기념사업회 이사장이 되다

박언휘 원장은 시를 사랑하고 또 쓰고 있었기 때문에 이상화기념사업회의 지원사업을 물심양면으로 하였다. 이상화는 민족을 대표하는 시인이었고, 그가 남긴 시와 다양한 삶의 흔적은 대구가 자랑하는 문화유산이었기에 대구를 사랑하고 시를 사랑하는 박 원장은 당연히 익명의 기부자로서 활동을 하고 있었다. 특히 대구 최초의 문학기념사업관 사업이 성공하기를 바라는 마음에서 사비를 털어가면서까지 지원해왔다. 그러던 중 이상화기념 사업회에서 생각지도 않았던 제안을 해왔다.

대구의 슈바이처로 통할 만큼 바쁘게 봉사하는 의사로서, 또한

틈틈이 글을 써서 책을 내는 작가로도 활발하게 활동하고 있기 때문에 이사장직을 제안해 왔다. 처음에는 자신보다 더 나은 인재가 맡는 것이 옳은 것 같아 여러 차례 고사했다. 대구 문화계와 지역 오피니언 리더들의 지속적인 추천과 권고가 있었기에 박원장은 고민을 했지만 기념사업회에서는 박언휘 원장의 지원과 관심만큼 적임자가 없다고 계속 이사장 직을 수락해달라고 요청해왔다. 지속적인 부탁에 박 원장은 더 이상 거절할 수가 없어서 대구를 사랑하는 마음과 이상화 시인에 대한 존경심으로 봉사해야겠다는 생각에 이사장직을 수락하였다. 그러나 두려움과 설레임으로 수락한 이사장직을 시작도 하기 전에 임명 무효 소송에 휘말렸다. 소송의 요지는 박 이사장을 선출한 전 이사장이 의사 정족수가 충족되지 않은 상태에서 선임이 이루어졌기 때문에 무효라고 주장했다. 그러나 기념사업회 측은 "전임 이사장이 신임 이사장 선출을 전제 조건으로 했고 반대파의 주장과 다르다. 재적이사 과반 이상이 참여해 의사정족수가 충족됐다"고 맞섰다. 법원은 결국 기념사업회 이사회의 손을 들어줬다. 이렇게 지역 대표 시인의 이름을 걸고 좋은 의미로 모인 기념사업회 내부에서 벌어진 불미스러운 소동이 일단락되었다. 무엇보다 문학기념관 사업에 물심양면으로 지원을 했던 회원들이 오해를 받는 것이 제일 힘들었다. 특히 익명으로 물질적 지원을 했던 이들까지 거짓말쟁이로 몰아붙이는 것을 보면서 숨이 턱 막혔지만, 법원에서도 정상적이라는 판단을 내려 주어 이상화기념사업회의 발전에 매진하고 있다. 박언휘 원장은 이상화 선생은 시를 통한 국민계몽운동으로 독립운동에 대한 열망을 심

어주신 분이기에 그 분의 뜻을 본받아서 국채보상운동 같은 나라사
랑 운동을 이어갈 수 있는 사업을 펼쳐나갈 수 있도록 최선을 다하겠
다는 각오를 펼쳐 보이고 있다.

평가

박언휘는 어릴 때 울릉도의 주민들이 위급한 상황에도 파도 때문에 육지를
가지 못해 고생하거나 죽는 것을 보면서 의사가 되어 평생 봉사하는 자세로
살기로 하였다. 박언휘의 그러한 마음은 변하지 않고, 지금도 본인이 가진
재능을 최대한 활용하여 환우 및 사회적 약자에게 봉사하고 있다. 그녀는
앞으로는 더욱 많은 봉사를 통하여 세상의 빛과 소금의 역할을 담당하겠다
는 목표로 변함없는 의료봉사의 길을 찾고 있다.

Tip

박언휘와 같은 리더십을 갖기 위해서는 정직하게 살려는 강한 의지와 또
자신이 가진 재능으로 어려운 사람들이 조금이나마 행복한 삶을 살게하기
위하여 봉사하겠다는 마인드를 가져야 한다. 특히 봉사는 누구나 지속적으
로 하기 어렵기 때문에 중간에 흔들리지 않는 강한 봉사 마인드를 가져야
한다.

예술로 세상을 바꾼
여성 리더십

이 리자 델라 카사

절세의 미모와 더없이 맑고 투명한 음색으로 일세를 풍미한 진정 위대한 소프라노 가수 리자 델라 카사(1919~2012)

오페라 가수의 꿈을 꾸다

1919년 2월 2일 스위스의 부르크도르프에서 태어났다. 본명은 엘리자베타 델라 카사(Elisabetta della Casa, 리자는 엘리자베타의 애칭)이다.

아버지 프란체스코 델라 카사는 이탈리아계로 안과 의사였으며, 어머니 마르가레테 뮐러는 독일인으로 베른 시내에서 고급 레스토랑을 경영하고 있었다. 리자는 어릴 때부터 흑발에 갈색 눈동자를 지닌 전형적인 라틴계 미녀였다.

1927년 8세에 취리히 시립 오페라극장에서의 당대의 유명한 스타였던 드라마틱 소프라노 엘제 슐츠가 노래한 오페라 살로메를 보고 매료되어 오페라 가수가 되겠다는 꿈을 키웠다.

1934년 15세 때 취리히와 베른에서 성악 교사였던 마르가레테 헤저에게 정식으로 성악 공부를 시작하였다. 한편 안과 의사이면서 동시에 연극과 음악에 대한 열정이 남달랐던 아버지의 영향으로 아마추어 극단에서 배우로 활동하는 한편, 2편의 스위스 영화에도 출연하며 훗날 오페라 무대에서 필요한 연기 경험을 쌓기도 했다.

오페라 무대에 오르다

1941년 22세에 취리히 근교의 시립 오페라 극장에서 자신의 나이에는 다소 부담스러운 역인 나비부인의 초초상 역할로 공연하였다.

1943년 24세에 스위스에서 가장 좋은 오페라 극장인 취리히 시립 오페라 극장의 앙상블 멤버로 입단하여 "마술 피리"의 제1동자 역으로 데뷔하여 언어에 구애받지 않고 수많은 역할들을 소화해서 공연하며 자신의 경력을 다져갔다. 리자는 시립 오페라 극장에서 1950년까지 머물면서 수 없이 많은 역을 노래하였다.

1944년 25세에 에른스트 가이저(Ernst Geiser)라는 남성과 결혼하였으나, 결혼한 지 얼마 되지 않아 성격 차이로 별거에 들어갔다.

1946년 취리히 시립 오페라극장에서 리하르트 슈트라우스의 오페라 아라벨라를 무대에 올렸을 때, 리자는 주인공인 아라벨라 역을 맡게 될 것이라고 잔뜩 기대했다. 그러나 극장 측이 빈 국립 오페라극장의 프리마돈나들 중 한 사람이자 아라벨라 역으로도 유명했던 비운의 천재 소프라노 마리아 체보타리를 아라벨라 역에 캐스팅하는 바람에 리자는 아라벨라의 여동생인 츠덴카 역을 맡게 되었다. 마리아와 리허설 공연을 함께 하면서 리자는 마리아의 카리스마와 그녀의 매력에 사로잡혔고, 마리아 또한 리자가 지닌 재능과 잠재력을 보고 배우로 성공할 것이라 확신했다.

국제 무대에 서다

1947년 28세에 마리아는 리자의 능력에 반해 잘츠부르크 페스티벌 무대에 리자를 추천하여, 잘츠부르크 페스티벌에서 피가로의 결혼의 알마비바 백작부인 역을 노래했다. 당시 공연에 참여했던 작곡가 슈트라우스는 공연이 끝난 후의 리셉션에서 리자를 가리키며 "장차 새로운 아라벨라가 될 것"이라 예언하였다. 공연이 성공하자

루돌프 하르트만

빈 국립 오페라극장에서도 데뷔하는데성공을 거두면서 리자는 국제적으로 유명해졌다.

마리아는 1949년 39세의 젊은 나이로 타계하기 직전까지 자주 리자와 함께 배역을 공부하며 자신이 지닌 모든 능력과 노하우를 물려주었고 리자가 유명해지고 인기있는 배우가 되는데 큰 도움을 주었다.

1948년 29세에 리자는 취리히 시립 오페라극장 무대에 올려진 슈트라우스의 마지막 오페라 카프리치오 공연에서 여주인공인 백작 영애 마들렌 역을 노래했다. 이 공연에서 당대 가장 위대한 연출가의 한 사람이자 그녀가 가장 좋아하는 연출가이기도 한 루돌프 하르트만을 만나게 된다. 이 공연의 성공으로 리자와 루돌프는 서로에게 깊은 존경과 신뢰를 하게 되었고, 이후 여러 중요한 오페라 무대에서 함께 일하면서 기념비적인 공연을 남겼다.

재혼하다

리자는 취리히에서 공연 중 유고슬라비아 태생의 대학생이었던 드라간 데벨리예비치를 만났다. 드라간은 2차 세계대전 기간 중에 전쟁 포로로 수용소에 억류당했다가 종전과 동시에 풀려나 공산화된 조국을 등지고 스위스에 망명했다. 어느날 드라간은 학교 강의가 끝난 뒤 마땅히 갈 곳도 없어 취리히 시립 오페라극장에 오페라 공연을 보러 갔다가 아름다운 소프라노 가수의 공연을 보고 첫눈에 홀딱 반해버렸다. 공연이 끝난 뒤 무대 뒤의 분장실로 달려가 2년 연상인 리자에게 구애를 시작하였다. 처음에는 당황했지만 순진한 열정에 매료되어 교제를 시작했다.

1949년 30세에 리자는 결국 남편과 이혼하고 드라간과 재혼했다. 학업을 마친 드라간은 바이올리니스트이며, 저널리스트이자 예술사, 그리고 음악 비평가로 활동하면서, 아내의 노래에 대한 정확한 분석과 비평으로 아내의 매니저 역할을 하면서, 훌륭한 외조자가 되었다. 1950년에는 유일한 혈육인 외동딸 베스나가 태어났다.

특별한 공연을 하다

1955년 리자는 전쟁 후의 빈 국립 오페라 극장의 재건 기념 공연에서, '장미의 기사'의 마르샬린 역을 처음 노래하게 되면서 결국 그녀는 '장미의 기사'의 세 가지 배역인 조피, 옥타비안, 마르샬린을 모두 노래하는 기록도 갖게 되었다.

이후 수 많은 공연을 하였다. 1958년 38세에 리바이에른 국립 극장 멤버의 코벤트가든 원정 공연에서 아라벨라 역을 노래하여 런던의 코벤트가든 왕립 오페라 극장에 데뷔하였다.

1960년 40세에 잘츠부르크 페스티벌에서 '장미의 기사'의 옥타비안 역을 노래했고 또한 '피가로의 결혼'의 알마비바 백작부인 역으로, 뉴욕의 메트로폴리탄 극장에 데뷔하였다.

1961년 42세 리자는 칼 뵘의 지휘로 뮌헨 바이에른 국립 오페라 극장 무대에 올려진 슈트라우스의 오페라 살로메 공연에서 살로메 역을 노래하여 유럽 오페라계를 깜짝 놀라게 만들었다. 8세 때 자신에게 오페라 가수의 꿈을 심어준 바로 그 작품의 타이틀 곡을 마침내 실제 무대에서 노래하게 돈 것이다.

살로메 역은 무거운 역이기에 리자처럼 섬세한 목소리는 어울리지 않는 배역이라는 비판과 함께 날씬하고 아름다운 자태와 요염한 연기가 다소 부족한 성량을 충분히 커버했다는 찬사가 동시에 나왔다.

말년

1960년대 후반에 이르자 그녀의 목소리는 점점 쇠퇴하고 있다는 것을 느끼기 시작했다. 완벽한 목소리를 낼 수 없었던 리자는 공연의 횟수를 점차 줄여나갔다.

1974년 55세에 잘츠부르크 페스티벌에서 아라벨

라 역으로 마지막 공연을 하였다. 공연이 끝난 후 리자는 자신의 마지막 공연이었음을 발표해 청중을 놀라게 한 뒤 그 무대를 마지막으로 완전히 은퇴하였다.

2012년 12월 10일, 델라 카사는 뮌스털링엔의 고틀리벤 성에서 93세를 일기로 조용히 타계하였다. 잘츠부르크는 리자의 죽음을 애도하는 조기를 내 걸고 그녀와 함께한 긴 시간을 추억했다.

2년 뒤인 2014년에는 남편 데벨리예비치 역시 93세 일기로 고틀리벤 성에서 타계하였다.

평가

탁월한 미모와 더없이 맑고 투명한 음색으로 일세를 풍미한 진정 위대한 소프라노 가수 리자 델라 카사는 분명 이 시대의 가장 존경받는 디바였다. 델라 카사의 섬세하고 은빛적인 음색, 아름답고 서정적인 목소리는 모차르트, 리하르트 슈트라우스의 오페라 여주인공 역에서 가창력과 연기를 마음껏 보여주었고, 리하르트 슈트라우스의 가곡을 가장 뛰어나게 해석하고 들려준 가수라고 평가를 받았다.

어떤 비평가들은 그녀의 노래에는 엘리자베스 슈바르츠코프와 같은 화려한 성악적 기교가 부족하다고 지적하기도 하지만, 그녀의 노래에 배어 있는 자연스럽고 깨끗한 음색은 그 누구도 흉내 낼 수 없는 색다르고 신비한 매력이 분명 있다.

또한 그녀는 음악계의 음모와 허영을 싫어하는 비판적이고 아주 사려 깊은 성격의 인물이기도 했다. 더없이 깨끗한 음색과 단정한 발성, 해맑고 청순한 우아함으로 빈 오페라의 전성기를 대표했던 가장 아름다운 소프라노 리자 델라 카사, 그녀의 목소리는 아직도 우리 곁에 영원히 살아 숨 쉬고 있다.

02 마리아 보티첼리

뛰어난 재능과 열정으로 불같이 살다간 마리아 보티첼리(1910~1949)

노래에 재능을 보인 어린 시절

1910년 당시 러시아에 속했던 몰다비아의 치시뉴(Chisineu)라는 마을에서 평범한 노동자 가정의 12자녀 중 다섯째로 태어났다. 당시 몰다비아는 동유럽 흑해 연안의 작은 나라로 강대국들에게 시달려왔던 조그만 나라인데 러시아에 귀속되어 있었다. 몰다비아는 주민의 90% 가량이 인접국인 루마니아와 같은 루마니아계로, 마리아도 루마니아계통이었다. 몰다비아는 이 후 몰도바로 바뀌었다. 본명은 마리아 체부타루(Maria Cebutaru)였으나 세련되게 표현하기 위해서 마리아 체보타리라고 하였다.

마리아는 4살 때 타고난 아름다운 목소리로 주위 사람들의 관심을 끌었고, 성당 성가대에서 노래를 부르면서 자연스럽게 타고난 성악적 재능을 발견하게 되었다.

1924년 14세에 성악가가 되기를 희망하였기 때문에 키시네프 국립 음악원에 입학하여 성악과 피아노를 공부하는 한편 교회 성가대에서 노래를 계속하며 개인적으로도 수련을 쌓아갔다. 마리아는 어릴 때부터 노래를 잘 불렀지만, 해가 갈수록 노래 실력이 성장하면서 기대가 커졌다.

1929년 19세에 음악원을 졸업할 때 모든 사람들이 마리아가 촉망받는 어린 성악도 라는 것을 인정했다.

재능이 빛을 발하다

어느날, 마을에 유랑극단이 찾아왔다. 러시아 혁명 직후 조국 러시아를 떠나 망명한 러시아인 배우들로 구성되어 여러 나라를 순회하며 공연을 벌이던 모스크바 예술극단이 공연을 위해 키시네프에 왔다.

마침 이 극단은 러시아어로 노래를 부를 수 있는 젊은 아가씨를 급히 찾고 있었다. 극단장이자 백작인 배우 알렉산더 비루도프는 마땅한 여배우를 찾기 위해 키시네프 국립 음악원을 방문했다가 졸업반 학생인 마리아의 노래를 듣고 단번에 그녀의 타고난 재능을 발견했다. 비루도프 단장은 곧장 마리아와 그녀의 양친을 찾아가 자신의 극단에 입단하도록 열심히 설득했다. 그 와중에 이 아름다운 어린 마리아에게 완전히 반해버린 비루도프는 그녀에게 청혼하였다. 마리아의 부모는 가난한 상황에서 돈을 벌 수 있는 좋은 기회라고 생각하여 결혼을 승낙했다. 19세밖에 안된 어린 소녀지만 마리아 자신도 배우로 성공할 수 있다는 희망에 비루도프의 청혼을 받아들였으며 동시에 모스크바 예술극단의 단원이 되어 집을 떠나 여러 곳을 다니면서 공연하였다.

백작은 마리아를 파리로 데리고 가서 결혼하였고, 얼마 후 공연을 위해 마리아와 함께 베를린으로 가게 되었다. 아내의 비범한 음악적 재능을 키우는 데 후원을 아끼지 않았던 비루도프는 중앙역에서 우연히 마주쳐 알게 된 독일의 유명한 지휘자 겸 작곡가 막스 폰 쉴링스를 찾아가 '아주 재능있는 젊은 성악도가 있다'며 아내 마리아의 노래를 한 번 들어달라고 요청했다. 그녀의 노래를 들은 쉴링스는 비루돌프와 마찬가지로 그녀의 타고난 재능을 발견했고, 그의 추천으로 마리아는 1930년 당시 베를린 국립 음악대학의 유명한 성악과 교수였던 오스카 다니엘의 문하에 개인 제자로 받아들여져 성악 공부를 정식으로 받게 되었다.

오스카 다니엘의 문하에서 불과 3개월간을 수학한 마리아는 1931년 21세의 나이로 마침내 본격적인 첫 무대를 밟게 되었다. 독일의 유수한 명문 드레스덴 국립 오페라극장의 음악감독인 명지휘자 프리츠 부쉬에게 전격적으로 발탁되어 푸치니의 오페라 '라 보엠'의 미미 역으로 오페라 무대에 데뷔하였다. 부쉬도 마리아의 노래를 듣고 감동하여 명문 드레스덴 국립 오페라극장에 3년간의 계약을 맺었다.

데뷔 공연이 대성공을 하자 특별한 재능을 발견한 전설적인 지휘자 브루노 발터는 마리아에게 독일의 잘츠부르크 페스티벌에 '오르페오와 에우리디체'의 에우리디체 역을 제안하여 데뷔하였다.

최고의 배우가 되다

1934년 24세의 젊은 나이로 데뷔한 지 4년밖에 되지 않는 경력에도 불구하고 드레스덴 국립 오페라극장으로부터 궁정가수(Kammersaengerin)의 명예칭호를 받기에 이르렀다. 이후 마리아 체보타리는 1936년까지 드레스덴 국립 오페라극장의 앙상블 멤버로 활약하며 '리골레토'의 질다, '피가로의 결혼'의 수잔나, '로젠카발리어'의 조피 역 등 여러 배역들을 노래하며 꾸준히 커리어를 쌓아나갔다.

1935년 25세에는 리하르트 슈트라우스의 신작 오페라 '말없는 여인'이 드레스덴 국립 오페라극장에서 세계 초연을 가졌을 때, 이 공연의 지휘를 맡은 칼 뵘은 타이틀 롤인 아민타 역에 마리아를 발탁했다. 이 공연을 계기로 마리아는 슈트라우스와 친교를 맺게 되었고, 이 듬해인 1936년에 드레스덴을 떠나서 독일에서 가장 유명한 명문 베를린 국립 오페라극장으로 이적하였다. 이후 마리아는 베를린은 물론 전 유럽의 유명한 오페라극장들에 차례로 데뷔하면서, 다양한 배역을 모두 소화해냈다. 그리고 유명한 최고의 지휘자들과 함께 일하며 그 명성을 전 유럽에 떨치게 되었다.

한편으로 마리아의 미모와 연기력에 주목한 유럽의 영화 제작자들은 영화에 출연하라는 제안을 해왔다. 결국 마리아는 이 제안을 받아들여 1936년에 독일계 유대 상인 오페르트를 주제로 한 '백의(白衣)의 처녀'에 출연하면서 영화의 삽입곡을 직접 노래하여 화제가 되었다. 이후 '가혹한 마음', '어머니의 노래', 베르디의 전기영화 '베르디의 세 여인들', 오페라 영화 '나비부인의 꿈', 19세기의 전설적인 소프라노 마리아 말리브란의 전기영화 '마리아 말리브란', 그리고 '오데사의 불꽃', 등의 수 많은 영화에 출연한 그녀는 오페라 가수로서는 물론 영화배우로서도 국제적인 명성을 얻게 되었다.

마리아와 남편 구스타프 디슬

마리아는 성악가와 영화배우로 점점 유명해지고, 바빠지면서 남편 비루도프와 점점 사이가 벌어졌다. 어린 나이에 결혼한 남편은 나이가 많아서 연인이라기보다는 스승이나 아버지처럼 느끼고 있었기 때문에 애정도 없었다. 이러한 상황에서 마리아는 영화 '가혹한 마음'에 함께 출연한 오스트리아의 영화배우 구스타프 디슬과 가까워졌다. 디슬은 자신보다 11년 연하인 젊고 아름다운 소프라노 가수에게 매혹되었고, 마리아와 디슬은 사랑에 빠졌다.

결국 1938년 28세에 마리아는 남편과 헤어지고 구스타프 디슬과 결혼하였다. 이들은 두 아들 페터(1941년생)와 프리츠(1945년생)을 낳았다.

2차 세계대전이 발발하다

마리아가 전성기를 맞이하여 활발한 활동을 시작하는데 1938년 독일은 체코를 강점하고, 오스트리아를 합병하였다. 마침내 1939년 나치 독일은 폴란드를 침공하면서 2차 세계대전을 일으켰다. 마리아는 전쟁의 소용돌이에 휘말리게 된다. 조국 몰다비아는 이미 소련에 합병당한 상태에서 독일과 소련이 전쟁을 벌이면서 두 나라 사이에서 미묘한 입장에 처하게 되었다.

1943년 33세에 베를린에 있던 그들의 집이 연합군의 폭격으로 부서졌다. 집을 잃어 갈 곳이 막막했던 마리아는 비엔나 슈타츠오퍼와 계약을 맺게 되어 비엔나로 옮겨 살게 되었다.

1945년 2월 13일 35세가 되던 해 연합군의 악명 높은 융단 폭격으로 인해 시가지의 대부분이 파괴당하면서, 마리아가 활약하던 오페라극장들이 잿더미가 되는 것을 보면서 큰 충격에 빠진다. 그리고 히틀러의 자살과 더불어 2차 세계대전은 끝나게 된다.

전쟁의 광풍 속에서 마리아는 집과 재산을 잃고, 몰다비아의 친정집 식구들과는 전쟁 중에 연락이 끊겼다. 그리고 자신의 무대였던 오페라 극장들이 대부분 폐허가 되어 망연자실 했지만, 노래와 연기가 곧 자신의 삶이었기에 다시금 무대에 올랐고 모든 것이 부족한 상태였지만 마리아는 왕성한 활동을 하였다.

젊은 나이에 사망하다

1948년 마리아가 38세가 되던 해 전쟁 중에 병에 걸려 시름시름 앓던 남편이 종전 후 혹독한 빈곤으로 영양실조 상태가 되면서 건강이 급격히 나빠져 결국 사망하였다. 사랑하는 남편을 잃은 후 절망적인 현실이 너무 힘들었지만 아픔을 잊기 위하여 마리아는 더욱 오페라 공연에 심혈을 기울이게 된다. 심신이 지친 상태에서 쉬지 않고 공연과 사운드트랙 녹음을 병행하면서 건강은 급속도로 나빠져 갔다.

1948년 1월 라 스칼라 무대에 올려진 '피가로의 결혼'의 알마비바 백작부인 역으로 공연하는 도중 격렬한 통증을 참지 못해 비명을 지르며 몸부림치다 쓰러졌다. 병원에 입원한 그녀는 이미 췌장과 간에 퍼진 암세포를 발견했다. 이미 수술 시기를 놓쳐 가망이 없는 상황이었으나, 새로 할 배역을 연습하면서 희망의 끈을 놓지 않았다.

그러나 1949년 6월 9일 39세의 젊은 나이에 사망하게 된다. 19세부터 시작된 20년간의 파란만장한 방랑의 세월에 마침표를 찍고 영영 돌아올 수 없는 길을 떠났다. 어린 두 아들들은 고아가 되었는데, 유명한 피아니스트이자 마리아의 친구였던 클리포드 쿠르존이 양자로 입양했다. 두 아들은 어머니의 재능을 이어 받아 유명한 피아니스트가 되었다.

평가

마리아 체보타리는 대단히 뛰어난 재능의 성악가였다. 마리아는 진정한 아티스트로서 인생의 전부를 예술에 전념하였다. 마리아는 재능이 뛰어났으며, 당대의 최고의 배우였지만, 어떤 작품이든지 열심히 공부하였으며, 빠른 시간에 완벽하게 소화해냈고, 최선을 다해서 공연하였다.

인생 전부를 공연을 위해서 바쳤다고 해도 과언이 아니었으며, 모든 공연에 열정을 쏟았기에 그의 공연은 관람객들에게 감동을 주기에 충분하였다. 그러나 2차 세계대전 발발로 모든 재산과 가족, 사랑하는 남편을 잃고도 남은 생애를 공연을 위해 살았고 모든 공연이 자신의 최고의 공연이 될 수 있도록 열정과 시간을 사용하였다.

결국 공연장에서 쓰러지면서까지 노래와 연기를 사랑한 마리아는 39세의 젊은 나이에 사망하게 된다.

03 버지니아 울프

"별 같은 존재를 생각할 때면 인간사는 너무나 하찮은 존재에 불과하지요. 그렇지 않나요?"

"어른이 된다는 것은 다른 것을 얻기 위해 꿈을 잃어버리는 일이다."

"인생이란 하나의 꿈이다. 꿈에서 깨면 파멸되는 것이다"

사회에 대한 비판 의식으로 여성 운동의 지침서를 쓴 버지니아 울프
(1882~1941)

1882년 1월 25일 영국 런던에서 상류층 가정에서 2녀 1남 중 장녀로 태어나 유복한 어린 시절을 보냈다. 본명은 애덜린 버지니아 스티븐이다.

아버지 레슬리 스티븐경은 케임브리지 대학의 교수로 당시 영국 문단에서 이름난 문인이었고 《18세기에 있어서의 문학과 사회》를 출간했다. 그리고 《대영 전기 사전》의 편집을 총지휘하기도 했다.

아버지는 첫째 부인과 딸 로라를 두었으나 아내가 둘째를 낳다가 죽은 뒤 독신으로 지내다, 프랑스 귀족 가문의 아름다운 줄리아와 재혼하였다. 어머니도 전남편이 사고로 사망하자 딸 스텔라와 아들 조지, 제럴드 삼남매를 데리고레슬리 스티븐의 집 근처에 살다가 레슬리와 결혼을 하게 되었다. 부부는 결혼 후 큰아들 토비와, 딸 바넷사, 버지니아, 막내아들 아드리안이 차례로 태어나 10명의 아이들이 있었다.

버지니아 울프와 자매인 바네사는 처음에는 학교에 가지 않고 아버지의 서재에서 홈스쿨링으로 교육을 받았다.

1895년 버지니아 울프가 13세 때, 어머니가 연이은 출산과 남편 뒷바라지, 10명의 자녀를 양육하다가 정신적 육체적으로 건강이 나빠져 사망하게 된다. 버지니아는 충격으로 처음 정신이상 증세가 나타났다. 버지니아가 정신이상 증상이 나타난 것은 어릴 때 이복오빠인 조지와 제럴드에게 당한 성폭행의 트라우마 때문이었다. 성폭행은 6살 때부터 23살이 되어 집을 떠날 때까지 지속적으로 가해졌다.

1897년 15세에 킹스 칼리지 런던에서 역사학과 그리스어를 공부하였으며, 졸업하자마자 문학의 길에 빠져들었다.

1904년 22세에 아내에게 정신적으로 크게 의존하던 아버지는 어머니의 죽음으로 극심한 우울증을 앓다가 위암으로 사망한다. 버지니아는 정신이상 증세가 더욱 악화되어 투신자살시도를 했으나 다행히 생명에 지장이 없었다. 이로 인해 짧은 기간동안 정신병원에 입원해야 했다.

버지니아는 정신 질환을 치료하기 위하여 여러 치료를 받았지만, 당시의 정신질환 연구 수준에서는 만족할 만한 결과를 얻을 수 없었다.

결혼하다

부모를 잃은 후, 런던의 블룸즈버리로 이사하여 남동생 에이드리언을 중심으로 '블룸즈버리 그룹'이라고 하는 지식을 토론하는 집단을 만들어 그 일원으로 활동하였다. '블룸즈버리 그룹'은 케임브리지 출신의 학자·문인·비평가들 등의 예술가와 지식인들의 모임으로, 여기서 수필가인 레너드 울프를 만나게 된다. 이 모임에는 상당히 많은 유능한 인재들이 참여했으며, 나중에 유명한 사람들이 많이 배출되었다. 버어지니아도 이 모임에서 얻은 지식을 바탕으로 1905년부터는 타임스지 등에 문예비평을 썼다.

1912년 30세에 버지니아 울프는 레너드 울프와의 결혼 조건으로 평생 육체적 관계는 안하겠다는 것과 남편이 직업을 버리고 자신

남편 레너드 울프와 함께

을 지원해 달라는 것이었다. 버지니아는 어릴 때 이복오빠들에게 성폭행을 당해 자기 몸에 대해 수치감과 혐오감을 갖게 되었고, 억압적인 관계를 체험하면서 성에 대해 거부감을 가졌던 것 같다.

누구도 수용하기 어려운 조건이었지만 레너드는 수용하기로 하고 레너드 울프와 결혼을 한다. 결혼 후 각기 다른 침실을 쓰면서 결혼 생활을 이어갔다.

결혼 후 버지니아는 남편의 헌신적 보살핌을 받으면서 창작에 전념하게 되었고, 그의 간호를 받은 25년 동안 이전과 같은 극심한 신경증 발작은 나타나지 않았다.

책을 내다

레너드는 아내의 기분 전환을 위해 인쇄기를 사서 호가스 출판사를 기획해 주었는데, 이로써 버지니아는 자기 출판사를 가지고 어떤 간섭도 받지 않고 눈치 볼 필요없이 좋아하는 글을 쓰고 펴낼 수 있게 되었다. 이 출판사는 혁명적인 출판 결정을 여러 번 하여 캐더린 맨스필드, T.S. 엘리엇의 시 들을 출간해 현재는 영국의 저명한 출판사로 자리잡고 있다.

1915년 자신의 출판사를 통해 자신의 첫 번째 소설 《항해》를 출판한 뒤 다른 책들을 펴내기 시작하였다. 1919년에는 《밤과 낮》을 간행했다. 이들은 다 같은 전통적 소설형식을 취했다.

1922년에 나온 《제이콥의 방》에서는 주인공이 주위 사람들에게 주는 인상과 주위 사람들이 주인공에게 주는 인상을 대조시켜 그린 새로운 소설형식을 시도하였다.

1925년에는 《댈러웨이 부인》이 큰 인기를 받았고 1927년에는 소녀시절의 체험한 내용을 서정적으로 다룬 《등대로》를 발표했다. 1928년에는 《올랜도》를 발표해 호평을 받았다.

1939년 제2차 세계대전 발발 후, 서식스 주 로드멜 근처 별장으로 이사하여 전원생활을 하였으나 신경은 더욱 예민해지고 심각해졌다.

자살로 생을 마감하다

1941년 3월 28일 우즈 강으로 산책을 나갔다가 행방불명되었는데, 강가에 울프의 지팡이와 발자국이 있었다. 이틀 뒤에 시체가 발견되었으며, 투신 자살한 것으로 밝혀졌다. 결국 59세의 나이에 자살로 삶을 마감했다. 버지니아 울프는 사망 후에 화장되어, 부부가 살던 자택의 뒷마당에 있는 두 그루의 느릅나무 아래에 뿌려졌다.

서재에는 남편과 언니에게 남기는 유서가 있었는데 그녀가 남긴 마지막 작품이 되었다.

사랑하는 당신,
당신께 말하고 싶어요, 당신이
내게 완전한 행복을 주었다는 것을, 그 누구도
당신보다 더 잘해줄 수는 없었을 거예요.
믿어주겠죠.
하지만 나는 이걸 결코 이길 수 없다는 걸 알아요.
나는 당신의 삶을 소모시키고 있어요. 이 광기가 말이죠.
누가 무슨 말을 해도 나를 설득시키지는 못해요.
당신은 일할 수 있고, 내가 없다면
훨씬 잘할 수 있을 거예요. 당신도 보다시피
나는 이것조차 쓰지 못하잖아요. 그러니 내 말이 옳다는 걸
아시겠죠.
그저 내가 하고 싶은 말은
이 병이 오기 전까지는 우리는 완벽하게
행복했다는 거예요. 모두 당신 덕이예요.
아무도 당신만큼 잘해 주지는
못했을 거예요. 맨 처음 그날부터 지금까지.

자살의 원인으로는 허탈감과 환청, 어린시절 의붓오빠들로부터

받은 성적 학대, 정신이상 발작에 대한 공포심 등으로 추정된다.

이 후에 마이클 커닝햄의 소설《디 아워스(The Hours)》를 통해 버지니아 울프를 다시 볼 수 있었다. 마이클 커닝햄은《디 아워스》로 퓰리처 상을 받았으며,《디 아워스》가 각색되어 니콜 키드먼이 버지니아 울프 역을 연기해 영화로 만들어지기도 했다

평가

버지니아 울프는 20세기 영국의 모더니즘 작가이다. 버지니아는 위대한 소설가이자 비평가로, 문학사에서 페미니즘과 모더니즘의 선구자로 평가받는 주요 작가이다.

의식의 흐름이라는 소설의 기법을 탄생시키고 완성한 작가 중 한 사람으로, 가부장적 가치관에 도전했을 뿐 아니라, 세계와 자아를 이해하고 표현하는 새로운 방식을 모색했다는 점에서 높게 평가받고 있다. 버지니아는 어릴 때 성폭행을 당한 트라우마로 인해서 평생을 정신 질환으로 고생하게 되고 결국은 자살을 하게 된다.

그래서 그의 작품 속에는 여성의 지위 향상을 위한 페미니즘을 강조하였다.

04 에디트 피아프

"하늘이 무너져버리고 땅이 꺼져버린다 해도 그대가 날 사랑한다면 두려울 것 없으리. 당신이 원한다면 이 세상 끝까지 따라가겠어요."

프랑스 가요계의 전설 국민가수 에디트 피아프(1915~1963)

불행한 어린 시절

에디트 피아프는 1915년 12월 19일 프랑스 파리의 가난한 노동자 구역인 베르빌에서 태어났다. 에디트는 만삭의 어머니가 병원에 미처 도착하기 전 파리의 빈민가 거리에서 지나가는 사람들이 지켜보는 가운데 태어났다. 본명은 에디트 조반나 가시옹(Édith Giovanna Gassion)이다.

아버지는 거리의 곡예사였는데 제1차 세계대전으로 징집되면서 어린 에디트의 어둡고 외로운 인생이 시작된다.

어머니는 삼류 가수로 여기저기에서 노래를 불러야 했기 때문에 어린 딸을 제대로 돌볼 수가 없었다. 어쩔 수 없이 에디트는 알콜중독자인 외할머니한테 맡겨져서 키워졌지만 알콜중독자인 외할머니가 제대로 에디트를 키울 수 없게 되자, 노르망디에서 유곽을 운영하는 친할머니에게 맡겨지면서 에디트는 창녀촌에서 유아 시절을 보내야 했다. 에디트는 어린 시절에 부모의 사랑을 받지 못했고 각막염으로 3년간 시력을 잃었고 가난 때문에 급격한 영양실조로 앙상한 뼈만 남을 정도로 불우하게 지내야 했다. 어른이 되어서도 그녀의 키는 142㎝에서 성장을 멈추었다. 학교 교육도 받아본 적이 없다.

1929년 14세 때 군대를 제대한 아버지와 재회한 뒤 아버지가 속한 유랑극단 따라 장터와 거리에서 당시 유행하던 노래를 부르면서 자신의 재주와 뛰어난 목소리를 알렸다. 그러나 주변 환경은 나아진 게 없었다.

1930년 15세가 되면서 아버지와의 유랑 생활이 자신의 미래에 도움이 되지 않는다는 생각에 독립을 하게 되고 홀로 파리의 거리를 떠돌아다니며 길거리에서 노래를 부르며 생계를 이어 나갔다. 개방된 거리에서 마이크와 같은 기계의 힘을 빌리지 않고 오직 목소리만으로 노래를 부른다는 것은 쉬운 일이 아니다. 더욱이 체구가 작은 에디트는 사람들이 집중할 수 있도록 강렬한 인상을 심어주는 창법을 만들어야 했다. 그리고 길에서 안전하게 노래를 부르고 돈을 벌려면 동네 불량배들과 어울리며 일정 금액을 상납하기도 해야 했다.

1932년 17세에 배달원이던 남자친구와의 사이에서 마르셀을 낳는다. 처음이자 마지막 출산이 된 유일한 딸이었지만 제대로 양육하지 못해서 두 살 되던 해 뇌수막염으로 세상을 떠났다. 에디트는 세상이 무너지는 절망감 속에서 특유의 애절함과 절규하는 호소력 있는 목소리를 가지게 되었다.

본격적으로 노래를 부르다

1935년 20세 때 에디트는 파리의 피갈 거리에서 노래하다 우연히 카바레 제니스의 주인 루이 르플레의 눈에 띄었다. 목소리에 매료된 이 지배인은 에디트에게 주급을 줄 테니 자신의 가게에서 노래 부를 것을 제안했다.

루이는 작은 키에서 뿜어져 나오는 열정적인 그녀의 목소리에 '라 몸 피아프(LaMômePiaf, 어린 참새라는 뜻)'라는 예명을 지어주어 피아프라고 부르게 되었다. 그리고 키가 작은 에디트의 단점을 보완하기 위하여 검은 드레스를 입도록 권했고 실제로 에디트는 화려한 무대복을 구입할 만 한 돈도 없었다. 훗날 에데트는 당대 최고의 가수가 되었을 때도 화려한 옷 대신 검정 색 옷만을 입었다. 그래서 에디트의 화려한 영광과 대조되는 검은 옷은 그녀의 상징이 되었다.

어느 날 무대에서 혼자 노래할 수 있는 기회가 주어졌다. 카바레 제니스에서 화려하게 데뷔한 에디트는 단시간에 인기를 얻었고 그곳의 최고 스타가 되는 기적 같은 일이 일어났다. 그러나 그 기적은 오래가지 않았다. 에디트가 제니스에서 노래를 부른 지 7개월로 접어든 1936년 4월 주인 루이가 암살되는 사건이 발생했다.

예전에 어울리던 불량배들이 카바레에 찾아와 에디트가 노래해서 번 돈에 대하여 상납금을 요구하다가 카바레 주인을 살해하였다. 에디트도 공범으로 몰려 안정된 무대에서의 가수 생활을 1년 만에 그만두게 된다. 이후 법원에서 진범이 잡혀 무죄 판결을 받았지만 살인자라는 낙인을 지우지 못하고 술에 찌든 삶을 살았다.

에디프가 절망에 빠져 있을 때 작가이자 작곡가, 가수인 레이몽 아소가 나타났다. 레이몽은 발성법, 악보 보는 법, 작사, 작곡법, 무대 매너, 자세 등을 가르치며 에디트의 부족한 부분을 채워주었다. 이때부터 에디트의 창법은 배 속 깊은 곳에서 울려서 격하고도 애잔함을 표현해냈고 분노와 행복, 두려움과 기쁨을 함께 전달하는 감동을 선사할 수 있게 되었다.

1940년 25세에 레이몽은 에디트의 재능을 높이 사 뮤직홀 ABC에 소개하여 무대에 설 수 있게 해주었다. ABC 뮤직홀에서 노래를 부르던 첫날 시인 장 콕토가 앉아 있었다. 장 콕토는 에디트의 노래를 듣고 창법이 마음에 들어 자신의 가사들로 노래를 불러달라는 제안을 받았다. 에디트는 장 콕토의 '냉담한 미남' 노래를 불러 인기가 높아졌다. 두 사람은 예술적으로 교감하며 죽는 날까지 우정을 이어갔다.

에디트는 연극과 영화에서 배우로 활약하기도 했다. 에디트는 400여곡의 노래를 남겼는데, 그중 약 80여 곡의 노랫말을 직접 썼다.

에디트의 사랑

에디트의 인생에 등장하는 많은 남자와 매번 첫사랑처럼 순수하고 열정적으로 사랑했지만 오래 이어지지 않았다.

1944년 29세에 에디트가 몽마르트 언덕에 위치한 파리의 명물 물랭루즈에서 공연할 때 이브 몽땅을 만나게 된다. 이탈리아 이민

마르셀 세르당과 함께

자의 아들이자 부두 노동자로 일하고 있던 이브 몽탕은 여섯 살 연하로 가수가 되고 싶어 했다. 미남이었던 이브 몽탕을 보고 에디트는 사랑에 빠졌다. 이때 에디트가 부른 노래가 그 유명한 '장밋빛 인생 (La Vie En Rose)'이다. 이미 정상에 서 있던 에디트는 이브 몽땅의 후원자 겸 매니저 역할을 자청했다. 자신의 무대 1부를 이브 몽탕이 홍보할 수 있게 했고, 남자친구의 곡을 선별해주면서 물심양면 도와주었다.

이들의 관계는 이브 몽탕이 점점 유명세를 타면서 서서히 식어갔다.

에디트는 미국 공연 중 프랑스 권투선수인 세계 미들급 챔피언 마르셀 세르당과 운명적인 만남을 갖게 된다. 3명의 자녀를 둔 유부남이었던 마르셀 세르당과의 만남은 축복받을 수 없었지만, 두 사람은 주변을 의식하지 않고 당당하게 사랑했다. 그러나 1949년 경기를 위해 뉴욕으로 가던 마르셀 세르당은 비행기 추락 사고로 34세에 숨졌다. 에디트는 인생에서 가장 사랑한 사람을 보내는 고통과 절망, 그리고 죄책감에 모든 일정을 취소하고 두문불출했다. 이때 비극적 감정이 온몸으로 전율하며 태어난 노래가 바로 '사랑의 찬가'였다. 둘의 사랑은 짧았지만, 두 사람이 나눈 편지가 책으로 출판돼 지금도 절찬리에 판매되고 있다.

1952년 37세에 에디트는 미국 순회공연을 하던 중 프랑스 샹송 가수 자크 필스를 만나 사랑에 빠지며 뉴욕에서 첫 번째 결혼을 한다. 세계적으로 유명해진 샹송의 여왕 에디트의 영향 덕에 자크는 미국 내 인지도를 높이면서 성공하게 된다. 그러나 에디트가 교통사고로 인한 약물 과다복용으로 히스테리가 심해져 자크는 견디기가 어려웠다. 결국 에디트는 건강이 망가져 재활원에 입원하는 신세가 되었다. 자크는 에디트의 병적인 히스테리를 참지 못하고 결혼 4년 만인 1956년에 결혼생활을 끝냈다.

상송으로 유명해졌지만, 외로운 성장환경 탓에 항상 사랑을 갈구했던 에디트는 무대 위에서 노래와 연기로 고통과 슬픔을 치유 받았지만, 공연 중 쓰러지는 횟수가 잦아지면서 라이브 공연을 할 수 없게 된다. 일상생활이 힘들 정도로 건강이 악화되었다.

1961년 46세에 자신보다 21세 연하였던 25세의 잘생긴 이발사 테오파니스 람부카가 노래를 하고 싶어 에디트를 찾아왔고 그를 기꺼이 제자로 받아 들였다. 에디트는 젊고 잘생기고 자상한 테오파니스를 사랑했다. 테오파니스는 아프고 지친 에디트를 진심으로 보살폈다.

1962년 47세에 테오파니스와 재혼하였다. 21세의 나이차이 때문에 색안경을 끼고 보는 주변의 시선에 아랑곳하지 않고, 좋은 관계를 유지했다. 그러나 결혼 생활 1년만에 에디트가 사망해서 두 사람이 만난 시간은 그리 길지 않았다. 게다가 에디트가 사망한 뒤 약 700만 프랑의 채무를 지게 되어서 경제적으로 어려움을 겪기도 했다. 테오파니스는 1970년 자동차 사고로 사망했으며 에디트의 무덤 옆에 묻어 주었다.

에디트는 말년에 술과 약물에 의지해 살았기 때문에 건강이 급격히 나빠진다. 사망 전에는 자신의 나이보다 훨씬 늙어 보였고, 머리도 빠지게 되면서 완전히 웃음을 잃었다.

1963년 10월 11일 에디트는 남프랑스의 향수의 고장 그라스에서 47세의 나이로 생을 마감했다. 교회에서 장례식을 치루려고 했는데 교회 측에서는 그녀의 이혼 경력을 들어 장례식을 거부했다. 그러나 페르 라쉐즈 공동묘지에서 거행된 장례식엔 에디트를 추모하는 수만명의 사람들이 모였다.

평가

프랑스 샹송계의 위대한 스타로 지금까지도 가장 많은 사랑을 받고 있는 여가수 에디트 피아프는 영화와 같은 삶을 살다 간 비련의 주인공으로 너무나 잘 알려져 있다. 에디트는 연극과 영화에서 배우로 활약하기도 했으며, 400여 곡의 노래를 남겼다.

에디트 피아프는 작은 체구에서 나오는 열정적인 목소리를 가져 '어린 참새'로 불렸다. 142㎝의 작은 몸에서 뿜어져 나오는 폭발적인 가창력은 그를 불멸의 샹송 가수로 만들었다. 그러나 에디트 피아프는 사랑이 존재하기에 노래를 할 수 있었다. 사랑이 없이는 노래를 부를 수 없었다. 그래서 많은 남자들을 만나 불같은 사랑을 했고, 사랑이 식으면 이별을 하였다. 많은 남자들은 에디트를 통해 인기와 명성을 얻으려 했지만 그와 달리 에디트는 사랑에 빠지면 자신의 모든 것을 오직 한 사람에게 주었다.

에디트 피아프의 강렬하고 비극적인 노래들은 마치 한 편의 공연을 본 것 같은 강한 인상을 남긴다. 드라마틱하고 치열했던 그의 48년간의 짧은 삶과도 닮았다.

05 에스티 로더

"비전을 세워서 포기하지만 않으면 꿈은 꼭 실현될 수 있다. 비전이 있기 때문에 인생의 목표가 생기고 그 목표를 향해서 도전하면 결과는 비전을 실현시키게 된다."

"당신이 나의 나이를 묻는다면 그것은 숫자에 불과합니다."

세계 화장품 업계의 거장 에스티 로더(1908년~2004년)

1908년 8월 1일 뉴욕 퀸스지구에서 체코계(系) 아버지 멕스 멘처와 헝가리계 어머니 로즈 쇼츠 사이에서 8자매 중 6번째로 태어났다. 어머니 로즈는 1898년 그녀의 전남편 아브라함 로젠탈과 다섯 아이들과 함께 헝가리에서 미국으로 이주했고 그 후 1905년에 철물점을 운영하던 에스터의 아버지와 결혼했다.

어머니는 에스터가 태어났을 때 자신이 가장 좋아하는 헝가리 이모의 이름을 따서 그녀의 이름을 에스터라고 짓고 싶었고, 가족이 동의한 조세핀이라는 이름을 넣어 조세핀 에스터 멘처(Josephine Esther Mentzer)로 정했다.

에스터는 뉴욕 퀸스에 있는 뉴타운 고등학교에 다녔지만, 그녀의 어린 시절대부분을 생계를 유지하기 위해 일해야 했다. 에스터는 아버지의 철물점에서 일하면서 사업하는 방법, 기업가 정신, 성공적인 소매상이 되기 위한 방법들을 배웠다.

화장품을 만들다

에스터는 어릴 때부터 친구들에게 화장해 주는 것을 좋아했는데, 화장한 후 달라진 모습을 보고 기뻐하는 친구들을 보면서 평생 사람들을 아름답게 만들어주겠다는 꿈을 갖게 되었다.

마침 에스터는 그녀의 외삼촌인 존 쇼츠박사의 사업을 도울 기회가 생겼다. 외삼촌은 화학자였으며 새로운 길 연구소(New Way Laboratories)를 운영하면서 크림, 로션, 립스틱, 그리고 향수와 같은 여성 뷰티 제품을 생산해서 판매하였다. 외삼촌은 화장하는 방법에 깊은 관심을 보인 에스터에게 얼굴을 씻는 법과 얼굴 마사지 하는 법을 가르쳐 주었다. 에스터는 외삼촌의 여성 뷰티 사업에 더 많은 관심 흥미를 갖게 되었다.

에스터는 외삼촌이 화장품들을 만드는 것을 보고 깊이 매료되었으며, 외삼촌처럼 화장품을 만들어야겠다는 비전을 세웠다. 에스터는 삼촌에게 자신의 비전을 말하고 화장품 제조 지식을 전수받아 함께 만든 클렌징 제품을 시작으로 집에 작은 연구실을 만들어 본격적으로 화장품을 만들기 시작했다.

그리고 에스터는 평소 다니던 미용실의 작은 코너에서 자신이 직접 만든 화장품을 판매하기 시작했다. 미용실 손님들에게 자신이 직접 만든 화장품을 발라주었고, 우수한 제품력과 적극적인 마케팅으로 사업이 번창하기 시작했다. 그녀는 유대계 본명인 조세핀 에스터 로터를 부르기 쉽고 기억하기도 쉬운 에스티로 개명한 후 브랜드 이름 또한 자신의 이름과 똑같이 에스티 로더로 확정했다.

에스터는 뉴욕 모히간 호수에서 여름을 보내는 동안 남편 조셉 로터를 만나 1930년 22세에 결혼 한 후 맨해튼으로 이사를 했다. 에스터는 남편의 성을 따라 에스터 로더가 되었다.

1939년 31세에 남편과 성격이 맞지 않다는 이유로 이혼하고 플로리다로 이주했다. 그러나 1942년 34세 "너무 일찍 결혼했던 탓에 잘못 생각해서 실수를 했고 최고의 남편을 만났음을 깨달았다."고 말하며 조셉 로더와 재결합했다. 그리고 두 번째 아들 로널드를 낳았다.

화장품으로 성공하다

제2차 세계대전이 끝나고 여성들이 미용에 대한 관심이 높아지자 에스티 로더의 제품은 뉴욕의 많은 미용실에서 인기를 끌었다. 이에 남편과 함께 뉴욕 맨해튼에 1946년 '에스티 로더 코스메틱스'라는 이름의 회사를 설립하고, 슈퍼리치 다목적 크림, 크림 팩, 클렌징 오일, 스킨 로션 등 4개의 제품을 생산해서 판매했다.

제품의 이미지를 고급화하기 위해 의학적인 느낌의 유리 용기에서 벗어나 푸른 터키석 색 용기로 바꾸었다. 이 색은 '에스티 로더 블루'로 유명해졌고, 반세기가 훨씬 넘은 지금도 여전히 사용되고 있다. 또한 1948년 로더는 자신의 제품을 더욱 고급 브랜드로 만들기 위하여 유명 백화점인 뉴욕의 삭스 피프스 애비뉴 입점에 성공했다. 이후 블루밍데일, 니먼마커스, 런던의 해로즈, 파리의 갤러리 라파예트 등 고급백화점에 판로를 뚫었다.

1953년 45세에 에스터는 첫 번째 향수인 '유스 듀(Youth Dew)'를 출시했다. 유스 듀는 완전 향수가 아닌 샤워 후 바르는 바스 오일의 형태로 보습 오일인 동시에 향수 대체품이 되는 이중 효과를 주어실용성이 뛰어나 미국 여성들의 큰 관

심을 모았다.

에스터가 유스 듀를 프랑스의 라파예트 백화점에 입점시킨 에피소드는 유명하다. 백화점 입점을 위해 담당자와 미팅하던 중 에스티 로더는 향수를 바닥에 쏟았고, 그 향이 하루 종일 은은하게 남아 있어 카운터에 그 향수를 문의하는 남자 고객들이 쇄도하여 라파예트 백화점 입점에 성공하게 되었다.

유스 듀가 성공하자 에스터는 유스 듀의 향을 다른 화장품에도 접목했고 소비자들의 반응은 아주 좋았다.

1956년 에스터는 에스티 로더 창립 10주년을 기념해서 고급 제품인 '리뉴트리브' 크림을 선보였다. 당시 보통의 크림이 20달러 정도였는데, 금색 라벨을 넣어 115달러라는 높은 가격으로 출시하여 화제를 모았다. 처음에는 가격이 너무 비싸 소비자들에게 외면당할 것이라고 생각했지만, 오히려 비싼 고급제품이라는 이유로 판매량이 증가하였으며, 지금까지도 인기 있는 에스티 로더의 명품 화장품이 되었다.

1958년에는 판매 액수가 1백만 달러가 되면서 영업을 시작한 첫해와 비교하면 20배 이상으로 판매량이 증가하였다. 로더는 여기에서 멈추지 않고 사업의 확장을 위하여 큰아들인 24살 레너드를 사업에 공식 참여시켰다.

세계 최고로 만들다

1960년대 에스터는 에스티 로더를 세계적인 브랜드로 만들기 위하여 영국 런던의 해러즈 백화점에 에스티 로더의 첫 해외 지점을 세운 뒤, 1964년에는 아라미스(Aramis Inc)를 세워 남성용 제품을 출시함으로써 남성 화장품 시장을 새롭게 열었으며 홍콩과 일본에 이어 1981년에는 러시아, 1991년에는 한국, 1993년에는 중국에 진출했다. 이후 전 세계에 활발하게 진출하고 있다. 이후 에스터는 수많은 다양한 화장품을 개발하여 세상의 여성들에게 예뻐지고 싶은 욕망을 자극시켰으며, 도너 캐런 화장품, 타미 힐피거 미용용품, 아라미스 등을 인수해 사업을 확장했다.

1982년, 안티 에이징 제품인 나이트 리페어를 출시해서 화장품 역사상 최초로 밤사이의 피부 재생을 활성화시키는 기술을 적용하여 혁신적이라는 평가를 받았다. 이후 나이트 리페어는 30년 넘게 에스티 로더의 대표 제품으로 인정받고 있고 '갈색병'이라 불리며 많은 여성의 사랑을 받고 있다.

현재 에스티 로더는 전 세계 150개 이상의 국가에 25개 브랜드로 구성된 1만 8천 개가 넘는 매장을 운영하는 글로벌 브랜드가 되었다.

기부로 유명해지다

1982년, 74세에 나이트 리페어를 출시해서 성공시키고, 장남 레너드 로더에게 최고경영자(CEO) 자리를 물려주고 경영 일선에서 은퇴하였다. 1983년 남편 조셉 로더가 타계했다.

에스터는 경영일선에서 물러났지만 활발히 사회봉사를 하고 병원과 사회단체 등에 기부활동을 하면서 지금까지도 세인들에게 깊은 인상을 심어줬다.

1994년 며느리 에블린 로더(Evelyn H. Lauder)를 통해 수익의 일부를 여성들에게 돌려주기 위해서 유방암 예방 및 치료법 개발을 위해 비영리 재단인 유방암 연구 재단을 설립했다. 연구재단에서는 지금까지 전 세계에서 진행되는 유방암 의식 향상 캠페인, 유방암 연구 및 의료 서비스를 위해 수익의 일부를 지원하며 사회 환원에 힘쓰고 있다.

2004년 97세의 에스터는 심장 및 폐기능 장애로 뉴욕 맨해튼의 자택에서 별세했다.

평가

에스티 로더는 어릴 때부터 여성들을 아름답게 만들어야겠다는 비전을 세우고 그 비전을 실천하여 결국 오늘날까지 세계적인 화장품인 '에스티 로더'라는 회사를 만들었고, 에스티 로더의 수많은 화장품은 세계의 많은 여성들에게 아름다움을 선사하고 희망을 선물해 주었다.

사람들은 자신이 처한 어려운 현실을 부정적으로 보는 경우가 많다. 현실을 부정적으로 보면 실패에 대한 두려움 때문에 쉽게 포기하게 된다. 비전은 누구든 세울 수 있지만, 성공하기 위해서는 실패를 하더라도 끊임없는 도전이 필요하고 정진한다면 성공할 수 있는 기회를 잡을 수 있음을 에스터는 실천적으로 보여 주었다.

타임(Time)지는 1998년 20세기의 가장 영향력 있는 천재적 경영자 20인을 선정했을 때 여성으로는 에스티 로더를 유일하게 포함시켰다. 그리고 2003년에는 포춘(Fortune)지가 뽑은 미국의 500대 기업 리스트에서 349위에 랭크된 바 있다.

Tip

에스티 로더가 성공한 이유는 여성들을 아름답게 만들어야겠다는 비전을 세우고 그 비전을 죽을 때까지 실천하였기 때문이다.

06 오드리 헵번

"아름다운 입술을 가지고 싶으면 친절한 말을 하고 사랑스러운 눈을 갖고
싶으면 사람들에게서 좋은 점을 봐라. 날씬한 몸을 갖고 싶으면 너의 음식
을 배고픈 사람과 나누어라."

세기의 요정이 되어 전 세계 남성들의 마음을 훔친 천사 오드리 헵번
(1929~1993)

전쟁의 참혹함을 경험한 어린 시절

1929년 벨기에 브뤼셀에서 영국의 은행가인 아버지 조지프 앤서니 러스턴과 네덜란드의 귀족인 엘라 판 헤임스트라 여남작 사이에서 태어났다. 본명은 오드리 캐슬린 러스턴이다.

아버지 조지프는 1차 세계대전 이후 네덜란드령 동인도에서 일하다가 만난 네덜란드 여성과 결혼하였다가, 1926년에 이혼하고 엘라와 재혼했다. 아버지는 자유분방한 성격이었고 어머니는 귀족 집안에서 자란 엄격한 성격이었기에 아버지는 어머니와 성격이 맞지 않아 별거했고 1938년에는 정식으로 이혼한다.

오드리는 어머니와 같이 영국에서 살았으며, 영국에서 자라며 학교를 다녔고, 아버지와도 가끔 만났다. 아버지 조지프가 1939년에 성을 러스턴에서 헵번으로 바꿨을 때 오드리의 이름도 자연스럽게 오드리 헵번이 되었다.

아버지는 2차 세계대전 이전 영국에서도 득세했던 파시즘 운동의 후원자였기 때문에 2차 세계대전이 발발하자 오드리의 엄마와 오드리를 네덜란드의 친정으로 피신시킨다. 이후 영국에 남아있던 조지프는 파시스트 일당이라는 이유로 체포되어 수감되고, 전쟁 기간 내내 억류되어 있었다. 전쟁이 끝난 후에도 아버지는 영국의 따가운 시선을 피해 아일랜드로 이주했다.

1940년 독일군이 네덜란드를 침공했고 외할아버지가 독일 점령군에 협조하기를 거부하자 집안 전체가 갖은 수난에 시달리게 되고 재산을 압수당했으며, 영지의 저택에서도 퇴거당하는 수모를 겪었다. 생명의 위협을 느낀 헵번의 외할아버지는 1942년 헵번이 13세가 됐을때 가족들을 데리고 아른험 북동쪽 외곽으로 거처를 옮겨 은거했다. 1944년 노르망디 상륙 작전 이후, 연합군이 네덜란드를 향해 진격해오자 헵번의 외가는 점점 전쟁터의 한복판으로 내몰리기 시작했다. 독일군에 갇힌 그들은 튤립 구근을 먹고, 쓰레기통까지 뒤져가며 근근히 버텼다. 헵번은 영양실조로 인해 빈혈과 부종 등 갖가지 합병증에 시달리며, 나치 치하에서 너무나 심한 고난을 겪었기 때문에 일생동안 전쟁에 대한 트라우마를 갖게 된다. 그래서 평생 전쟁영화 출연을 사양했다고 한다.

영화에 출연하다

전쟁이 끝나자 헵번은 암스테르담으로 가서 계속 발레 수업을 받았는데, 외가의 살림이 너무 어려워져서 어머니는 귀족임에도 불구하고 요리사와 가정부 일을 하면서 딸의 학비와 생활비를 대야 했다. 헵번은 발레리나로도 재능을 보였지만, 전쟁 때 다친 발목이 다시 문제가 생기게 되고, 발레를 하기에는 키가 너무 커서 포기해야 했다.

발레리나 수업을 받던 중 영화에 단역으로 출연하기도 했다. 헵번은 단역이었지만 언제나 맡은 역할을 꼼꼼히 준비하고 겸손한 자세로 끊임없이 노력하는 배우가 되었다. 그러던 중에 프랑스의 소설가 콜레트 여사에게 인정받아 그녀의 작품지지 브로드웨이 공연에서

주연을 맡는 행운을 얻게 된다. 이 연극을 관람하러 온 윌리엄 와일러 감독이 헵번의 연기를 보고 "로마의 휴일"의 오디션을 볼 기회가 주어 진다.

1953년 23세에 윌리엄 와일러 감독의 영화 로마의 휴일의 여주인공인 앤공주 역에 오디션을 거친 후 발탁되었다, 로마의 휴일은 고귀한 신분의 여인이 평소의 일상에서 벗어나 평범한 남성과 즐거운 한때를 보낸다는 내용으로 흥행에 대성공을 하게 된다. 헵번은 아카데미 여우 주연상을 수상하여 연기력을 인정받았으며, 세계적으로 엄청난 인기를 끌게 된다.

미국 배우인 유부남 멜 퍼러는 유명한 바람둥이로 소문났었는데 헵번의 매력에 빠져 셋째 부인과 이혼을 하고 헵번에게 청혼하게 된다. 1954년 24세에 당시 탑 여배우였던 헵번이 이혼남 멜 퍼러와 결혼을 하였다. 이후 헵번은 알프레드 히치콕 감독 등 많은 거장들이 제안한 캐스팅을 거절하고 남편인 멜 퍼러가 감독한 영화에 출연하는 등 지극정성으로 그를 사랑했지만 정작 멜 퍼러는 결혼 생활 중에도 바람기를 버리지 못하고 다른 여자와 사귀었다. 그리고 오드리 헵번에 대한 열등감 때문에 헵번과 자주 다투었고 헵번은 아들을 낳은 후엔 계속 유산을 하였다. 남편은 헵번에게 폭력까지 휘둘러 참다못한 헵번은 결국 1968년 이혼하게 된다. 이후 헵번은 멜 퍼러를 피한 것은 물론 면전에서 그의 이름을 입에 올리는 것조차 싫어했다.

1961년 32세에 블레이크 에드워즈 감독의 작품인 '티파니에서 아침을'에서 주인공을 맡은 그녀는 다시 한번 시대의 아이콘으로 자

리매김한다. 특히 이른 아침에 검정색 선글라스와 드레스를 입은 여주인공 홀리 고라이틀리가 택시에서 내려 뉴욕 5번가에 위치한 티파니 보석상의 쇼윈도우 앞에서 커피를 들고 도넛을 먹는 모습은 레전드급의 명장면으로 기록되었고, 그녀는 스크린의 스타로 명성을 얻게 되었다.

평생 15번의 배역을 맡은 헵번은 출연하는 영화마다 큰 성공을 거두고 은퇴를 하였다,

1969년 40세에 헵번은 로마의 휴일이 개봉됐던 때부터 15년 이상을 쫓아다니며 결혼하겠다고 한 열성팬이자 정신과 의사였던 안드레아 도티와 갑자기 결혼을 했다.

첫 결혼의 실패의 원인이 배우로서의 명성과 인기 때문이라고 생각했던 헵번은 결혼 생활에 충실하기 위하여 두 번째 결혼과 동시에 영화계에서 은퇴한다. 그리고 헵번은 가정 주부로서의 삶에 만족해 했으며, 1년 후 아들 루카 도티를 낳았다. 그러나 안드레 도티 역시 첫 남편처럼 불륜과 외도로 헵번에게 또 한 번의 상처를 주고 13년 만에 이혼을 하게 된다.

자선 사업을 하다

영화계 은퇴 이후 유니세프의 무료 친선대사를 자청해서 인권운

동과 자선사업 활동에 참가하였다. 2차 세계대전 직후에 먹을 것이 없어서 거의 굶어 죽을 위기에 놓인 오드리와 어머니를 구해준 것은 국제구호기금이었다. 그 은혜를 잊지 않았던 헵번은 기꺼이 유니세프의 무료 친선대사를 자청했다. 그리고 제3세계 오지 마을에 가서 아이들을 도와주었다. 한 시대를 풍미했던 최고의 할리우드 여배우가 힘들고 어려운 길을 자처한 것이다. 유니세프에서 지원하는 공식적인 체류비 외 모든 비용을 자신의 개인 돈으로 지불하였다. 노년이 된 헵번은 젊을 때의 아름다웠던 당대 최고 배우의 모습 못지않게 아름다웠고 감동을 주어, 세계적인 찬사를 받았다.

특히 1992년 53세에 암 투병 중임에도 불구하고 소말리아에 방문하여 봉사활동을 한 것이 유명하다. 이렇게 은퇴 이후에는 자선사업가로서 아름다운 삶을 살았다.

1993년 1월 20일 스위스 제네바 호수 근처 마을 톨로체나츠에서 64세의 나이에 결장암으로 사망하였다.

젊은 시절 오드리 헵번은 현재까지도 세기의 미녀라는 찬사를 받을 정도로 아름다운 외모와 뛰어난 연기력을 가진 할리우드 최고의 여배우였으며, 세상의 많은 남자들의 마음을 훔친 세기의 여인이었다. 그러나 신은 한 사람에게 모든 것을 주지 않는다는 말처럼 영화에서는 세계가 놀랄 정도로 큰 명성과 성공을 거두었지만, 결혼 생활은 두 번 모두 실패하였다. 어렸을 때 부모가 이혼하면서, 화목하고 단란한 가정을 가지는 게 꿈이었던 그녀의 소망이 두 남편의 끝없는 바람기로 깨져버렸다. 외모만이 아니라 마음도 아름다운 그녀의 운명이 순탄하지 못한 것이 참으로 안타깝다.

오드리 헵번만큼 성공한 아름다운 여배우는 많다. 그러나 평생 동안 타인을 위해 헌신한 사람을 찾아보기는 쉽지 않다. 그래서 지금도 회자되고 많은 사람들에게 귀감이 되는 여배우가 바로 오드리 헵번이다. 헵번은 영화계 은퇴 이후 유니세프 대사로서 인권운동과 자선사업 활동에 참가하고, 제3세계 오지 마을에 가서 아이들을 도와주었다.

고인의 뜻을 잇기 위해서 아들 션 헵번은 오드리 헵번 어린이 재단을 설립하여 전 세계의 아이들에 대한 구호사업을 펼치고 있다. 다른 가족들도 재단의 사업을 돕고 있으며 한국에서는 세월호 참사 때 희생당한 학생들을 추모하기 위하여 세월호 기억의 숲을 조성하기도 하였다.

Tip

헵번이 성공한 이유는 유니세프 대사로서 인권운동과 자선사업 활동에 참가하고, 전 세계의 어려운 사람들을 도와주었기 때문이다.

07 이사도라 던컨

"나는 니체에게서 춤을 배웠다."
"발레는 일부 사람들만 즐기는 무용이 아니다. 발레는 누구나 즐겨야 한다."

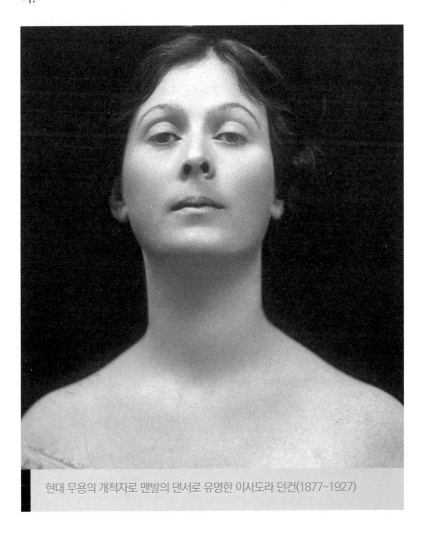

현대 무용의 개척자로 맨발의 댄서로 유명한 이사도라 던컨(1877~1927)

가난했던 어린 시절

1877년 5월 26일 미국 샌프란시스코의 해변마을에서 은행원이었던 아버지와 음악교사인 어머니 사이에서 4남매 중 막내로 태어났다.

이사도라가 태어나던 해 아버지가 다니던 은행이 파산했고, 성난 고객이 집으로 화염병을 던져 화재가 났다. 파산으로 아버지는 가출을 했고 노처녀와 사랑에 빠져 어머니와 이혼을 했다.

집안 살림을 책임져야 했던 어머니는 네 명이나 되는 아이들을 데리고 힘겨운 살림을 꾸려나갔다. 음악 레슨으로 생활비를 벌어야 했던 어머니는 아이들을 방치했다. 그로 인해 던컨은 어머니의 사랑을 제대로 받지 못했고 외로움을 달래기 위해 취미를 찾았고 그 시간들을 마음껏 즐기면서 자랐다. 걷기 시작하면서부터 춤을 추었던 이사도라는 어릴 때부터 바닷가에서 혼자 춤추는 것을 즐거워했다.

이혼의 쓰라린 경험을 가지고 무신론자였던 어머니는 아이들에게 종교에 있어서나 인습에 있어서나 반항적인 태도를 심어 주었다. 그런 와중에도 어머니는 밤마다 자녀들에게 피아노를 연주해주며 음악과 시 고전을 읽어주었고 이 시간들이 던컨의 문학적 소양과 예술적 감각을 키우는데 영향을 주었다. 던컨 가족은 생계를 위해 끝없이 돈벌이에 매달리면서도 언제나 시와 음악을 중시했다.

공립학교에 입학했지만 적성에 맞지 않아 그만둔 뒤로 그녀가 대부분의 시간을 보낸 곳이 공립도서관이었다. 다른 아이들이 학교에 갈 때도 그는 공립도서관에서 수 천권의 책을 읽었다. 그리고 집에 돌아오는 숲 속과 해변으로 뛰어가 나체로 춤을 추었는데 그럴 때면 바다와 나무가 그녀와 함께 춤을 추고 있음을 가슴 깊이 느낄 수 있었다고 한다.

본격적으로 춤을 추다

이사도라는 일자리를 찾아 미국 동부로 향했다. 언니 엘리자베스와 함께 동네 어린아이들에게 춤을 가르치며 돈을 벌었는데, 어느 날 허름한 뮤직홀에서 춤추고 있을 때 흥행사의 눈에 띄어 단역을 제안받아 무대에 오르는 계기가 되었다. 처음으로 시카고의 무대에 올랐을 때 맨발과 거의 반나체의 모습으로 발레를 했다. 그러자 그동안 기교 위주의 고전발레에 익숙해 있던 관객들은 비난과 조소를 보냈다. 얼마 후 열린 뉴욕에서의 공연 또한 비슷한 양상을 보였다. 이사도라는 자신을 이해하지 못하는 조국에 실망하였다.

1897년 20세의 이사도라는 델리 단원으로 영국에 건너가 델리의 주선으로 발레 지도를 받았다. 그리고 런던과 파리에 머물면서 박물관과 로마의 유적지를 보고 그림 속의 춤추는 동작을 따라 하며 나름대로 자신만의 춤을 만들었다.

그녀는 공연 전에 옷감 선택에서부터 의상 제작, 배경활동 등 모두를 세밀히 준비하였다. 그리고 춤을 추면서 자신의 뛰어난 재능과 열정을 보여주어 관객들에게 깊은 인상을 심어주었다.

런던에서 춤 추는 이사도라의 모습을 본 영국의 유명 여배우 패트릭 캠벨의 눈에 들어 런던 사교계에 입문하게 된다. 이후 그녀는 런던 상류층 부인들의 모임에 초청받고 거기서 완전히 자유로운 춤사위로 춤을 추어 호평을 받는다. 당시 쇠퇴기에 들어선 기존의 발레에만 익숙해 있던 사람들의 눈길을 사로잡았다.

인생 최고의 경험을 하다

이사도라의 유명세는 순식간에 유럽 전역에 알려지게 되고, 유럽 공연에서는 숲의 요정처럼 옷을 입지 않고, 맨발로 춤추는 이 젊은 여성을 보려는 사람들로 가득 찼다. 짧은 시간에 유럽 예술 무대에서 가장 중요한 존재로 주목을 받게 되었다. 유럽의 각 도시를 순회공연하고, 각지에서 그녀가 주장하는 '자유댄스'를 발표하여 갈채를 받는다. 특히 독일에서는 가장 강력한 지지를 받는다. 독일은 발레가 대중화되지 않은 나라였기 때문에 이사도라의 춤은 큰 영향을 주고 독일 신무용의 탄생에 적지 않은 기여를 했다. 1904년 베를린에 무용학교를 설립하였고 이후 프랑스, 미국, 러시아 등에도 던컨의 무용학교를 만들었다. 이처럼 이사도라는 유럽에서 현대 무용을 탄생시키는 데 큰 기여를 하는 등 무용계에 큰 영향을 주었다.

비극을 경험하다

1906년 베를린에서 이사도라의 공연을 지켜 보던 무대 감독 에드워드 고든 크레이그는 그녀의 매력에 반하여 교제를 제안했다. 이사도라는 그의 푸른 눈에 반해 동거했고 딸 데어도르를 낳았다. 에드워드는 아이를 낳자 이사도라에게 가정을 꾸미고 평범한 주부가 되어 자신을 내조해 달라 부탁했다. 하지만 정식적 결혼으로 얽매이고 싶지 않았던 이사도라는 크레이그와의 의견 차이로 헤어졌다.

1910년 파리에 있을 때 미국의 재력가 패리스 싱어가 청혼을 해왔다. 베르사유에 '던컨 스쿨'을 열어주며 적극적으로 구애한 덕에 둘의 사랑은 시작되었고, 아들 패트릭을 낳았다. 하지만 패리스 싱어 역시 전 남편처럼 결혼을 원했고 이사도라는 3개월만 함께 살아보자고 제안했다. 하지만 2주일이 채 지나기도 전에 던컨은 지쳐버렸다. 결국 패리스 싱어의 저택을 나와 다시 순회공연을 시작했다.

1913년 두 아이의 죽음은 이사도라 인생에서 가장 큰 비극이고 상처를 남겼다. 이사도라는 두 아이와 보모를 데리고 파리 시내로 나갔다. 그녀는 춤 연습 때문에 지루해할 아이들을 집으로 먼저 돌려보냈는데, 그때 폭우가 내리고 있었다. 아이들이 탄 자동차는 센 강을 따라가다 강으로 추락해 두 아이 모두 익사하는 비극이 일어났다. 그녀는 충격에서 완전히 헤어나지 못했다. 이미 신경쇠약을 앓고 있던 이사도라는 갑작스러운 충격으로 무너지기 시작했다. 이사도라는 미친 듯이 아이들 이름을 부르고 울부짖으며 센 강변을 뛰어다녔다.

그 후 이사도라는 많은 연인들을 만났는데 그 중 조각가 로댕과도 자유로운 연애를 즐겼다. 로댕의 작품의 모델이 되기도 하고, 제자인 로마넬리와 함께 밤을 보낸 뒤 아이를 가졌는데, 그 아이는 며칠만에 죽고 말았다. 이외에도 탁월한 피아니스트 발터 룸멜을 만나 오래도록 사랑했다.

이사도라는 슬픔을 잊기 위해 무용학교를 새로 설립하는 일에 몰두했으나 제1차 세계대전이 일어나면서 실현되지 못했다. 이어 남미·독일·프랑스에서 순회공연을 가졌으나 성과가 별로 없었다.

1920년 파리에 와 있던 소련 관리가 모스크바로 오면 무용학교를 세워주겠다는 제안을 했다. 당시 모스크바는 이사도라와 같은 혁명적 기질을 가진 사람에게는 약속의 땅으로 비추어졌고, 또한 슬픔에서 벗어날 수 있는 어떤 계기가 필요하기도 했던 이사도라는 이를 수락했다.

세르게이 알렉산드로비치를 만나다

러시아에 도착하여 이사도라는 자신을 선전에 활용하려는 것을 알게 되고 공산주의에 대한 환멸을 느끼며 극심한 고독을 경험하게 된다. 이때 17세 연하의 시인 세르게이 알렉산드로비치 예세닌을 만난다. 그런데 그와의 만남은 이사도라에게는 또 다른 비극의 시발점이 되었다. 이사도라는 마치 예세닌이 자동차 사고로 세상을 떠난 금발의 아들 패트릭처럼 보였기에 어머니와 같은 한없는 헌신적인 사랑을 주었다.

1922년 한 남자와 결혼한다는 걸 꿈에도 생각지도 않던 그녀는 예세닌을 해외에 데려가기 위해 그와 정식으로 결혼을 한다. 예세닌이 대단한 천재이나 신경쇠약, 알코올 중독, 간질 증상을 보였고, 술에 취하면 이사도라에게 폭언을 퍼붓고 구타까지 일삼았다. 또 광적으로 명품을 탐닉하는 낭비벽까지 있었다. 이런 상황에 놓인 이사도라는 또 한번 돌이킬 수 없는 상처를 입고 점차 망가지고 있었다. 그렇지만 이사도라는 그와 헤어지지 못하고 관계를 유지했다.

이사도라는 예세닌과 함께 미국 순회공연을 떠났다. 당시 미국

예세닌과 함께

은 공산주의에 대한 혐오가 극심한 상황이었다. 그래서 소련인 남편을 둔 이사도라에게 호의적이지 않았다. 더욱이 그녀는 예전보다 살이 많이 찌고, 춤 기량도 이미 내리막길에 들어서 있었다. 게다가 공연 도중 나체에 가깝게 흘러내린 의상 때문에 그녀를 본 언론은 '공산주의자', '매춘부', '천박한 댄서' 등으로 묘사하였다.

1925년 러시아로 돌아간 예세닌은 극도의 우울함을 견디지 못하고 신혼 때 들렀던 호텔에서 손목을 긋고 자살해 버린다. 이때 예세닌은 《잘 있거라, 벗이여》란 시를 남겼다. 이후 이사도라는 점차 내리막길을 걷게 된다.

이사도라는 예세닌을 잊기 위해 니스로 거처를 옮겼다. 그러나 모든 것이 망가지고 있었다. 초라하고 불안정한 생활 속에서 말년의 삶을 보내고 있었다.

1927년 이사도라는 새로 알게 된 남자와 드라이브를 하기 위해서 남편 예세닌이 좋아하던 붉은색 긴 스카프를 목에 두르고 오픈형 스포츠카에 올랐다. 차가 출발하자, 그녀의 목을 감싼 긴 스카프는 차 뒷바퀴에 감겼다. 가녀린 목은 순식간에 꺾였고, 질식사로 사망하게 된다. 평범하지 않은 그녀의 죽음은 사랑하던 예세닌을 그리며 자살로 생을 마감했다고 보는 견해도 많다.

평가

이사도라 던컨은 맨발의 무용가 현대 무용의 개척자로 불린다. 현대 페미니즘 운동에 혁명적인 영향을 끼친 인물로 유명하여, 던커니즘이란 신조어도 생겼다.

가난한 무명의 젊은 무용가로 유럽으로 건너가 유럽 무용의 역사를 바꾸었을 뿐만 아니라 무용에 대한 관객의 개념까지 변화시켰다. 그녀는 태어나면서 부터 구속으로의 탈피를 사랑한 반항적 기질이 있었으며, 자신만의 세계를 만들었다. 이사도라는 인생에서 많은 남성과 사랑을 나누지만 자신을 구속하는 결혼은 하지 않았다. 말년에 소련의 세르게이 알렉산드로비치 예세닌과 결혼을 하게 된다. 이로 인해 이사도라는 점차 내리막길을 걷게 된다.

Tip

이사도라가 성공한 이유는 정형화된 방식과 작위적인 창조성에 격렬히 반대했으며, 춤이라는 예술을 모든 부자연스럽고 억지스러운 요소에서 해방시켜 자연스런 움직임으로 되돌렸기 때문이다.

08 코코 샤넬

"패션은 사라져도 스타일은 영원하다."

모든 여성들에게 아름다움을 준 코코 샤넬(1883년~1971년)

바느질을 배우다

1883년 8월 19일 프랑스 남서부의 오벨뉴 지방의 아버지 알베르 샤넬과 어머니 잔 사이에서 12남매의 둘째 딸로 태어난다. 이름은 가브리엘 샤넬이었다.

아버지 알베르는 행상을 하며 떠돌아다니다 우연히 목수의 집에서 머물게 되었다. 거기에서 재봉사가 되려고 일을 배우는 목수의 여동생인 잔을 만났고 잔은 그의 아이를 가지게 된다. 알베르는 자유로운 영혼이라 결혼을 하지 않으려 하자 친정 쪽에서는 500프랑을 주겠다고 하여 마지 못해 결혼을 하게 된다. 잔은 12명의 아이를 낳는 동안 몸을 제대로 추스르지 못한 채 알베르의 행상을 따라다니면서 건강이 악화되었다. 결국 1895년 샤넬이 12살이 되는 해 어머니 잔은 33세의 나이로 사망하고 만다.

알베르는 아이들이 거추장스러웠기 때문에 알베르의 고모가 잘 알고 있는 마리아 성심회가 운영하는 고아원의 수녀원장에게 맡겼다. 샤넬은 고아원에 들어가는 순간 모든 것을 빼앗기면서 불우한 어린 시절을 보냈다. 고아원에서 지내게 된 샤넬은 아버지를 그리워했다. 그러나 그녀의 아버지 알베르는 고아원과 가까운 고모네 집에만 가끔 들른다는 소식을 들었고 아버지에게 버려졌다는 사실에 충격을 받았고 마음의 상처로 남았다.

샤넬은 수녀원에서 7년 간 머무르며 바느질을 배웠다. 그녀는 수녀원에서 금욕주의와 블랙 앤 화이트 컬러의 수녀복 의상 그리고 성당의 스테인드 클라스로부터 샤넬 디자인의 영감을 얻었다.

아서 카펠을 만나다

18살 때인 1901년 물랭의 기숙학교로 옮겨 졸업한 뒤, 낮에는 봉제회사의 보조양재사로 일하고 밤에는 카바레에서 노래를 불렀다. 성인이 된 이후에도 자존심과 독립심이 투철하여 평생 남자들에게 도움받는 것은 매춘이라 비유하여 꺼려했기 때문에 억척같이 일을 했다. 샤넬은 어느날 변두리 술집에서 '코코가 트로카데로에서 누구를 만났던가?'라는 노래를 불렀는데, 손님들은 "코코! 코코!"를 외치며 앙콜을 요구하였다. 이때부터 '코코'라는 별명이 그의 이름처럼 불렸다. 그러나 정작 그녀는 이 별명을 별로 내켜 하지 않았다.

물랭에서 그녀는 부유한 집안 출신 젊은 장교 에티엔 발장을 만나 연인 관계가 됐다. 샤넬은 가수로 성공하기 힘들다는 걸 깨닫고, 예능계의 일을 잠시 접고 발장의 집의 목장에 머물렀다.

목장에서 승마를 배워 발장과 나란히 말을 타는 시간을 보내기도 했지만, 따분한 시간을 보내기 위해 샤넬은 남성용 승마복과 스웨터 등을 여성용으로 개량하는 솜씨를 발휘했다. 발장은 샤넬의 재능이 뛰어나다는 것을 발견하고, 프랑스 상류 사회로 나가는 발판을 마련해 주었다.

샤넬은 영감을 받아 모자를 디자인했고 발장의 후원으로 1909년 26세에 마르젤브 거리 160번지에 모자가게를 개업했다. 오픈 초기에는 수수하고 간편한 모자는 상류층 부르주아 여성들에게 외면

당했지만, 당시 유명한 연극 배우가 샤넬의 모자를 착용하면서 인기를 얻게 되었다.

1910년 27세에 샤넬은 파리 근교 해안도시 도빌로 여행을 떠났다. 그곳에서 발장의 친구 영국인 폴로 선수이며, 청년사업가인 아서 카펠과 사랑에 빠졌다. 카펠은 절실하게 샤넬의 성공을 바라고 있었기 때문에 샤넬을 그저 연인으로만 대하기보다 사업가로 성장할 수 있도록 실질적인 도움을 주고자 했다. 샤넬은 발장보다는 카펠이 자신을 더 잘 알아주고, 후원할 수 있다는 생각을 가지게 된다.

샤넬이 파리에 가게를 열고 싶다는 소망을 밝혔을 때 카펠은 샤넬의 소망에 진지하게 관심을 보였다. 1913년 30세에 카펠의 도움으로 1호점보다 큰 2호점 가게를 해양 휴양도시였던 도빌(Deauville) 지역에 '가브리엘 샤넬'이라는 이름의 최초의 부티크를 오픈했다. 샤넬은 휴양지에 어울릴만한 단순하고 편리한 옷을 디자인했다. 그 중 첫 번째로 출시된 의상은 여성복 '카디건'이었다.

성공하다

제1차 세계대전 발발 후인 1915년에 〈메종 드 꾸뛰르〉를 오픈했다. 전쟁 발발과 함께 여성들의 노동력이 요구되어 화려한 장식이 어우러진 기존의 의복 스타일보다는 샤넬의 실용적이고 단순한 디자인에 매력을 느꼈다. 샤넬은 남성 속옷에 사용되었던 얇고 가벼운 저지 천을 투피스에 활용해 좋은 반응을 얻었다. 이 옷을 1916년 콜렉션에서 발표해 대성공을 거둔 샤넬은 새로운 디자인과 소재로 화제가 되었었다.

1918년 제1차 세계대전이 끝나고 카펠과 얼마 동안 동거 했던 샤넬은 1919년에 카펠이 사고로 사망하자 다시 혼자가 되었다. 1921년 38세에 본점을 캉봉 31번지로 확장한 샤넬은 엉덩이 부분 옆선에 주름을 넣어 만든 샤넬 라인 원피스를 비롯해 큰 호주머니를 단 짧은 소매 재킷과 길고 따뜻한 머플러 등을 추가로 출시하여 1920년대 자유로운 복장을 원하던 여성들의 욕구를 충족시켰다. 그리고 조향사 에른스트 보와 함께 샤넬의 첫 향수인 〈No.5〉, 〈No. 22〉를 발표했다. 이때부터 샤넬은 사교계의 거물이 되었다.

1924년 이후 6년간 교제하던 영국의 웨스트민스터 공작과 만난 샤넬은 공작의 보석애호 취미로부터 영향을 받아 모조 보석을 사용한 쥬얼리를 발표했다. 그리고 향수와 화장품 라인을 제조·판매하는 별도의 샤넬 향수회사를 설립했다. 이후 샤넬은 공작과 헤어져 여러 디자이너 및 유력자들과 사귀었는데 그녀와 사귄 남자들은 모두 급사하거나 파산했다. 이에 샤넬은 불행한 사자자리의 숙명을 가진 여자라 불리기도 했다.

1934년에 기업가로 순탄한 성장을 한 샤넬 브랜드는 액세서리 부문의 공장도 개설했다. 이듬해엔 양장 전문점도 오픈했다. 1939년엔 약 4천 명의 노동자가 일하는 대기업으로 성장했으나, 노동인권이 존중되지 않는 노동조건에 항의한 노동자들이 파업투쟁을 벌였다.

샤넬은 이 충격으로 일부 점포를 제외하고는 사업을 접기로 하고 일시 은퇴했다. 이후 15년간 샤넬은 프랑스의 패션계를 떠났다.

나치 스파이 활동

제2차 세계대전이 발발해 1940년에 프랑스가 독일군에게 점령당하자 패전국 프랑스에선 친독계열의 파시 괴뢰정부가 들어섰다. 당시 프랑스인들 중에는 독일군에 대항해 레지스탕스 활동을 하며 고문을 당하거나 목숨을 잃는 자가 부지기수였는데 샤넬은 독일군 장교와 애인 관계로 지내면서 그의 비호아래 고위층과 친분을 유지하며 최고급 리츠 호텔에서 타락적인 생활을 했다. 그러면서 나치의 스파이 활동도 하였다는 것이 후에 밝혀졌다.

독일과 프랑스가 휴전을 한 후 나치의 비밀경찰과 가까워지면서 1941년 여름에 독일 방첩국에 의해 첩보원으로 발탁되었다. 스페인으로 여행을 떠나서 나치의 요원으로 쓸만할 인물을 탐색하는 임무를 맡게 된다. 샤넬은 독일 스파이로 잘 알려진 바론 한스 귄터 본 딩클라게와 사귀었었다. 1943년에는 독일이 영국에 휴전을 제안할 때 비공식 사절로 윈스턴 처칠과 만났다.

1944년 샤를르 드골이 이끄는 자유프랑스군과 연합군이 프랑스를 해방하자, 샤넬은 나치독일에 협력했다는 비난에 직면해 종전 후 부역 혐의로 체포되기도 하였다. 그러나 윈스턴 처칠 수상의 도움으로 증거 불충분으로 풀려났다. 고국을 탈출해 애인과 함께 전후 수년간 스위스의 로잔에서 망명 생활을 보내며, 10년간 프랑스로 돌아오지 못하였다. 이러한 경위로 현재도 샤넬은 나치에 혼을 팔아넘긴 매국노라는 혐오감이 프랑스에선 강하다.

말년

1954년 71세에 스위스 망명 생활을 접고 파리로 돌아온 샤넬은 방도므 광장이 내려다보이는 리츠 호텔에 거주하면서 패션계로의 복귀를 꾀했다. 샤넬의 2차대전 당시 독일의 스파이 활동에 대하여 유럽에선 매국노라는 경멸과 나치독일에 대한 혐오감이 전쟁이 끝난 후 10여 년간 샤넬의 발목을 잡아 위상이 약해지기도 하였다. 이와 반대로 미국에서는 여성들의 사회진출과 맞물려 그녀의 패션은 인기를 끌었다.

1955년 72세에 샤넬은 울 소재의 새로운 샤넬 슈트를 발표했고, 미국에서 과거 50여년 간 큰 영향력을 가진 패션디자이너라 하여 모드 오스카 상을 수여했다.

1971년 거주하던 파리의 리츠호텔에서 콜렉션을 준비하던 샤넬은 88세의 나이로 사망했다. 그녀의 유해는 제2차 세계대전 당시 나치독일에 협력한 혐의와 조국 프랑스를 배신한 행위에 의해 프랑스의 고급묘지에 묻히는 것을 거부당하여 어쩔 수 없이 망명 생활을 했던 스위스의 로잔에 매장되었다.

평가

어린 나이에 고아가 되었으며, 수녀원에서 바느질을 배워 세계 최고의 패션디자이너가 된 코코 샤넬은 세상의 모든 여성들에게 아름다움을 선사했다. 샤넬은 세계 최고의 패션디자이너가 되겠다는 꿈을 가지고, 열심히 노력하여 결국 꿈을 이루었다. 그녀의 성공 비결은 시대의 트렌드를 정확히 읽을 줄 알았으며, 자신의 생활 방식을 아이디어의 원천으로 삼아 현대 여성의 모습, 행동, 옷 입는 방식 등을 제시했다.

심플하고 입기 편하여 활동적이고 여성미가 넘치는 샤넬 스타일은 유행의 변천 속에서도 변함없이 오늘날까지 꾸준히 사랑받아오고 있는 명품 패션으로 전 세계에서 애용되고 있다. 코코 샤넬이 만든 옷과 향수는 세계 여성들의 선망의 대상이 되었고, 그의 성공은 많은 여성에게 롤 모델이 되기에 충분하다.

Tip

코코 샤넬이 성공한 이유는 여성들을 아름답게 만들어야겠다는 비전을 세우고 그 비전을 죽을 때까지 실천하였기 때문이다.

자녀교육으로
세상을 바꾼 여성

01 곽낙원

"얼굴이 잘 생긴 것은 몸이 건강한 것만 못하고, 몸이 건강한 것은 마음이 바른 것만 못하다."

"사소한 일을 동지들에게 알려 생일을 차려 먹다니, 그러고도 어찌 독립운동을 하느냐?"

겨레의 큰 스승 백범 김구를 길러 낸 독립운동가 곽낙원(1859년~1992년)

김구를 낳다

1859년 곽낙원은 황해도 장연군 목감면에서 태어났다. 황해도 해주에서 가난한 농사꾼 김순영과 결혼하였다. 남편은 학식은 없었으나 덩치가 크고 매우 정의로운 사람이었다. 남편 김순영의 가문은 신라 경순왕의 자손이고 조선 시대에 '김자점의 난[77]'으로 유명한 김자점의 방계 후손이었다. 김자점이 청나라 군대를 끌어들였다는 죄로 가족 ,친족 모두가 전부 죽임을 당하게 되자 남아있던 가족들은 숨어 살기 시작하였다. 김구의 선조들도 죽임을 피해 서울 부근에 이사하였다가 다시 황해도 해주로 이주하여, 양반의 신분을 감춘 채 11대에 걸쳐 정착하였다. 어쩔 수 없이 황해도 산골에 숨어 살던 김구의 집안은 양반들의 학대를 참아가며 빈곤한 생활을 하였다. 이렇게 되자 곽낙원은 남편과 아들이 양반들에게 대대로 천대를 받는 것을 지켜보게 되었다.

남편은 양반이라고 목에 힘주면서 상민들을 괴롭히는 사람들을 닥치는 대로 때려눕혔기에 해주 감영을 제집 드나들듯 하였다. 가난한 자들에게는 도움을 주고 부조리한 양반들에게는 단호하게 대처했기 때문에 양반들은 남편을 두려워 했지만 상민들은 존경하였다.

1876년 8월 29일 17세에 곽낙원은 김구를 출산하게 된다. 김구를 낳을 때 태아가 컸기 때문에 쉽게 나오지 않아서 곽낙원은 고생을

---

[77] 효종이 즉위하고 송시열 등 사림세력의 등용으로 북벌론이 대두되자 위협을 느끼고, 청나라에 누설하였다. 이후 유배되었다가 아들 익의 역모사건이 발생하자 처형되었다.

하였다. 고생 끝에 태어난 김구는 보통 아이들 보다 컸고, 젖도 많이 먹었다. 집안이 가난해서 제대로 먹지 못한 곽낙원은 늘 젖이 모자라서 아이에게 미안해했다. 아이가 자라면서 젖이 부족해, 결국 곽낙원은 아기를 안고 이집 저집을 다니면서 젖 동냥을 하며 키웠다.

김구가 4살 되던 해 천연두를 앓게 되었다. 천연두는 악성 전염병으로 갑자기 발열과 두통 및 요통이 발생하고, 온몸에 부스럼이 나타나며 치사율이 높은 질병이었다. 천연두를 앓던 김구는 간지러워서 힘들어했다. 곽낙원은 아들의 얼굴에 난 부스럼을 대나무침으로 고름을 짜냈다. 천연두를 앓은 후로 김구의 얼굴은 평생 곰보처럼 마마자국이 남게 되었다.

글을 가르치다

김구는 5세 때 해주에서 강령의 바닷가가 보이는 곳으로 이사하였다. 예전에는 호랑이가 나올 만큼 인적이 없는 동네라 어린 김구는 심심할 수 밖에 없었다. 더욱이 먹고 살기 위해서 부모님이 밭으로 일을 하러 가거나 바다로 고기를 잡으러 다니셨기 때문에 혼자 있는 시간이 많았다. 곽낙원은 아들에게 《천자문》을 가르치고 《동몽선습(童蒙先習)》,《사서삼경(四書三經)》 등을 읽히는 등 아들 김구의 교육에 헌신적으로 노력하였다. 김구는 어릴 때 어머니의 가정교육으로 인해 학문에 뜻을 두고 과거를 봐서 양반이 되겠다는 꿈을 갖게 되었다.

남편이 병으로 눕자 남편의 병을 고치기 위해서 약값을 마련해야 했고 생활형편이 더 어려워지면서 아들의 학비를 더 이상 지원할 수가 없었다. 곽낙원은 남편의 병을 어떻게든 고치겠다고 집과 솥을 팔아버리고 남편을 데리고 전국에 유명한 의원을 찾아 떠났다.

어린 김구를 남겨두고 떠나면서 말했다. "김구야. 이제부터 엄마는 아버지의 병을 고치기 위해 전국의 용한 의원을 다닐 것이다. 그러니 너는 큰아버지 댁에 잠시 있거라. 아버지 병이 다 나으면 찾으러 오마." 어린 김구는 흐르는 눈물을 보이지 않으려고 애쓰며 고개를 끄덕였다. 김구는 큰 집의 사촌 형들과 소를 끌고 산과 들로 다니는 것이 하루의 일과였다. 다시 공부가 하고 싶어진 김구는 동네 서당의 창문 밖에서 귀동냥해야하는 자신의 신세가 한탄스러웠다. 다행스럽게도 곽낙원은 좋다는 의원을 찾아다닌 결과 김구의 아버지는 건강을 회복하고 같이 살 수 있게 되었다.

김구의 부모는 김구가 공부하고 싶어 하는 것을 알고 다시 글방에 다니며 공부를 할 수 있도록 해주었다. 그러나 공부에 필요한 먹과 종이는 살 엄두도 내지 못하였다. 책도 살 수 없었기 때문에 남의 것을 빌려 가며 공부해야 했다. 곽낙원은 이런 아들이 너무 불쌍해서 아이의 학비를 위해서 낮에는 남의 밭을 매주고, 밤에는 옷을 짜서 틈틈이 돈을 모아 학비로 사용했다.

김구는 그런 어머니가 너무 고마워서 공부로 꼭 보답을 해야겠다고 결심하고 더욱 학문에 매진했고 서당에서 한학을 배워 웬만한 책들을 읽고 이해할 수 있었다. 김구의 실력이 나날이 늘어가자 선생님들은 더 이상 가르칠 것이 없다고 두 손을 저었다. 14살이 되던 해는 주변에 더 이상 김구를 가르칠 만한 학문을 하는 사람이 없었다. 부모는 공부하고 싶어 하는 아들의 모습을 지켜보는 것이 가슴이 아팠다.

독립운동을 지원하다

명성황후 시해사건으로 충격을 받은 김구가 치하포에서 일본군 중위를 살해한 혐의로 체포되어 인천형무소 등지로 전전할 때, 매일같이 면회가서 아들을 격려하였다. 김구가 탈옥하자 남편과 같이 체포되어 인천형무소에 3개월간 투옥되었던 일도 있다.

1910년 11월 김구는 안악사건[78]으로 17년 형을 받았다. 안명근을 시켜 부자들의 돈을 뺏은 강도죄로 15년, 서간도에 군관학교를 세우려 했다는 보안죄로 2년이었다. 주범으로 몰린 안명근은 종신 징역형을 받았다. 판결이 확정되자 김구는 구치소에서 서대문 형무소로 넘어갔다. 중죄인이였기 때문에 100일 동안 수갑을 차고 지내야 했다. 방은 비좁고, 손목은 아프고, 감방 생활은 괴로웠다. 서대문 감옥에 갇힌지 7개월 지나 어머니가 면회 왔다. 어머니는 말했다.

"네가 경기 감사가 된 것보다 더 기쁘게 생각한다. 너는 이제 나의 아들이 아니라 이 나라의 아들이다. 너의 처와 딸 그리고 나 세 사람은 잘 있으니 걱정하지 말고 네 몸조심이나 해라!"

---

[78] 1910년 11월 안명근(安明根)이 서간도(西間島)에 무관학교를 설립하기 위한 자금을 모집하다가 황해도 신천지방에서 관련 인사 160명과 함께 검거된 사건. 안명근은 안중근의 사촌 동생으로 일제강점기 때 활동한 독립운동가.

김구는 어머니 말씀에 너무 죄송한 마음에 아무 대답도 하지 못했다. 어머니가 자신과의 면회를 위해서 왜놈 간수에게 무시당하는 모습을 보고 일본 놈에 대한 미움은 더욱 깊어 갔다. 그리고 밝은 세상에 나가 어머니와 우리 민족을 위해 이 땅에서 왜놈들을 모두 쫓아내고 말겠다는 다짐을 하였다.

이후 곽낙원은 김구의 옥바라지를 하기 위해서 삯바느질과 남의 집 가정부 노릇을 하였다.

1920년 김구는 임시정부의 경무국장으로 일한지 1년이 지나자 아내가 맏아들 인을 데리고 상해로 왔고, 2년 뒤에는 어머니도 와서 한국에서도 못해 보았던 단란한 가정을 꾸밀 수가 있었다. 그러나 안타깝게도 아내가 폐렴에 걸려 세상을 떠나고 말았다.

곽낙원은 둘째 손자 김신을 데리고 귀국하면서 말했다.

"나랏일만 해야 하는 네가 집안일에 신경써서는 안 된다. 나와 신이는 본국으로 가서 살 테니 너는 나랏일에만 신경을 써라." 김구는 슬픔에 빠져있다가 어머니의 말씀에 정신을 바짝 차렸다.

1925년 12월에 다시 안악으로 돌아와 손자들을 돌보면서, 생활비를 절약하여 김구에게 송금하는 등 독립운동을 후원하였다.

1934년 곽낙원은 손자인 김인, 김신을 데리고 중국으로 망명했다. 상하이에 도착한 후 장손 김인을 군관학교에 입교시키는 한편, 중앙군관학교 낙양분교에서 군사 훈련 중인 청년 20여명을 돌보는 등 고락을 함께하였다.

김구가 대한민국 임시정부를 절강성 가흥으로 옮겼을 때 어머니는 아들 김인, 김신을 데리고 찾아왔다. 마침 곽낙원의 생일이 다가오자 김구의 동지들이 생일잔치를 준비하였다. 이를 눈치챈 곽낙원은 생일잔치를 준비하는 사람들에게 말했다.

"내 생일 잔치 차릴 돈이 있으면 내가 먹고 싶은 것을 사먹게 내게 돈으로 주게."

준비하던 사람들은 모두 돈을 어머니에게 주었다. 그날 밤 어머니는 동지들을 불러 놓고 난데없이 권총 2자루를 내놓았다.

"그 돈으로 총 2자루를 샀네, 왜놈에게 나라를 빼앗기고 목숨을 부지하는 것만도 다행인데 어찌 생일잔치를 차릴 수 있나? 이 총으로 왜놈을 하나라도 더 쏴주게!"

동지들은 할 말을 잃고 어머니의 말씀을 깊이 새겼다.

어머니는 임시정부 직원들에게 말했다.

"우리 젊은이들이 왜적을 물리치고 고국으로 나갈 때 내가 먼저 앞장 설 것이네. 옛날 아들이 감옥살이할 때 내가 초라한 몰골로 면회 다니는 걸 보고 황해도 지사 김홍량이 준 무명 치마가 노랗게 바랜 것이 있네. 그 치마폭에 태극기를 그려 두었지. 치마 태극기를 대나무 막대기에 끼어들고 휘두르며 내가 선봉에 서서 대한독립 만세를 부를 테니 젊은이들은 뒤따라오게나."

곽낙원은 강직한 품성으로 언제나 대범하고 당당했다. 아들 못지 않은 한결같은 용기와 지혜로웠던 곽낙원 여사는 당시 임시정부의 단원들에서 최고령이었고 독립투사들의 정신적 지주였다.

1939년 4월 모친 곽낙원여사가 중국의 풍토병인 인후증(咽喉症)과 폐렴 등의 합병증으로 82세의 나이로 생을 마감했다. 여사는 숨을 거두면서 마지막으로 말했다. "내가 우리나라의 독립을 보지 못하고 죽는 것이 원통하구나."

김구 선생과 곽낙원

김구의 모친은 아들이 젊은 나이에 일본군 타살사건으로 체포된 뒤 계속된 구속에도 아들을 신뢰하였고, 오히려 자랑스러워했다. 아들이 독립운동에 참여한 뒤에도 늘 정신적으로 후원해 주었다. 아들이 나태하거나 나약해졌을 때마다 오히려 훈계하며 더 강하게 이겨내길 독려했고 엄하면서도 자상한 어머니의 역할을 하였다.

곽낙원은 김구에게 자신과 며느리의 유해를 반드시 고국으로 데려가라는 유언을 남겼다. 이에 김구는 노가산 공동묘지에 매장하였다가 광복 뒤 서울로 운구하여 이장하였다. 1992년 건국훈장 애국장이 추서되었다.

평가

김구의 어머니 곽낙원은 율곡 이이의 어머니 신사임당, 안중근의 어머니 조마리아 등과 함께 빛나는 어머니의 상으로도 평가받고 있다. 김구가 가장 영향을 많이 받은 사람 중 한분이 바로 어머니 곽낙원이다. 곽낙원은 아들 김구의 영향을 받아 구한말, 일제 강점기의 여류 독립운동가이자 민족운동가가 되었다. 김구가 어려울 때마다 어머니는 항상 함께 하였고, 김구가 독립운동을 하는데 가장 큰 조력자였고 주요 독립운동가로 활약했다.

곽낙원은 한 아들의 위대한 어머니였다. 그리고 김구의 버팀목이 되었던 여사는 독립운동가들 모두의 버팀목이 되어준 강인한 여성이었다. 김구가 위대한 인물이 될 수 있었던 근본적인 힘은 바로 어머니 곽낙원이 있었기 때문이라고 해도 과언이 아니다.

Chapter 5

02 낸시 에디슨

천재 발명가 에디슨의 어머니 낸시 에디슨(1810~1871)

에디슨을 낳다

1810년 1월 4일 미국 뉴욕주에서 침례교 목사인 아버지 토마스 엘리엇과 어머니 머시 페컴사이에서 태어났다. 본명은 낸시 메튜 엘리엇이었다. 아버지 토마스는 스코틀랜드계 미국인으로 늘 활기차고 긍정적인 성격을 가지고 있었으며, 독립 전쟁의 영웅이었다. 독립 전쟁이 끝나고 목사가 되었다.

낸시는 아버지의 영향을 받아 정식 교육을 받은 독실한 장로 교인이었다. 그리고 성격도 아버지를 닮아 활기차고 긍정적인 성격을 가지고 있었고 학업에 정진하여 교사가 되었다.

1828년 9월 12일 18세에 24세의 목수인 사무엘 오그 던 에디슨 주니어와 결혼했다. 에디슨 주니어는 1847년에 미국 오하이오주의 밀란에서 일곱 남매 중 막내로 태어났다. 결혼 후에는 남편의 성을 따라 낸시 에디슨이 된다.

어머니의 인내

아들 에디슨은 성홍열을 앓은 후 한 쪽 귀가 안들리고 몸에 이상이 생겨 일곱 살이 되어서야 정식으로 학교 문턱을 밟을 수 있게 되었다. 학교에 입학한 후 호기심과 탐구심이 왕성했던 에디슨은 아주 질문이 많았  다. 하지만 고지식하고 엄격한 선생님은 그럴 때마다 답을 알려 주기보다는 귀찮아하며 화를 냈고 심지어는 에디슨에게 "머리가 썩었다."

느니 "너는 저능아" 라는 말을 하기도 했다.

학교를 다닌지 3개월 만에 어머니 낸시는 학교를 찾아갔고 에디슨을 직접 가르치겠다고 집으로 데려왔다. 집으로 온 어머니는 늘 "얘야, 너는 무엇이든 할 수 있단다." 라며 따뜻하게 안아주고 용기를 북돋워 주었다. 에디슨은 자신을 이해해주는 어머니가 큰 힘이 되었으며, 그런 어머니의 기대를 저버리지 않기 위해 반드시 훌륭한 사람이 되겠다고 마음먹었다.

에디슨이 오리 알을 품고 있는 것을 보고 낸시는 호기심이 많은 아들이 자유로운 사고를 가지고 상상력을 마음껏 발휘해 스스로 깨우쳐 가는 기쁨을 맛보도록 도와주었다. 그리고 에디슨이 흥미를 느끼는 분야의 책을 많이 읽어주었다. 이것이 나중에 에디슨의 실험과 발명에 많은 도움이 되었다. 낸시는 에디슨이 12살 될 때까지 가정교육을 시킨다.

에디슨 발명가가 되다

어머니는 지하실에 에디슨 전용 실험실을 만들어 주었다. 화학 실험재료들도 많이 필요했는데 아홉살 에디슨은 부모에게 용돈을 받지않고 대신 집에서 직접 기른 채소들을 시장에 내다 판 돈으로 충당했다. 어머니는 곁에서 조용히 지켜보며 아들을 믿어주었다. 에디슨은 무엇을 하든 자신을 믿어주고 칭찬해주는 어머니가 있었기 때문에 자신감이 넘쳤고 무한한 창의력과 상상력을 발휘할 수 있었다.

1859년부터 에디슨은 자신의 실험 비용을 벌기위해 열차 안에서 신문과 음식을 팔았다. 또한, 차장의 허락을 얻어 열차 뒤편에 실험실을 만든 후 틈틈이 실험을 했다. 1861년부터 미국에서 남북전쟁이 일어나면서 전쟁의 소식을 담은 신문이 불티나게 팔리자 열여섯 살 때 헌 인쇄기를 구입한 후 신문을 스스로 제작하여 큰 수입을 올리기도 했다. 그러나 열차 실험실에서 화재 사고가 발생해 불은 곧 꺼졌지만, 화가 난 차장은 실험용 기기와 약품을 모두 밖으로 던져 버렸다. 그 사건 이후에 절망에 빠져있을 때도 어머니는 에디슨에게 희망과 용기를 주었다.

1869년 9월 24일 에디슨은 주식이 폭락한 블랙 프라이데이 주식 시세 표시기인 '유니버설 인쇄기'를 만들어 발명 특허를 출원했고 돈을 많이 벌게 된다. 1870년 23살의 에디슨은 뉴저지 멘로파크에 연구소 겸 공장을 지어서 본격적으로 발명가로서의 길을 걷기 시작했다.

말년

낸시는 인생 후반에 정신 질환의 증상으로 고생했다. 그녀는 아들이 24살인 1871년에 63세의 나이로 사망했다. 낸시는 오랫동안 에디슨을 위해 인내하며 묵묵히 지원하는 삶을 살았는데 에디슨이 완전히 성공한 모습은 보지 못하고, 발명가로 출발하는 모습만을 보게 된다.

남편 사무엘은 아들이 만든 멘로파크 연

에디슨의 아버지

구소의 건물을 감독했다. 낸시가 사망한지 3주 만에 16세의 가정부인 메리 샤로우와 새로운 삶을 시작했다. 20년 동안 그들은 세명의 딸을 낳았고 사무엘은 1896년 92세의 나이까지 장수하여 막내 아들의 성공을 볼 수 있었다.

평가

에디슨의 발명품은 미국에서 받은 특허 개수만 해도 무려 1,300개 이상이나 되며 일반 발명은 셀 수없이 많다. "천재는 99%의 땀과 1%의 영감으로 이루어진다."는 그의 말은 많은 사람들에게 노력의 힘을 깨닫게 한다. 많은 사람이 에디슨을 기억하지만, 정작 인내심과 희망가득한 자녀교육에 대한 그의 어머니를 기억하는 사람은 많지 않다.

에디슨의 어머니 낸시 엘리엇은 자녀의 미래와 성공을 위해 인내하는 어머니였다. 엉뚱하고 호기심이 많은 에디슨은 성장과정에서 많은 사고를 내고 본의 아니게 남에게 피해를 끼치는 일을 한다. 그러나 어머니는 한 번도 화를 내지 않고 에디슨을 격려하고 칭찬하였다. 에디슨이 궁금해 하면 만족할 때까지 자세하게 알려주었다. 이런 어머니의 교육 방법이 에디슨에게 꿈과 희망을 주고 도전하게 하는 원동력이 되었다. 그래서 에디슨은 세계 최고의 발명가가 될 수 있었다.

03 로즈 피츠제럴드

"삶에서 중요한 건 획기적인 사건이 아니라 순간순간이다."
"새들도 폭풍이 멎으면 다시 노래합니다. 우리가 그렇게 하지 못할 이유가
어디 있습니까?"

미국의 케네디 대통령을 키운 로즈 피츠제럴드(1890~1995)

결혼하다

1980년 매사추세츠에서 보스턴 시장인 존 피츠제럴드와 마리 조세핀 사이에서 6남매 중 장녀로 태어났다.

네덜란드 바알의 수녀원에서 공부를 시작으로 1906년 도체스터 고등학교를 졸업하고 보스턴의 뉴 잉글랜드 음악원에서 피아노를 전공했다. 1908년 18살 되던 해 로즈 피츠제럴드와 그녀의 아버지는 유럽 여행을 하며 견문을 넓혔다.

로즈는 어릴 때부터 위대한 책의 작가나 걸작을 남긴 화가보다는 훌륭한 아들, 딸을 둔 위대한 어머니가 되고 싶어 했다.

1914년 24세에 로즈는 7년의 연애 끝에 조셉 패트릭 케네디와 결혼했다. 남편 조셉 패트릭 케네디 가문은 1840년에 아일랜드 대기근을 피해서 미국으로 이주한 가톨릭교 신자들로 아일랜드계 미국인의 상징적 존재다. 패트릭 케네디는 미국의 보스턴에 이주한지 얼마 안 되어 콜레라로 사망하였다. 패트릭 케네디의 아들인 패트릭 조지프 케네디는 술집, 청과상 등으로 많은 재산을 모은 뒤 주식 투자와 영화 사업, 기업 M&A 등으로 엄청난 부호가 되고 정계에 진출하여 매사추세츠주 의원이 된다. 아들 조셉 패트릭 케네디는 하버드대학을 졸업하고 은행가, 사업가로 성공하였다.

그 후 조셉은 프랭클린 D 루스벨트 대통령을 지원했으며, 그 대가로 주영(駐英)대사가 됐다. 조셉의 소원은 아들을 미국 대통령으로 만드는 것이었다. 로즈는 남편의 꿈에 적극 동참하게 된다.

케네디가를 만들다

로즈와 조셉 패트릭 케네디 사이에서 총 9명(4남 5녀)을 낳았다. 1남 조지프 패트릭 케네디(2차 세계대전 중 사망), 2남 존 피츠제럴드 케네디(35대 대통령 : 암살), 1녀 로즈마리 케네디, 2녀 캐슬린 아그네스 케네디(비행기 사고로 사망), 3녀 유니스, 4녀 패트리샤 헬렌 케네디, 3남 로버트 프랜시스 케네디(법무부 장관 : 암살), 5녀 존 앤 케네디, 4남 에드위드 무어 케네디(연방 상원 위원)를 낳았다.

케네디가의 자녀들은 아버지로부터 뛰어난 승부사 기질과 야망을 배웠으며, 어머니로 부터는 지도자로서 갖추어야 할 리더십과 자질을 배웠다.

케네디의 부모는 장남 조지프가 2차 세계 대전에서 전사하자 대통령의 꿈은 2남 존으로 이어져 43세의 젊은 나이로 미국의 35대 대통령이 됨으로써 꿈을 이뤘다. 이외에도 케네디가의 직계 가족들 중에 다수가 미국에서 정치가로 활동하고 있다.

로즈의 교육

로즈 여사는 4남 5녀를 키우면서 자녀들의 생년월일, 건강, 기타 성장에 대한 상세한 내용을 기록한 육아 일기를 빈틈없이 작성했다. 육아 일기를 기초로 삼아, 유아기의 연령별 특성에 맞게 아이들에게 필요한 교육시켰으며, 화창한 날이면 자연 속을 산책하며 체험을 하게 했고, 자녀들의 관심과 흥미를 만족시키기 위해서 조그만 물건을 살 때도 늘 함께 다녔다. 그리고 자녀들이 엄마에게 하는 모든 질문에 대하여 알아듣기 쉽게 차근차근 대답해 주었다.

로즈는 특히 맏아들의 교육에 힘을 많이 기울였다. 맏이의 말과 행동 하나하나가 동생들에게 직접적인 영향을 주기 때문이다. 로즈가 활발한 사회 활동을 하면서도 9명의 자녀들을 훌륭히 키워낼 수 있었던 것은 이런 교육법을 잘 활용했기 때문이다.

로즈는 일명 밥상머리 교육을 중요하게 생각하여 식탁에서 식사하는 시간을 자녀 교육의 장으로 적극 활용했다. 밥상머리 교육 중 하나가 식사 시간을 꼭 지키도록 하는 것이다. 식사시간에 늦으면 밥을 먹지 못하는 규칙을 정하여 약속의 중요성과 시간의 개념을 익히게 하였다. 그리고 식사 중에 가족들과 토론을 나누는 자리를 만들었다. 식사를 하면서 매번 사회의 중요한 이슈나 신문 기사를 주제로 토론한 것이다. 이러한 토론 습관은 이 후 대통령 후보들 간의 토론에서 압도적이고 논리적인 언변능력을 보여줬다.

로즈 피츠제럴드와 남편과 자녀들

케네디 가문은 대통령을 배출하고 직계 가족들은 현직에서 정치를 하고 있어 영예롭고 자랑스런 가문이었지만 불행도 잇따랐다. 2남 존과 3남 로버트가 암살당하였고, 2녀 캐슬린은 비행기 사고로 사망하였다. 로즈는 자신의 삶과 인생은 고통과 환희의 연속이라고 회상했지만 자신이 원했던 현모양처의 꿈을 이루어서 만족한다고 하였다.

1991년 로즈는 100세 생일을 맞았다. 1995년 1월 22일, 104세의 나이로 하이애니스 항구에 있는 케네디 가족 시설에서 폐렴으로 사망했다. 클린턴 대통령은 "로즈 여사만큼 많은 희생을 감수한 사람은 다시없을 것입니다."라고 성명을 발표하며 그녀를 애도했다.

평가

로즈 피츠제럴드의 자녀 교육법은 거의 완벽한 교육 방법으로 칭송을 받고 있다. 로즈는 어릴 때부터 위대한 책의 작가나 걸작을 남긴 화가보다는 위대한 아들, 딸을 둔 위대한 어머니가 되고 싶어 했다. 로즈는 조셉 패트릭 케네디와 결혼하여 총 9명(4남 5녀)을 낳았다. 자녀들은 아버지로부터 뛰어난 승부사 기질과 야망을 배웠고, 어머니 로즈로부터는 지도자로서 갖추어야 할 리더십과 자질을 배웠다. 로즈의 훌륭한 교육법으로 케네디가에서는 존 F 케네디가 대통령이 되었으며, 많은 직계 가족들이 지금도 미국 정치를 이끌고 있다.

존 F 케네디 대통령이 어머니에 대해 찬사를 보내면서 이렇게 말했다. "대통령이 되기 위한 준비 방법이란 없다. 다만, 내가 남에게 배운 것 중에서 도움이 될 말한 것이 있다면, 그것은 모두 어린 시절 어머니께서 가르쳐 주신 것이다."

04 리아 애들러

세계적인 명감독 스티븐 스필버그의 어머니 리아 애들러(1920~2017)

리아 애들러의 생애

리아 애들러는 1920년 1월 12일 미국 오하이오 신시내티에서 클래식 기타리스트인 아버지 필립포스너와 언어학자인 어머니 제니 포스너 사이에서 태어났다. 본명은 리아 프란시스 포스너였다.

1925년 5세에 피아노를 배우면서 음악에 대한 관심을 가지게 되었다. 월넛 힐스 고등학교를 졸업하고, 신시내티 대학교에서 가정 경제학 학위를 취득했다. 대학을 졸업하고 신시내티의 음악원에서 음악공부를 하였다. 그리고 이후 콘서트 피아니스트이자 화가로 활동하였다.

1945년 2월 25세에 리아는 전기 기술자인 아놀드 메이어 스필버그와 결혼했다.

1946년 26세에 오하이오주 신시내티에서 스티븐 스필버그를 낳

았다. 이후 앤 스필버그, 슈 스필버그, 낸스 스필버그 등 4명의 자녀를 두었다.

1966년 41세에 남편과 이혼한 후 애리조

스필버그의 부모와 함께

나주 스콧데일로 이주하였다.

1967년 42세에 버니 애들러와 결혼해서 로스앤젤레스로 이사하

여 밀키웨이라는 레스토랑을 열었다.

리아의 두 번째 남편은 1995년 75세의 나이로 사망했다.

리아는 2017년 2월 21일 97세의 나이에 미국 캘리포니아 로스 앤젤레스에서 사망했다.

리아의 가정교육

스필버그는 유대인으로서 열등감이 심하였고 수줍음이 많았다. 리아는 그런 스필버그를 따뜻한 사랑으로 감싸 주었다. 그리고 자존 감을 가질 수 있도록 사소한 일에도 칭찬과 격려를 해주었다. 리아의 노력과 믿음이 영화계의 거장 스필버그를 있게 했다. 스필버그는 유 대인들의 탈출 과정을 그린 쉰들러 리스트를 감독했다.

스필버그가 유난히 카메라에 대한 애착과 관심이 많은 것을 보고 재능이 있다는 것을 한눈에 알아보고 영화감독이 될 수 있도록 교육

했다. 리아는 스필버그가 다른 아 이와 똑같이 공부하고, 똑같이 살 기를 바라지 않았기 때문에 그에 게 "안 돼!"라는 말을 절대 하지 않았다. 한계를 정하지 않고 마음 껏 상상하고 자유로운 생각을 하 여 독창성과 개성을 가질 수 있도 록 적극적으로 도와주었다. 그래 서 스필버그가 감독한 영화의 특

징은 각 영화마다 독특한 특성을 가지고 관객들에게 재마와 감동을 주었다.

스필버그의 방에는 항상 여러 마리의 새가 정신없이 날아다녔으며 영화 필름과 카메라가 어지럽게 널브러져 있었다. 리아는 아들에게 방을 치우라고 꾸짖지 않았다. 오히려 방을 깨끗이 치우는 것이 아들의 창의력과 상상력에 방해가 된다고 생각하고 일주일에 한 번씩 아들이 없는 시간에 청소하여 스필버그를 최대한 배려하였다.

한번은 학교에 가기 싫다는 스필버그에게 "네가 학교에 가고 싶지 않다는데 가지 않아도 된다. 대신에 무엇을 하든 열심히 하기만 해라."라고 말하며 스필버그의 의견을 존중해주었다.

때로는 스필버그가 학교에 가기 싫어 꾀병을 부리는 것을 알면서도 모른 체한 적도 있었다. 스필버그는 자신을 배려해주는 어머니에 대해서 감사했고, 자신의 든든한 후원자임을 믿었다.

평가

스필버그는 열등감과 수줍음을 가진 어린 시절을 보냈고, 리아 애들러는 스필버그가 열등감에서 벗어나고 자신감을 갖도록 항상 칭찬과 격려를 하며 지지해 주었다. 스필버그가 친구들에게 왕따를 당하거나, 문제행동을 일으키거나, 툭하면 학교 수업을 빠지며 오직 카메라에만 관심을 가지는 아들의 재능을 알아보고 그의 능력과 노력을 항상 응원해 주었다. 리아는 스필버그가 일반적인 사람들이 걷는 길을 가는 걸 원치 않았고, 스필버그의 잠재된 재능과 개성 그리고 창의력을 키워주기 위해서 노력했다.

이러한 독특한 교육법은 스필버그가 세계사에 길이 남을 우수한 영화를 만들 수 있는 원동력이 되었다. 어머니의 지원에 힘입은 스필버그는 열두

살 때부터 영화감독이 되기로 결심하고, 캘리포니아 주립대학에 입학하여 단편영화 〈앰블런〉을 만들었다. 이후 〈조스〉가 흥행에 크게 성공하면서 전 세계적으로 유명해진 그는 〈쥐라기 공원〉, 〈라이언 일병 구하기〉, 〈인디아 나 존스〉, 〈칼라 퍼플〉, 〈쉰들러 리스트〉, 〈태양의 제국〉과 같은 명작을 탄 생시킴으로써 세계적인 감독으로 알려졌다.

05 매들린 던햄

"너는 앞으로 학교에서 좋은 사람들을 많이 만나게 될 것이다. 너의 미래를 위해서 잘 사귀어 두어라."

외손자를 미국 최초의 흑인 대통령을 키운 매들린 던햄(1922~2008)

매들린 던햄과 딸 스탠리 던햄

1922년 10월 26일 캔자스주 페루에서 아버지 롤라 찰스와 어머니 레오나 벨의 4남매 중 장녀로 태어났다. 메들린 덤햄은 학교에서 공부를 잘해 우등생이었고, 1940년 18세에 오거스타 고등학교를 졸업했다. 엄격한 교육을 받고 자랐음에도, 그녀는 자유로운 사고를 가졌다.

1940년 5월 5일 스탠리 아모르 던햄을 만났고 결혼했다. 2차 세계 대전 동안 매들린 던햄은 위치타에 있는 보잉 B-29조립 라인에서 야간 근무를 했고 육군에 입대했다.

1942년 11월 29일 매들린은 캔자스 주 위치타에 세인트 프란시스 병원에서 딸 스탠리 앤 던햄을 낳았다.

1956년에 던햄의 가족은 시애틀의 동쪽 교외에 있는 머서 아일랜드로 이사했다. 13살 된 스텐리는 새로 개교한 머서 아일랜드 고등학교에 입학하였다. 학교에서 스텐리는 사회 규범에 도전하고, 권위에 의문을 제기하는 것에 대한 중요성을 배웠고 연애는 해도 아이를 가질 필요가 없다는 자유분방함을 추구하는 자유주의자이며 페미니스트가 되었다.

1960년 스텐리가 고등학교를 졸업하고 하와이가 미국의 50번째로 편입되면서 던햄의 가족은 새로운 주에서 사업 기회를 찾으러 호놀룰루로 이사했다. 마델린은 은행에 취직하여 나중에 최초의 여성 부지점장으로 승진하였고 남편은 가구점에서 일했다. 스텐리는 마노아에 있는 하와이 대학에 입학했다.

러시아어 수업을 듣던 스텐리는 첫 아프리카 유학생인 버락 오바마 시니어를 만났다. 스텐리는 자신감이 뛰어나고 연설을 잘하는 버락을 보고 매력에 빠졌다. 버락은 23세의 나이에 케냐의 니앙마 코겔로에 임신한 아내와 어린 아들을 남겨두고 왔지만 이혼했다고 거짓말을 했다. 스텐리와 버락은 양 가족의 부모의 반대에도 불구하고 1961년 2월 2일 하와이의 마우이 섬에서 결혼했다. 결혼 후 버락이 거짓말을 했다는 것을 알았지만, 케냐에서는 이슬람의 풍습으로 인해 아내를 여러 명 두는 것이 자연스러운 일이라고 변명했다.

오바마가 태어나다

1961년 8월 4일 18세의 나이에 던햄은 첫 아이인 버락 오바마 2세를 낳았다. 버락 시니어는 하버드 대학교에서 공부하기로 결정하고, "다시 돌아 올테니 스텐리에게 오바마 2세를 잘 키우라."라는 말을 남기고 떠났다. 결국 오바마가 2살일 때부터 부부는 별거했고, 1964년에는 스텐리가 이혼 소송을 제기하여 버락은 이혼을 승낙하였다.

스텐리는 다시 인도네시아에서 온 유학생인 롤로 소에토로를 만났다. 롤로 소에토로는 동양인이었기 때문에 체구는 작았지만 피부가 갈색인 미남형이었다. 롤로는 하와이대학에서 지질학을 공부하다가 스텐리를 만났다. 롤로는 인도네시아 초대 대통령인 수카르노가 선진국에서 학문을 배워오라고 보낸 장학생이었다.

스텐리는 롤로 소에토로를 초대하여 부모님께 소개를 하고 어린

인도네시아인 새아버지, 어머니, 누이동생 마야와 함께

오바마와도 어울리게 했다. 자상하고 매너있던 롤로 소에토로는 청혼을 하여 결국 그들은 1966년에 결혼하였다. 결국 결혼을 하자마자 스텐리는 롤로를 따라 6살짜리 오바마를 데리고 인도네시아 자카르타로 이사를 갔다.

롤로는 인도네시아에 오자 마자 군대에 징집되었기 때문에 수입이 없던 스텐리는 경제적인 어려움을 해결하기 위해서 미국 대사관에서 인도네시아 사업가들에게 영어를 가르치는 일을 했다. 그러나 어린 오바마의 인도네시아 삶은 그야말로 다사다난했다. 어린 시절 기독교적 문화가 강했던 하와이에 살다가 갑자기 인도네시아로 와서 언어나 종교, 문화적인 차이로 힘들어했다. 더욱이 어린 오바마는 피부색이 다르고 독특한 가족 관계로 인하여 어릴 때부터 주변의 놀림과 따돌림을 받았다. 그러면서 정체성에 대한 고뇌로 혼란스러운 유년 시절을 보냈고 성격은 내성적이 되었다.

1971년 오바마가 10세 때 크게 다치면서 스텐리는 의료 시설이 좀 더 좋은 곳, 교육 환경이 좋은 곳으로 보내기로 결정하고 4년만에 하와이에 있는 외할머니에게 보냈다. 그리고 스텐리도 결국 이혼을 하고 하와이로 돌아와 인류학을 전공하면서 인도네시아의 한 농촌에서 몇 년을 지내기도 하였다. 그러다가 하와이에서 자궁암으로 1995년 11월 7일 52세의 나이로 숨을 거두었다.

외할머니가 키우다

매들린은 외손자가 좋은 환경에서 자라야 한다는 생각에 명문 학교에 진학하기를 원해서 여기저기 수소문 한 결과 푸나호우 학교로 보냈다. 할머니는 "너는 앞으로 학교에서 좋은 사람들을 많이 만나게 될 것이다. 너의 미래를 위해서 잘 사귀어 두어라."라고 말했다.

오바마는 자신의 성공을 기원하는 외할머니의 기대에 부응하기 위해 더욱 열심히 학교생활을 하고, 친구들과 사귀려고 노력하였다. 공부도 열심히 하였으며 항상 학생들에게 모범이 되려고 하였다. 당시 오바마 주위 사람들이 기억하는 오바마는 리더십과 카리스마가 넘치는 학생이었다고 말한다.

외할아버지와 외할머니와 함께

그러나 당시 하와이는 흑인에 대한 인종차별이 심해 매우 혼란스러웠고 힘들었다. 오바마는 친구들과 어울려 술과 담배와 마리화나라는 마약에도 손을 대면서 불우한 청소년 시절을 보냈다. 외할머니 매들린은 오바마를 이해했고 마음을 다치지 않도록 감싸주었고, 자신감을 갖도록 지지해주었다.

오바마는 자신이 경험한 인종차별 때문에 고등학교를 졸업하고 본격적으로 사회참여에 관심을 가지기 시작하였다. 로스앤젤레스의 옥시덴틀 대학에 입학하여 2년을 공부하고 뉴욕에 있는 컬럼비아대학교 정치학과에 들어가 정치인이 되고 싶은 자신의 꿈을 이루기 위해서 노력했다. 1988년 하버드대학교 로스쿨에 입학해서 1학년을 마치고 '시들리 & 오스틴'로펌회사에서 준변호사로 일했다. 같은 회사에서 미셸 로빈슨이라는 젊은 여자 변호사를 만나 여러 번의 청혼 끝에 1992년 미셸 오바마와 시카고에서 결혼하였다. 이후 변호사가 되었고, 2009년 1월 20일에 제44대 미국대통령에 취임하였다.

매들린은 오바마가 태어났을 때부터 외손자의 비싼 학비를 벌기 위해서 하와이은행에서 부행장으로 승진하고도, 남편과 함께 입고 쓸 돈을 아껴가며 학비를 지원했다. 오바마는 초등학교 5학년부터 로스앤젤레스 옥시덴털대에 입학한 79년까지 외조부모의 보살핌을 받으며 자랐다. 외할머니의 지원이 없었다면 오바마는 대통령이 될 수 없었다.

말년

매들린은 2008년 11월 2일 오바마가 대통령 선거 운동 중인 86세에 낙상으로 입은 둔부 골절상이 심각한 건강 악화로 발전되어 사망하였다. 오바마는 선거 운동을 중단하고 급히 하와이로 향했다.

평가

오바마의 외할머니 매들린 던햄은 딸이 일찍 생을 마감하자 10살 된 오바마를 데려와 지극정성으로 키웠다. 모정을 느낄 겨를도 없었던 오바마에게 어머니 역할을 했고, 오바마의 학비를 초등학교 때부터 대학까지 지원하며 훌륭하게 키워냈다. 그리고 외손자가 흑인이라는 이유로 인종차별을 받는 모습에 상처입지 않도록 더 따뜻하게 보듬어주며 자신감을 갖도록 독려해주었다. 아쉽게도 외손자 오바마가 대통령이 되기 바로 전에 세상을 떠나면서 대통령이 된 오바마의 모습을 하늘에서 지켜 보았을 것이다.

오바마는 "외할머니는 나에게 미국의 가치를 심어줬다. 애국과 근면, 이웃 사랑이 어떤 것인지 가르쳐 줬다." 오바마의 부인 미셸도 "외할머니 매들린 던햄이 오늘의 오바마를 만들었다"고 말했다.

06 수전 캐서린 라이트

비행기를 만든 라이트 형제의 어머니 수잔 캐서린 라이트(1831~1889)

밀턴 라이트와 결혼하다

수잔 라이트는 1831년 4월 20일 버지니아주 힐즈버러에서 독일과 스위스 계의 자손인 캐서린 프라이어 코너와 존 고틀리프 코너 사이에서 태어났다. 본명은 수전 캐서린 코너였다. 1845년 14세에 아버지의 영향을 받아 수잔은 침례교에 들어갔다. 어릴 때 수학과 과학 공부를 좋아했으며, 아버지의 작업장에서 도구를 가지고 작업하며 기술을 익히고, 기계의 구조를 익히는 것을 즐거워했다.

1853년 20세에 당시 보수적인 사회 분위기에서 여성이 대학을 다니는 것은 어려웠지만, 진보적인 아버지는 수잔을 대학으로 보내기로 결정했다. 그래서 인디애나주에 있는 하트빌 컬리지에 다녔다. 대학에서는 문학을 공부하고 과학과 수학에 대한 연구를 계속했다. 대학을 다니면서 영국과 네덜란드 가의 후손인 밀턴 라이트를 만났다. 밀턴은 수잔을 보자 호감을 느껴 청혼하였다.

1859년 28세에 31세의 밀턴과 결혼했다. 밀턴은 수잔을 따라 침례교인이 되었다가 목사가 된다. 수잔은 성직자가 된 밀턴을 지지하고, 집과 아이들을 돌보고 가르치는 일에 인생을 바쳤다.

라이트 형제가 태어나다

수잔과 밀턴은 1861년 36세에 인디애나주의 밀빌에 있는 자신의 그랜트 카운티 농장에서 장남 로이힐린 라이트를 낳았고, 1862년에는 차남 로린 라이트를 낳았으며, 1870년 39세에 쌍둥이 오티스와 아이다를 낳았지만 곧 사망하였다. 1871년 3남 윌버 라이트와 오하

이오주 데이톤에서 4
남 오빌 라이트를 낳
았다. 1874년 막내 캐
서린 라이트가 태어
났다. 라이트의 부모
는 전부 7명의 아이
들을 낳았지만, 2명은

윌버 라이트와 오빌 라이트

일찍 사망했다. 여기서 우리가 잘 알고 있는 라이트 형제는 3남 윌버
라이트와 4남 오빌 라이트이다. 나머지 형제들도 비행기 제조에 도
움을 주었지만 실질적인 비행기 제조에 나선 두 사람의 이름만 잘 알
려져 있다. 라이트 형제는 결혼하지 않고 평생 독신으로 살았다.

수잔의 가정교육

　목사인 밀턴은 자신이 살고있는 지역 사회에서 꽤나 유명했으
며, 직업 때문에 가족은 12번을 이사하면서 인디애나의 여러 곳에
살았다. 수잔은 아이들에게 각별한 애정을 주었으며, 자녀들이 험난
한 세상을 살아갈 수 있도록 자신감을 심어주었다. 수잔은 자신이 학
창시절에 좋아했던 과학과 수학을 이용하여 간단한 도구와 아이들
의 장난감을 직접 만들어 주었다. 그녀의 가정교육은 자녀들에게 큰
영향을 미쳤다. 그리고 유난히 기계나 도구를 만드는 것을 좋아했던
윌버와 오빌은 기계를 만들 때 도움이나 조언이 필요할 때 수잔과 상
의했다.

라이트 형제

1878년 여행을 다녀온 아버지가 라이트 형제에게 고무줄로 움직이는 프로펠러가 달려 있어 하늘을 날 수 있는 장난감을 선물했다. 라이트 형제는 처음으로 나르는 물체에 대한 호기심과 흥미를 갖게 되었고, 이후 연날리기에도 푹 빠져 바람과 비행체의 관계를 알게 되었다.

썰매를 갖고 싶어 하는 라이트 형제에게 어머니는 직접 만들어 보라며 썰매를 만들기 위한 설계도를 그리는 방법과 제작하는 과정을 직접 가르쳐주었다. 라이트 형제는 기존의 썰매에 방향 조절 장치가 없다는 단점을 보완해 직접 새로운 썰매를 만들었고, 이 발명품으로 썰매 대회에서 1등을 차지했다.

말년

1883년 52세에 인디애나주 리치몬드 근처에 살면서 결핵의 징후를 보이기 시작했다. 이후에 여러 가지 합병증으로 건강 상태가 점점 나빠지기 시작했다. 1889년 7월 4일 54세의 나이에 수잔은 극도로 건강이 나빠져 사망한다.

평가

수잔은 아이들에게 각별한 애정을 주었으며, 자녀들이 험난한 세상을 잘 살아갈 수 있도록 자신감을 심어주었다. 수잔은 라이트 형제를 가르칠 때 무언가를 직접 만들어 주지 않고, 아이들이 직접 발명품을 완성하도록 조력자 역할을 했다. 아이들이 작품을 완성하면 장단점을 비교해가며 상세히 조언해주고, 아낌없는 격려로 발명에 대한 호기심과 흥미를 가지게 해주었다. 1903년 12월 17일 라이트 형제는 세계 최초의 동력 비행기를 만들어 비행에 성공하였다.

오늘날처럼 하늘을 자유롭게 나는 시대가 될 수 있었던 것은 라이트 형제의 끊임없는 노력과 비행기에 대한 사랑으로 열리게 된 것이고, 그 뒤에는 이 형제를 믿고 지지해준 어머니 수잔 캐서린 라이트가 있었기에 가능했다.

07 신사임당

"말은 망령되게 하지 말아야 한다. 기품을 지키되 사치하지 말고, 지성을 갖추되 자랑하지 말라"

시와 그림에 능한 예술가이자 대학자 율곡 이이를 키운 신사임당(1504~1551)

어린 시절

1504년 강원도 강릉 북평촌(현재 강릉시 죽헌동)에서 서울 사람인 아버지 신명화와 강릉 사람인 어머니 용인 이씨 사이에서 5녀 중 둘째로 태어났다.

신사임당의 아버지는 고려 태조 때의 건국공신인 신숭겸의 18세 손이며, 할아버지는 영월군수로 재임을 했고, 매죽루(梅竹樓)라는 누각을 창건했다.

신명화은 처가의 원조를 받아 한성의 본가에서 과거 공부를 계속하였고, 한 해에 몇 번 처가를 들르는 생활을 하였다. 그러나 신명화는 진사시에 그쳤다. 따라서 사임당은 아버지와 16년간을 떨어져 살았고[79], 그 때에는 가끔 강릉에 들를 때만 만날 수 있었다. 그 후 아버지는 딸들과 조카 딸들에게 천자문과 동몽선습, 명심보감, 유교의 사서 육경과 주자를 가르쳐 사임당은 일찍부터 성리학에 대한 소양을 갖추었다. 어머니로부터는 서예, 그림을 배웠다. 신사임당은 어릴 때부터 예술가로서의 천재성을 보였다고 한다.

1511년 7세 때 외할아버지가 가져다준 조선 전기의 뛰어난 화가인 안견의 '몽유도원도'를 똑같이 그려내서 주위 사람들을 놀라게 했다.

---

[79] 일반적으로 조선시대는 부계중심의 가족문화가 발달되었다고 알려져 있지만. 고려시대부터 조선 중기까지의 가족문화는 여성의 거주지 중심이었다는 것이 일반적인 견해이다. 따라서 신사임당과 그의 어머니인 이씨 부인이 친정 쪽에서 오래 동안 살았다.

이율곡을 낳다

1522년 19세에 아버지는 한양에서 덕수 이씨 가문의 이원수를 사위감으로 정하고 사임당과 결혼시켰다. 당시 이원수는 이렇다 할 관직도 없었고, 일찍이 아버지를 여의고 홀어머니 슬하에서 자랐다.

결혼 후 시댁은 파주에 있었지만 결혼하던 그해 말, 친정아버지가 아들없이 죽자 친정에서 3년 상을 마치고 경기도 파주의 시댁과 강원도 강릉의 친정집을 오가면서 친정어머니를 극진히 모셨다.

1524년 21세 때 맏아들 선, 26세 때 맏딸 매창, 33세에 셋째 아들 율곡 이이를 낳는 등 모두 4남 3녀를 낳아 길렀다.

사임당은 아들 형제가 없었기 때문에 남편의 동의를 얻어 자주 강릉에 가서 홀로 계시는 어머니의 말동무를 해드리는 사이에 셋째 아들인 이이를 강릉에서 낳았다. 율곡은 외가에서 어머니의 교육을 받으며 자랐다.

38세 되던 해에 시집 살림을 주관하기 위해 완전히 한양으로 올라와 수진방(현재 청진동)에서 시어머니와 살다가 48세에 삼청동으로 이사하였다. 같은 해 남편이 수운판관에 임명되어 아들들과 함께 평안도로 갔다.

자녀들을 교육시키다

신사임당은 유교의 경전과 많은 책들을 폭넓게 읽었고 기억력이 좋아 한학의 기본 서적을 금방 정통할 정도로 성리학적 소양이 뛰어났다. 뿐만 아니라 그림, 서예, 시 재주가 탁월하였으며 십자수와 옷감 제작에도 탁월한 재능을 보였다.

신사임당의 교육철학과 솔선수범으로, 4남 3녀의 자녀를 모두 위대한 인물로 키웠다. 이율곡만 위대하게 키운 것이 아니라 첫째 딸 매창은 '작은 사임당'으로 불리며 조선 시대 최고의 여류 화가로 인정받았다.

셋째 아들 율곡은 1548년 13세에 진사시험에 합격하고 그 후 9차례나 장원급제를 하였다. 심지어 그의 글은 명나라까지 전해져 중국 학자들의 탄성을 자아내기도 했다. 나중에 이율곡은 이조판서, 형조판서, 병조판서로 임명되었다. 병조판서로 있을 때 왜구의 침략에 대비하여 10만 양병설을 주장하였다.

막내아들 이우 역시 그림으로 천재 예술가의 반열에 올랐다.

신사임당은 자녀들이 어려서부터 글을 가까이할 수 있도록 몸소 실천하며 한시도 책을 손에서 놓지 않았고 자녀를 양육하면서도 자신의 꿈(화가)을 이루기 위해 노력해왔다. 그 결과 자녀들은 스스로 학문에 매진하고 좋은 습관을 형성하게 했다.

신사임당은 어려서부터 학문적인 조예가 깊었고, 효성이 지극하였기 때문에 인성의 중요성을 강조하였다. 그래서 유교의 전통적인 예절을 교육시켜 이율곡은 학문에서 뿐만 아니라 효성이 지극하고, 인성이 뛰어난 학자로 알려지게 되었다.

말년

1551년 신사임당은 5월 14일경 병이 심해져 사경을 헤매다가 5

월 17일 48세에 심장질환으로 세상을 떠났다. 묘소는 파주 두문리 자운산에 있다. 이율곡은 16세 나이에 어머니 사임당을 여의면서 깊은 충격에 빠졌고, 3년간 시묘(侍墓)살이를 했다. 사임당의 죽음으로 아들 이이는 삶과 죽음의 대한 의문을 품고 방황하다가 한때 승려가 되기도 한다. 이후 어머니를 대신한 외조모의 따뜻한 정은 관직에 나가서도 잊지 못할 정도였다고 전한다.

조충도

사임당은 평소에 남편이 다른 여자를 첩으로 들이는 것에 반대하였고, 자기가 먼저 죽더라도 재혼하지 말라고 당부하였다. 그러나 남편은 사임당과 부부 생활 중 이를 어기고 주막집 권씨와 첩살림을 시작하자 신사임당은 반발하면서 부부사이가 냉각되고, 한때 금강산에 들어갔다 오기도 했다. 사임당이 죽고 나서 자녀들은 서모인 권씨 부인에게서 수난을 겪어야 했다. 온후하고 자상한 어머니였던 신사임당과는 달리 권씨 부인은 행패를 자주 부려 참다못한 이이가 가출을 감행할 정도였다고 한다.

사임당은 뒤에 아들 이이 덕분에 정경부인에 증직[80]되었다.

신사임당의 산수도(山水圖), 초충도(草蟲圖), 연로도(蓮鷺圖), 자리도(紫鯉圖), 노안도(蘆雁圖), 요안조압도(蓼岸鳥鴨圖)와 6폭 초서병풍

[80] 죽은 뒤에 품계와 벼슬을 올리는 일

등이 대표적작품이며 그림, 서예작, 수자수 등 다수의 작품을 남겼다. 조선 후기에 가서는 우암 송시열, 명재 윤증 등이 사임당 작품의 예술성을 높이 평가하기도 했다. 율곡의 스승인 어숙권[81]은 신사임당이 안견(安堅)[82] 다음가는 화가라 칭송했다.

평가

위대한 학자이자 정치가인 율곡 이이의 어머니로서, 훌륭한 작품을 남긴 천재 화가 신사임당은 현모양처(賢母良妻)로 상징되는 인물로 지금까지 추앙받고 있다. 사임당은 여성 최초로 고액권인 5만원권 화폐 도안 인물로 선정되기까지 하였다.

사임당은 어릴 때부터 시와 글씨, 그림에 남다른 재능이 있었고 현모양처로 인품과 재능을 겸비한 여성으로 알려져 있다. 사임당의 일생을 돌아보면, 화가라는 자신의 일생보다 아내로서, 어머니로서의 삶이 더 부각되었다. 이는 사임당을 부덕[83]의 상징으로 존경의 대상이 되게 한 면이 있으나 한편으로는 사임당의 정체성을 고정화시켰고, 다양한 시각으로 그녀를 바라볼 수 없게 만든 요인이 되기도 했다.

완전한 예술인으로서 어머니와 아내의 역할까지 완벽히 해내면서 유교적 여성상에 그치지 않고 독립적인 자아를 개척한 여성으로 볼 수 있는 것이다.

---

[81] 조선 중기의 학자로 이이(李珥)를 가르치기도 하였다. 중국어에 뛰어나 외교에 이바지했으며 시를 평론하는 데에 일가를 이루었다.
[82] 안견은 조선초기 세종부터 세조때까지 활동한 화가로 몽유도원도를 남겼다.
[83] 부녀자의 아름다운 덕행

08 안정재

孔子的外祖父
顏襄，原本就是
博學的老師，因年紀
大了，不再收徒講學，老
人家平素最鍾愛孔子的母親
及孔子。所以看到外孫回來
求學，心中十分高興。

중국 역사에서 가장 추앙을 받는 대사상가이자 교육자인 공자의 어머니 안정재
(顔徵在)(568~537 BC)

숙양흘[84]과 결혼하다

안정재는 BC 568년에 노(魯)나라 수도인 곡부(曲阜)에서 유명한 양반인 안양(顏襄)의 3녀 중 막녀로 태어났다.

공자의 선조는 원래 송(宋)나라의 시조 미자(微子)로서 4대손 공부가(孔父嘉)에게 와서 성을 공(孔)씨로 바꾸었는데, 이 공부가의 증손자 방숙(防叔)이 송나라의 권신들에게 쫓기어 노나라로 도망 와서 살게 되었다.

공자의 아버지인 숙양흘은 노나라의 유명한 무사였으며 첫째 부인인 시(施) 부인과의 사이에서 딸 아홉을 낳았으나 아들이 없었다. 그래서 두 번째 부인을 얻어 아들 맹피(孟皮)를 낳았지만 한쪽 다리를 못 쓰는 병을 가지고 있었다. 숙양흘은 건강한 아들을 낳아 줄 세번째 부인을 찾고 있던 중 전쟁터에서 승전을 거두고 돌아오는 길에 자신의 신분과 명성을 빌어 안씨 가문에 청혼을 했다. 얼떨결에 부탁을 받은 안양은 3자매의 딸들에게 시집갈 의향이 있느냐고 물었는데 막내딸인 안정재가 시집가겠다고 하였다.

당시 숙양흘의 나이 66세였고, 안정재는 15세였다. 안정재와는 41살의 나이 차이가 나는데도 혼인을 결심한 것은 용감한 영웅으로 알려진 사람을 남편을 섬긴다는데 마음이 끌렸던 것이다.

---

[84] 공자의 아버지로 춘추 시대 노(魯)나라 사람. 성은 공(孔)이고, 이름이 흘이며, 자가 숙량이다. 용감하고 무예를 갖추었으며 완력이 있었다.

공자를 낳다

BC 551년 노나라 추읍(陬邑)의 창평(昌平)마을에서 63세의 숙양홀과 17세의 안정재 사이에서 공자가 태어났다. 공자가 태어나기 전 안정재가 아들을 낳기 위해서 남편과 창평마을에서 가까운 니구산(尼丘山)의 영험한 신당에 가서 기도를 올렸을 때, 안정재의 꿈에 선녀가 호랑이 머리를 한 남자 아이를 기린 등에 태워 자신의 품 안으로 오는 꿈을 꾸고 임신을 하였다. 그래서 니구산의 영험함을 나타내는, 이름은 구(丘), 자를 중니(仲尼)라 지었다.

당시 창평마을은 중국의 유명한 태산(泰山)이 남쪽으로 흘러내리다가 마치 꽃봉오리처럼 이구산(尼丘山) 산봉우리 다섯 개를 만들고 또 그 태산의 기슭에서 발원한 두 개의 강이 추읍을 허리띠처럼 감싸 안고 있어 그림처럼 아름답고 평화스러운 고장이었다.

공자 교육에 최선을 다하다

BC 549년 공자 나이 3세에 아버지 숙양홀이 69세의 나이로 사망하자 본처인 시씨는 안정재가 서방을 죽였다고 온갖 욕을 다하고 남편인 숙양홀을 묻는 장지에도 오지 못하도록 하였다. 본처인 시부인은 맹피를 낳은 둘째부인도 엄청나게 괴롭혀 결국 수년 전에 독약을 먹고 자살을 하였다. 안정재는 더 이상 견딜 수가 없어서 배다른 큰 아들인 맹피와 자기 아들인 공자를 데리고 노나라의 수도인 곡부(曲阜)의 궐리(闕里)로 이사를 와서 어렵고 가난한 생활을 하기 시작하였다. 생계유지를 위하여 남의 삯일을 하며 저녁이면 두 아들에게 글을 가르쳤다. 특히 똑똑한 아들 공자에게 모든 희망을 걸고 그에 대한 교육을 게을리 하지 않았다.

안정재는 공자가 어릴 때부터 예의범절과 사람이 사는 도리를 가르쳤으며, 공자 또한 어머니의 기대를 저버리지 않고 배움에서 뛰어난 재능을 보였다.

어머니를 통해 목마르던 지식을 배우던 공자는 아침에 도를 깨달으면 저녁에 죽어도 좋겠다고 할 정도로 배움에 대해 간절한 소망을 가졌고, 자기처럼 배우고 묻기를 좋아하는 사람은 없을 것이라는 자부심을 가졌다.

집이 가난하였던 공자는 특별히 학교를 다니지 못했으며, 어머니 이외에는 학문을 배울 기회를 얻지 못했다. 그래서 사람들과의 만남 속에서 지식을 습득했다. 그리하여 공자는 "세 사람만 모이면 그 중에 반드시 나의 스승이 있다(삼인행 필유아사 : 三人行必有我師)."고 했다.

말년

BC 536년 공자 나이 17세에 어머니가 가난으로 고생한 나머지 과로로 34세의 나이로 사망했다. 안정재는 지극한 효성을 가진 공자의 효도도 제대로 받지 못하고 떠났다. 공자는 너무나 슬퍼서 밥도 먹지 않고 울기만 하여 사람들이 그의 효성에 감동하여 함께 장사 지내주었고, 장례를 도왔다.

공자는 당시 사회의 풍속과 달리 아버지와 함께 합장했고, 또 다른 무덤과 구별하기 위해 무덤을 흙으로 높이 쌓았다. 그리고 효성이 지극한 공자는 3년 동안 시묘살이를 했다.

평가

공자의 어머니 안정재는 남편이 죽자, 첫째 부인에게 시달려 결국 맹피와 공자를 데리고 집을 나왔다. 생계유지를 위하여 남의 삯일을 하면서 두 아들에게 지극정성으로 글을 가르쳤다. 특히 똑똑한 아들 공자에게 모든 희망을 걸고 그에 대한 교육을 게을리하지 않았다. 특히 공자가 어릴 때부터 예의범절과 사람이 사는 도리를 가르쳐 나중에 공자가 대학자가 되었을 때 예의와 효를 강조하게 만들었다.

공자 인생에서 어머니 안정재는 어린 시절에 지식을 가르쳐준 분으로서 가장 영향을 많이 준 사람이고 할 수 있다. 지극한 효성을 가진 공자는 자신이 효도 하지도 못했는데 너무 일찍 돌아가신 어머니에 대한 한(恨)은 공자가 효를 최고의 덕목으로 삼는 이유였다.

공자는 나중에 중국 역사에서 가장 추앙을 받는 대사상가이자 교육자가 되었다.

09 이원숙

"너의 인생이니, 네가 결정할 수 있다. 하지만 네 결정에 대한 책임과 행동의 결과도 네가 감당해야 한다."

'정트리오'를 세계적인 음악가로 키워낸 이원숙(1918~2011)

교사가 되다

1918년 함경남도 원산에서 일생을 독립운동에 몸 바친 아버지 이가순과 자식 사랑이 지극했던 어머니 사이에서 2녀 중 막내로 태어난다.

1924년 7세에 초등학교에 입학했지만 독립운동을 하던 아버지가 일본어 공부를 못하게 해서 성적은 좋지 않았지만 수학은 잘했다.

1932년 18세에 배화여고를 졸업하고 어머니는 계속 공부하기를 원하는 딸의 소망을 들어주어 이화여전 가사과에 입학했다. 졸업이 가까울 때 올케언니의 소개로 나중에 남편이 될 정준채를 만나게 된다.

1939년 22세에 이화여전을 졸업하고 일본으로 유학하여 동경 영양과 요리 학교에서 공부하였다.

이원숙은 어린 시절 유복한 가정에서 태어나 나름 부모님의 극진한 사랑 속에 성장하였다. 그리고 당시에 여성들이 가기 어려운 대학도 진학하고 유학도 하여 신여성이 되었다. 이러한 환경에서 이원숙의 꿈은 결혼하면 이상적인 가정을 이루고 현모양처로서 아이들을 훌륭히 교육하여 나라에 애국하겠다는 목표를 세웠다.

자녀들을 낳다

1940년 23세에 정준채와 결혼 후 동덕여자고등학교 교사로 부임하였고 남편은 총독부에서 근무하였다.

1941년 24세에 첫째 아이 명소를 낳았다. 대동아 전쟁[85]으로 먹고 사는 것이 힘들어지자 26세에 언니가 의사로 개업하고 있는 개성으로 이사하면서 정들었던 교사직을 그만두게 된다.

1944년 27세에 셋째 명화를 낳았다. 1945년 28세에 해방되어 서울로 다시 돌아와 평양면점을 개업한다.

1948년 31세에 경화를 낳았다. 1949년 32세 되던 해 모두 인수하여 운영하던 평양면점을 팔고 명동에 있던 고려정에 동업자로 들어갔다. 고려정은 명동 한복판에 자리잡은 당시로서는 가장 큰 음식점이었다.

1950년 6. 25가 터졌고 운영하고 있던 고려정은 군에 징발되어 장교들의 식사 수발을 들게 되었다.

1951년 전쟁 중에 두 아들을 병으로 잃었으며, 부산에서 피난 생활을 하던 중 명철을 낳았다.

1953년 36세에 명훈을 낳았으며, 1955년 명규를 낳았다.

9남매를 낳았지만 2명의 아이를 잃었다. 이원숙은 자녀들을 출산할 때마다 출산의 고통을 끝까지 참고 아프다고 소리를 지르지 않았다. "천하와도 바꿀 수 없는 생명이 나를 통해서 이 세상에 태어나는데 내가 기뻐서 환호성을 지르지는 못할지언정 어떻게 이를 갈고 괴성을 지를 수 있겠냐?"고 대답했다.

---

(85) 대동아 전쟁은 일본 제국과 미국 · 영국 · 네덜란드 · 소련 · 중화민국 등의 연합국과의 사이에 발생한 태평양 전쟁에 대한 일본 정부의 호칭이다.

정트리오를 키우다

1958년 41세에 명화가 중학교에 입학하여 첼로를 시작한 지 2년 3개월 만에 서울대학교에서 주최하는 전국남녀 중고등학생 콩쿨에서 특상 또한, 초등학교 5학년이 된 경화는 이화콩쿨[86]에서 특상을 수상하였다.

1960년 43세에 남편이 국회의원에 출마하였다. 그런 중에 명화와 경화는 일본 공연을 다녀와 유학 준비를 서두른 끝에 줄리어드 음대에 무사히 입학할 수 있었다. 또한 7살인 명훈이가 서울 시향과 하이든 콘체르트를 협연하는 영광을 안았던 해이기도 하다.

1961년 44세에 아이들을 데리고 미국으로 유학을 갔다. 1년 후에는 남편이 미국으로 건너와 합류하였다. 시애틀에서 코리아하우스라는 식당을 개업하였다.

1967년 50세에 경화가 레벤츄리 세계 콩쿨에서 핑커스 쥬커만[87]과 공동 1위를 하여 세계 무대에 성공적으로 데뷔하였다.

1968년 한국으로 나와 명근이와 함께 사업을 시작하여 구미물산 주식회사를 설립하였다.

1970년 27세가 된 명화는 기자와 결혼하였다. 한편 주식회사 원을 설립하여 양송이 수출사업을 시작하였다.

1972년 명화가 제네바 콩쿨에서 1위 입상하였다.

---

[86] 국내 최고의 청소년 대상 클래식 음악 콩쿠르
[87] 제2차 세계 대전 이후의 유태계 바이올린 주자의 전형적인 한 조류를 잇는 이스라엘 출신의 바이올리니스트다.

1974년에는 명훈이가 한국인으로서는 최초로 소련 차이코프스키 콩쿨에 참가하여 2위 입상을 하였다.

1979년 62세에 사업을 명근에게 모두 일임하고 미국으로 갔다.

1980년 63세에 남편은 간경화로 갑작스럽게 세상을 떠났고, 남편의 사망으로 자녀 교육에서 손을 떼고 신학공부를 결심하였다.

자녀교육

이원숙은 자녀들을 키우면서 단 한 번도 자신의 생각을 자식들에게 강요한 적이 없다. 스스로 선택하게 기다려주었으며 그 선택을 믿고 전폭적인 지원을 아끼지 않았다. 그 과정 속엔 늘 칭찬과 믿음이 뒤따랐다.

이원숙은 아이들에게 모두 피아노를 가르쳤지만 아이들이 전공을 다른 분야로 바꾸거나 다른 직업을 선택할 때 전적으로 아이들의 의견을 존중해주고 격려해주었다. 이원숙은 어떤 일을 결정할 때 기준을 자녀들의 선택에 두고 자녀들이 원하면 적극적으로 도와주지만, 원하지 않으면 존중하고 인정해 주었다.

경화와 명훈은 어릴 때부터 유난히 수줍을 많이 타서 이원숙은 그런 아이들의 성격을 고쳐주려고 많은 사람들 앞에서 연주할 수 있는 기회를 갖게 했고, 연주가 끝나면 "잘했다."는 칭찬부터 했으며, 선생님들한테도 그렇게 이야기해줄 것을 부탁했다. 자녀들에게 어머니란 존재는 언제나 자신에게 칭찬과 격려를 아끼지 않는 최고의 지지자임을 확신해서 어머니만 보면 힘이 났다.

    피아노 독주회에서 명훈은 연주 중에 실수를 한 적이 있다. 이원숙은 실수를 지적해서 문제를 삼은 것이 아니라 "오늘 너의 실수는 아주 잘 된 거야. 작은 무대에서 틀렸으니 망정이지, 나중에 큰 무대에서 실수했으면 어쩔뻔했니? 오늘 이렇게 틀려봤으니, 좋은 경험을 쌓은 셈이지." 명훈은 어머니의 말에 자신감을 얻어 다음 공연에서는 완벽한 연주를 했다.

    이원숙은 자녀들이 하던 일을 그만두겠다고 하면 자신의 생각이나 의견을 강요하지 않고 자녀들의 판단을 존중해주고 올바른 선택을 하도록 응원하는 동시에 결과에 대한 책임을 감당하도록 했다. 한때 정경화가 바이올린 연주자로 한참 유명세를 탈 때 바이올린 연주를 힘들어하면서 그만두겠다고 하였다. 이원숙은 경화를 설득하기보다는 경화의 의견을 경청하고 그녀의 편에 서주었다. "그래 힘들면

그만둬라. 사람이 먼저지 바이올린이 먼저니? 너를 위해 바이올린을 해야지, 바이올린을 위해 바이올린을 해서야 되겠니? 우리가 소원했던 대로 한국인의 재능을 세계에 알리고 떨칠 수 있었으니, 이제 이만하면 됐다, 너는 정말 넘치도록 이룬거야. 엄마는 네가 정말 자랑스럽다." 뜻밖의 대답에 경화는 다시 연주를 시작했으며, 이후 다시는 그만두겠다는 소리를 하지 않았고 세계 최고가 되었다.

신학을 공부하다

1984년 67세에 벨리폴지 신학대학 뉴욕 분교에 등록하고 신학 공부를 시작하였다. 1986년 69세에 신학대학을 졸업하고 뉴욕주 미들타운 한인교회 개척 담임을 맡아 3년간 재임하였다. 1988년 71세에 미국 '하나님의 성회'에서 목사안수를 받았다. 교포사회에서는 정원숙 목사로 알려져 있다.

1989년 이원숙이 72세 되던해 명훈이 프랑스 바스티유 오페라의 신임 음악감독 겸 지휘자로 취임하였다.

말년

1990년 73세에 세화 음악 장학재단을 설립하였고 대한민국 국민훈장 석류장을 수상하였다.

86세 생신을 기념해서 정트리오가 10년 만에 함께 만나 국내 5개 도시 순회공연을 가졌다. 2011년 93세에 노환으로 별세했다.

자녀에 대한 헌신적인 사랑과 뜨거운 교육열은 '모정(母情)의 전설'로 정평이 나 있다. 세계 속 한국인의 위상을 드높인 정트리오를 길러낸 이원숙은 음악가 삼남매 외에도 의사, 교수, 목사, 사업가 등 7명의 자녀를 훌륭히 키워냈다. 이원숙은 자신의 자녀교육 비결을 한마디로 "칭찬과 격려가 세계 최고로 키우는 비결입니다"라고 하였다. 이원숙은 다양한 경력을 가지고 여러 분야에서 성공하였지만 '정트리오의 어머니'로 불리기를 원했다.

환갑이 넘은 나이에도 미국에서 신학을 공부하여 말년에는 목사가 되었다.

1990년에는 세화음악장학재단을 설립해 음악계 후진 양성을 위해 노력했다. 이러한 공로를 인정받아 고인은 새싹회 어머니상(1971년), 대한민국 국민훈장 석류장(1990년), 자랑스런 이화인상(1995년) 등을 받았다.

10 초계 변씨

"세상에서 큰일을 이루기 위해서는 목이 달아나도 제 입으로 한 말은 꼭 지켜야 한단다."

"나라를 위한 일이라면 온 집안의 목숨이 위태롭더라도 나라부터 지켜야 한다."

나라를 위기에서 구한 성웅 이순신의 어머니 초계 변씨(1515~1597)

이순신을 낳다

1515년 5월 4일 충남 아산 백암골에서 사재감첨정[88]이었던 변득인(卞得仁)과 어머니는 순천 장씨 사이에서 6남 1녀 중 외동딸로 태어났다.

1531년 16세에 덕수이씨 이정과 결혼하였다.

덕수 이씨(德水 李氏)는 개성시 개풍군 덕수리를 본관으로 하는 한국의 성씨로 이율곡도 덕수 이씨다. 시아버지 이백록은 평시서 봉사[89]벼슬을 지냈다. 그러나 벼슬을 지내던 무렵, 나라에서는 당파 싸움으로 인해 기묘사화가 일어나 중종의 사랑을 받던 조광조를 비롯한 많은 충신이 억울하게 죽거나 벼슬을 빼앗기게 되었다. 시아버지는 옳은 일을 하려다 오히려 누명을 쓰고 벼슬을 그만두게 되었다.

남편 이정은 자기 아버지가 억울한 삶을 산 것을 보고 벼슬에 대한 욕심을 버리고 동네 아이들을 가르치는 훈장을 하였다. 아버지가 벼슬을 하지 않았기 때문에 생활이 넉넉하지는 않았지만 자식 교육에 소홀함이 없었다.

서울 건천동에서 4형제를 낳아 길렀는데 자식교육에 있어서는 공자 어머니처럼 특별한 점이 많았다. 무엇보다도 변덕현의 위대함은 조선을 구한 세기의 성웅 이순신으로 길러낸 데 있다.

1545년 4월 28일 이순신은 건천동(지금의 인현동)에서 셋째 아들로 태어났다.

---

[88] 친척과 외척(外戚)을 위한 예우 기관에 소속된 종4품 관직
[89] 조선 전기에는 대체로 물가를 통제, 조절하는 업무

이순신을 가르치다

이순신의 어머니는 삯 바느질을 하면서 어려운 가정을 이끌었다. 평소에는 매우 다정했으나, 아이들의 교육만큼은 엄하게 훈육하며 비록 벼슬을 하는 집안은 아니었지만 아이들은 훌륭하게 키우고 싶어 했다. 이순신의 어머니는 소위 명성있는 집안이 아니었기 때문에 아들들이 자신감을 잃지 않도록 길러냈다.

이순신이 8살 때 어머니의 친정인 충남 아산으로 이사를 하고 32살까지 살았다. 이순신은 아산의 외가집에서 24년간 가장 중요한 시기에 외가집에서 살았기 때문에 어머니의 영향이 매우 컸다.

어머니는 틈나는 대로 아들들에게는 늘 남자다움을 잃지 말라고 가르쳤으며 아들들이 커가면서 아들들에게 이 같은 말을 자주 당부했다.

"세상에서 큰일을 이루기 위해서는 목이 달아나도 제 입으로 한 말은 꼭 지켜야 한단다."

어린 이순신은 어머니의 말씀이 가슴에 매우 와 닿았다. 앞으로 세상을 살면서 자신의 입으로 한말을 꼭 지키겠다고 다짐하였으며, 실천해 나갔다.

이어 어머니는 말했다.

"나라를 위한 일이라면 온 집안의 목숨이 위태롭더라도 나라부터 지켜야 한다."

이순신은 평생을 살면서 어머니에 대한 가르침을 따르려고 노력
하였다. 그래서 집안일보다는 국가를 먼저 생각하게 되고, 모든 일에
용기를 내게 되었다.

자라면서 고구려의 명장인 을지문덕 장군을 비롯하여 고려 때의
강감찬 장군, 그리고 수군을 강하게 길러 바다에서 왜구를 막아야 한
다고 주장한 최영 장군 등 이름난 장수들에 관한 위대하고 용감했던
이야기를 듣고 책을 읽었다. 어린 이순신은 이들에게 큰 감명을 받고
그들처럼 용감한 장수가 되고 싶었다.

임진왜란이 일어나다

이순신장군이 전라좌수사로 부임한 지 2년만에 임진왜란이 일어
난다. 이때 본가는 부인께 맡기고 77살의 노모를 아산에서 전라좌수
영 근교 고음천(현 여수시 웅천동 송현 부락)에 모셨다.

이순신장군이 어머니를 관사가 아
닌 이곳에 모신 이유는 관사에 식솔들이
많으면 국가의 재산을 낭비하게 된다는
청렴정신에 고음천에 모시게 되었다. 이
곳은 이순신장군의 부하 장수의 사택으
로 이순신장군이 있던 진남관에서 5km
정도 떨어져 있어 노모의 안위를 살피기

쉬운 거리였다. 이순신은 한산도에 근무하면서 백의종군하기까지 어머니를 이곳에 5년간 모셔놓고 거의 매일 문안 인사를 드리며 어머님께 효성을 다하던 곳이다.

어머니는 이런 아들을 위해 매일 정화수를 떠놓고 아들이 꼭 전쟁에서 이기기를 천지신명에게 간절히 기원했다. 그러나 이순신 장군이 모함에 빠져 투옥되었다는 소식을 듣고 선편으로 아산 고향으로 올라오는 도중에 풍랑을 만나 노독으로 고통 끝에 1597년 83세로 숨을 거두었다.

이순신은 백의종군 도중에 순천에 피난 갔던 83세의 노모 변씨가 세상을 떴다는 비보를 들었다. 참으로 무심한 하늘이었다. 비통한 심정으로 시신을 온양집으로 모셨으나 죄인의 몸이므로 장례도 치르지 못하고 장대비가 쏟아지는 가운데 합천으로 떠났다. 그는 난중일기에 애달픈 마음을 이렇게 적고 있다.

"일찍 집을 나서 떠나야겠기에 어머니의 빈소 앞에서 울며 하직했다. 어찌하랴. 어찌하랴. 천지에 나 같은 이 또 어디 있으랴. 어서 죽는 것만 못하도다."

이순신 장군의 효성

이순신 장군의 난중일기 중에서 노모에 관한 기록은 88일분을 남기고 있어 그의 효성을 짐작할 수 있다.

"임란 3년째 갑오년 정월에는 노모와 설을 같이 지내며 어머님을 뫼

시고 함께 한 살을 더하게 되니 이는 난리 중에도 다행한 일이다."

"1593년 5월 4일 맑다. 오늘이 곧 어머니 생신날이건만 이런 적을 토벌하는 일 때문에 가서 생일 축하의 잔을 올리지 못하니, 평생 한이 되겠다."

"1594년 1월 11일 흐리되 비는 오지 않았다. 아침에 어머니를 보려고 배를 타고 바람 따라 바로 곰내(고음천 ; 웅천)에 대었다. 어머니 앞에 가서 뵈니 어머니는 아직 주무시며 일어나지 않으셨다. 화가 나서 소리 내는 바람에 놀라 깨어 일어나셨다. '기력은 약하고 숨이 금방 넘어갈듯 깔딱거려, 죽을 때가 가까워진 것 같아 감추는 눈물이 절로 내렸다.'고 말씀하시는 데는 착오가 없으셨다. 적을 토벌하는 일이 급하여 오래 머물 수가 없었다."

"1594년 1월 12일 아침을 먹은 뒤에 어머님께 전투에 다녀오겠다고 하직을 고했다. 어머니는 '잘 가거라. 그리고 나라의 치욕을 크게 씻어라.'라고 두 번 세 번 거듭 타이르며 이별을 조금도 슬퍼하지 않으셨다."

난중일기의 어머니의 모습을 보면 어떤 상황에서도 의연하고 강직했다. 이순신이 강인하고 굳센 성격을 형성하는데 어머니 변씨의 영향이 매우 컸음을 알 수 있다.

평가

이순신의 엄격함과 자상함은 이순신의 어머니 초계 변씨에게서 영향을 많이 받았다. 이순신의 어머니는 어린 순신을 매우 사랑하면서도, 엄격하게 가정교육을 하였다. 어머니의 엄하고 자상한 가정교육은 어린 시절 이순신의 성품을 형성하고, 무관으로 꿈을 갖는데 큰 역할을 했다.

이순신이 부하를 다스릴 때나 전쟁을 치를 때도 어머니의 모습이 그대로 반영되었다. 이순신의 인생에서 어머니의 영향은 지대하였으며, 이순신은 평생을 살면서 단 하루도 어머니를 잊은 적이 없다. 이순신은 세 번의 파직을 당하고 두 번의 백의종군을 하게 되는데 이는 견디기 힘든 일이었다. 그럼에도 불구하고 이순신은 목숨을 바쳐서 나라를 구하는 충성을 보여주었고, 나라를 향한 마음은 바로 어머니의 교육이 만들어 낸 것이었다.

역사를 바꾼 여성 리더십

초판1쇄 인쇄 | 2022년 3월 1일
초판1쇄 발행 | 2022년 3월 1일

지은이 | 박언휘

펴낸이 | 이창호
인쇄소 | 거호 피앤피
펴낸곳 | 도서출판 북그루

등록번호 | 제2018-000217
주소 | 서울시 마포구 토정로 253 2층(용강동)
도서문의 | 02) 353-9156 팩스 0504) 383-0091
이메일 | bookguru24@hanmail.net

값 15,800원
ISBN 979-11-90345-16-3(03330)